Tax

经济管理类课程教材

税收系列

纳税会计与税收筹划

（第二版）

梁俊娇　主编

中国人民大学出版社

·北京·

总　序

为了促进我国经济管理类学科建设，提高教学质量，规范教学内容，编写出一套高水平、高质量、上台阶，融理论与实务、知识性与启发性于一体，适合我国经济管理类各专业教学需要的真正的“21世纪课程教材”，在教育部高教司的直接领导下，我们组织国家税务总局、中国社会科学院、中国人民大学、中央财经大学、中南财经政法大学、东北财经大学、厦门大学、会计师事务所等“政产学”界的专家教授积极开展调查研究，征求各方意见，讨论教材编写大纲和知识点。教材初稿完成后，分别审查了各门教材的初稿，并进行了认真修改和完善，最后定稿。这套教材是教育部重点项目“财税课程主要教学内容改革研究与实践”重要成果之一。它倾注了专家教授的智慧，是集体智慧的结晶。

这套教材与同类教材、出版物相比，具有很高的权威性、准确性、实用性和针对性。我们希望全国各高等院校经济管理专业的广大教师继续关心和支持这项工作，同时将使用这套教材中遇到的问题和改进意见向各位主编反映，以供修订参考。

教学指导委员会

第二版前言

经国务院批准，自 2016 年 5 月 1 日起，在全国范围内全面推开营业税改征增值税试点，建筑业、房地产业、金融业、生活服务业等全部营业税纳税人，纳入试点范围，由缴纳营业税改为缴纳增值税。为深化财税制度改革，促进资源节约集约利用，加快生态文明建设，根据党中央、国务院决策部署，自 2016 年 7 月 1 日起全面推进资源税改革。伴随着税收政策的重大调整，我们再次对本书进行了及时修订和进一步完善，以利于读者更好地学习和掌握。本次修订工作由梁俊娇、王怡璞、贾昱晞、张艳江完成。感谢读者对本书的关心和支持，真诚希望广大读者提出宝贵意见，以便我们进一步修订和完善。

编者

目　　录

第1章 纳税会计概述

［学习提示］ 纳税会计是融税收法令和会计核算为一体的一门专业会计，是一门边缘学科。纳税会计与财务会计既有联系，又有区别。学习本章应掌握纳税会计的概念，纳税会计的前提和原则，纳税会计的科目与凭证，纳税人的权利、义务与法律责任。

1.1 纳税会计的概念

1.1.1 纳税会计的概念

纳税会计（taxation accounting）是社会经济发展到一定阶段的产物，是关于税收及其会计处理的方法体系。纳税会计是适应纳税人经营管理的需要，从财务会计、管理会计中分离出来，并将会计的基本理论、基本方法同纳税活动相结合而形成的一门边缘学科，是融税收法令和会计核算为一体的一门专业会计。纳税会计进行应纳税款的计算、税款缴纳及退补税款的核算，离不开财务会计的方法体系；纳税会计为纳税人进行税收筹划、纳税控制，需要借助于管理会计的方法体系。

纳税会计的形成时间比较短，其制度与体系尚不完善，纳税会计的定义也有多种表述。

美国著名纳税会计专家吉特曼博士认为，纳税会计主要是处理某项目何时被确认为收入或费用的账务问题的一种专业会计。

日本著名纳税会计专家武田昌辅认为，纳税会计是为计算法人税法中的课税所得而设立的会计，它不是制度会计，而是以企业会计为依据，按税法的要求对既定的盈利进行加工、修正的会计。

台湾辅仁大学会计系主任吴习认为，纳税会计是一种融会计处理及税务法令为一体的专门技术，借以引导纳税义务人更合理而公平地缴纳其应负的租税。

国内著名学者盖地教授认为，纳税会计是以国家现行税收法令为准绳，运用会计学的理论和方法，连续、系统、全面地对税款的形成、计算和缴纳，即对税务活动引起的资金运动进行核算和监督的一门专业会计。

综上所述，纳税会计是以税收法律法规为依据，以货币为主要计量单位，运用会计学的理论及其专门方法，核算和监督纳税人的纳税事务，参与纳税人的预测、决策，达到既依法纳税，又合理减轻税负的一门会计学分支学科。

【知识要点提醒】

纳税会计是处理会计与税收之间关系的一种方法体系。

1.1.2 纳税会计与财务会计的联系与区别

纳税会计与财务会计不但在会计主体、计量尺度等方面相同，而且纳税会计的计税依据是财务会计所提供的资料。也就是说，纳税会计作为一项实质性工作并不是独立存在的，而是企业会计的一个特殊领域，是以财务会计为基础的。纳税会计的资料大多来源于财务会计，它对财务会计处理中与现行税法不相符的会计事项，或出于税收筹划目的需要调整的事项，按纳税会计方法计算、调整，并做调整分录，再融于财务会计账簿或财务会计报告之中。

纳税会计与财务会计的区别在于：

1. 会计目标不同

在市场经济条件下，财务会计主要是向管理者（政府有关综合部门）、投资者和债权人提供有关企业财务状况和经营成果以及现金流动状况等方面的信息，以供其衡量、预测、评价企业的偿债能力、营运能力和获利能力，并制定相应的政策，作出投资和信贷决策。

纳税会计主要是向税务部门及企业决策者提供有关企业应纳税款等税务方面的信息，既可供税务部门审核、检查企业的计税情况，也可供决策者掌握企业的税负情况。

2. 核算依据不同

财务会计的核算依据是各种会计法规与制度，包括会计法、企业会计准则、企业会计制度等，纳税会计的核算依据除了各种会计法规与制度外，更重要的是税收法律法规。当会计制度与税收法规不一致时，纳税会计应以税收法规为依据来调整财务会计的核算结果。

3. 提供的信息不同

纳税会计通过计量、计算、检查等专门方法，保证纳税人按税法的规定纳税，使纳税人既不违反税法规定，又使其税负最低。纳税会计主要编制纳税申报表及应交税款明细表，列明应交税款、未交税款、减免税款和应退税款等内容，提供有关纳税的资料。财务会计通过记录经济业务，编制资产负债表、利润表和现金流量表，反映企业的财务状况、经营成果和现金流量情况，为会计信息使用者提供对决策有用的信息。

4. 运用的会计原则不同

财务会计一般采用权责发生制处理会计事项，而纳税会计由于其会计目标的制约，必须采用联合制处理会计事项。所谓联合制是指同时运用权责发生制和收付实现制进行会计处理。此外，纳税会计在进行纳税业务核算时，较少运用稳健原则，而财务会计在其整个核算过程中都要贯彻稳健原则。

【小思考】 纳税会计是不是财务会计的一个分支体系？

纳税会计与财务会计提供的是关于纳税人不同方面的信息，为使信息更为明确和实用，将纳税会计从财务会计中分离出来，使其自成学科体系。

1.1.3 纳税会计的特点

纳税会计具有法律性、专业性、融合性和两重性的特点。

1. 法律性

这是纳税会计区别于其他专业会计的主要标志。纳税主体不论采用何种记账基础进行核算，都必须遵守税收法律法规。《中华人民共和国宪法》（以下简称《宪法》）规定：依法纳税是每个公民的义务。因此，遵守税收法律法规，依法及时、足额纳税，保证国家的财政收入，是纳税会计的一个目标。税法同其他法律一样，具有严肃性，如果纳税人不遵守税法，就会受到处罚，情节严重者将承担刑事责任。

2. 专业性

纳税会计运用会计的专门方法仅对与纳税有关的经济业务进行核算和监督，包括计算税款、填制纳税申报表、办理纳税手续、记录税款缴纳及退补税款情况、编制纳税报表等，都需要有会计专业知识和税收专业知识，因此它是专业性很强的会计学科。

3. 融合性

纳税会计是融税收法规和会计制度于一体的特种专业会计，纳税会计在依税法核算的同时，还必须结合各专业会计的特点进行会计核算。纳税会计研究的对象是税务管理活动中的会计问题，同时是会计核算中的税务活动问题。从这个意义上讲，纳税会计是研究税务与会计交叉问题的一门边缘性应用经济学科。

4. 两重性

纳税会计的两重性是指其会计目标的两重性。第一，纳税会计最重要的目标是保证国家及时、足额地取得税收收入，离开了这一特定目标，纳税会计便失去了存在的意义。纳税会计报送纳税申报表与税收缴款书等会计资料，旨在接受税务机关的监督与审核，完成其纳税义务。第二，纳税会计的另一个重要目标是维护纳税人的合法权益。税务机关要依法征税，纳税人要依法纳税。纳税人要充分行使其权利，以维护其权益。

1.1.4 纳税会计的目标

纳税会计的目标是向纳税会计信息使用者提供关于纳税人税款形成、计算、申报、缴纳等税务活动方面的会计信息，以利于信息使用者的决策。纳税会计信息使用者主要有各级税务机关和企业的利益相关者。各级税务机关可以凭借纳税会计的信息，进行税款征收、检查和监督。企业的利益相关者包括经营者、投资人、债权人等，可凭借纳税会计的信息，了解纳税人纳税义务的履行情况和税收负担，并为其进行税收筹划、经营决策和投资决策提供依据。纳税会计的目标具体包括以下几个方面。

1. 依法履行纳税义务，保证国家财政收入

纳税会计要以国家的现行税收法律法规为依据，在财务会计有关资料的基础上，正确进行与税款形成、计算、申报、缴纳有关的会计处理和调整计算，正确、及时地填报有关的纳税申报表，及时、足额地缴纳各种税款，保证国家的财政收入。

2. 正确进行税务处理，维护纳税人的合法权益

纳税会计要求纳税人依法按时进行纳税申报和缴纳税款，如遇特殊情况，不能按时申报或不能按时缴纳税款，有权申请延期申报或申请延期缴纳税款。纳税人对税务机关作出的具体行政行为不服的，有权申请复议或向法院起诉。纳税人在处理各种税务问题时，要充分行使自己的权利，以维护自身的合法权益。

3. 合理选择纳税方案，科学进行税收筹划

纳税会计涉及与纳税人纳税有关的特定领域。在这个领域，要服从和服务于纳税人经营管理的总目标，即合法地减轻纳税人税负，提高企业经济效益。因此，进行税收筹划，选择税负较轻的方案，也是纳税会计的目标之一，是享受纳税人权利的具体体现。

1.2 纳税会计的前提和原则

1.2.1 纳税会计的基本前提

纳税会计的目标是向税务信息使用者提供有关纳税人税务活动的信息，以利于他们的管理或决策。而纳税人错综复杂的税务业务，使会计实务存在种种不确定因素，要进行正确的判断和估计，必须首先明确纳税会计的基本前提。由于纳税会计是以财务会计为基础的，因此财务会计中的基本前提有些也适用于纳税会计，如会计分期、货币计量等，但因为纳税会计的法定性等特点，纳税会计的基本前提也有其特殊性。

1. 纳税主体

纳税主体就是税法规定的直接负有纳税义务的单位和个人。正确界定纳税主体，就是要求每个纳税主体应与其他纳税主体分开，保持单独的会计记录并报告其经营状况。国家规定各税种的不同纳税人，有利于体现税收政策中合理负担和区别对待的原则，协调国民经济各部门、各地区、各层次的关系。

【小思考】 纳税主体与会计主体有哪些区别?

纳税主体与财务会计中的会计主体有一定的区别。会计主体是财务会计为之服务的特定单位或组织，会计处理的数据和提供的财务信息被严格限制在一个特定的、独立的或相对独立的经营单位之内，典型的会计主体是企业。纳税主体必须是能够独立承担纳税义务的纳税人。在一般情况下，会计主体应是纳税主体；但在特殊或特定情况下，会计主体不一定就是纳税主体，纳税主体也不一定就是会计主体。

2. 持续经营

持续经营的前提意味着该企业个体将继续存在足够长的时间以实现其现在的承诺。预期所得税在将来被继续课征是所得税款递延及暂时性差异能够存在，并且能够使用纳税影响会计法进行所得税跨期摊配的理由所在。

3. 货币时间价值

货币（资金）在其运行过程中具有增值能力。即使不考虑通货膨胀的因素，今天的1元钱比若干年后收到的1元钱的价值也要大得多。这说明同样一笔资金在不同时期具有不同的价值。随着时间的推移，投入周转使用的资金将会发生增值，这种增值的能力或数额就是货币的时间价值。这一基本前提已成为税收立法、税收征管的基点，因此各个税种都会明确规定纳税义务发生时间的确认原则、纳税期限、缴库期限等。正因为如此，递延确认收入或加速确认费用可以产生巨大的资金优势。在税收筹划实践中，人们逐步认识到最少纳税和最迟纳税的重要性。与此同时，政府及财税部门也深刻认识到货币时间价值原则的重要性，开始注重这些问题，积极地参与税收立法活动。

4. 纳税年度

纳税年度是指纳税人按照税法规定应向国家缴纳各种税款的起止时间。我国税法规定，纳税年度自公历1月1日起至12月31日止。但是，如果纳税人在一个纳税年度的中间开业，或者由于改组、合并、破产、关闭等原因，使该纳税年度的实际经营期限不足12个月的，应当以其实际经营期限为一个纳税年度。纳税人清算时，应当以清算期间作为一个纳税年度。纳税年度不等同于纳税期限，如增值税、消费税的纳税期限一般是1个月，而所得税强调的是年度应税收益，实行的是按月或按季预缴，年度汇算清缴。纳税人可在税法规定的范围内选择、确定纳税年度，但必须符合税法规定的采用和改变应纳税年度的办法，并且遵循税法作出的对于不同企业组织形式、企业类型的各种限制性规定。

【小思考】 如何理解纳税年度与纳税期限？

1.2.2 纳税会计的原则

由于纳税会计与财务会计密切相关，因此，《企业会计准则》中规定的会计信息质量特征原则以及会计要素的确认与计量原则，基本上也适用于纳税会计。但是，因为纳税会计与税法的特定联系，所以税法中的实际支付能力原则、公平税负原则、程序优先于实体原则等会非常明显地影响纳税会计。结合财务会计原则、税收原则和纳税会计本身的特点，纳税会计有以下几项原则。

1. 权责发生制与收付实现制相结合的原则

权责发生制也称应计制，是指在确定某一会计期间的收入或费用时，以权利和义务是否发生为标准，即只要权利已经发生，不论款项是否已收到，都确认为当期收入；只要义务已经发生，不论款项是否已付出，都确认为当期费用。收付实现制与权责发生制刚好相反，收付实现制在确定某一会计期间的收入和费用时，以款项是否实际收到和付出为标准，即只要款项在当期收到，无论是不是当期实现的收入，都确认为当期收入；只要款项在当期支付，无论是不是当期应该承担的费用，都确认为当期费用。

权责发生制以权利和义务的发生来确定收入和费用的实际归属，能够合理、有效地确定不同会计期间的收益和企业的经营成果，即体现了公允性和合理性。因此，企业会计核算坚持以权责发生制为原则。相比之下，按收付实现制来确定收入和费用的实际归属，则欠公允、合理。因此，收付实现制只适用于政府和事业单位等非营利组织的会计核算。

由于收付实现制具有运用简单、易于审核、使收入与费用的实现具有确定性、在纳税人最有支付能力时上缴税款、税收征管操作性强等特点，因此在税收历史上，最初采用的是收付实现制。但后来，由于财务会计广泛采用权责发生制，加之账簿记录转换的不方便，纳税会计也采用了权责发生制。但是，纳税会计的权责发生制与财务会计的权责发生制是有区别的：第一，必须考虑支付能力原则，使得纳税人在最有能力支付时支付税款；第二，确定性的需要，使得收入和费用的实际实现具有确定性；第三，保护政府财政税收收入。例如，在收入的确认上，由于权责发生制的纳税会计在一定程度上被支付能力原则所覆盖，从而包含一定的收付实现制的方法。比如在流转税法规中，都将“取得索取销售款项凭据的当天”作为纳税义务发生的时间，但在确定提供建筑和租赁服务的增值税纳税义务时间时规定：“纳税人提供建筑服务、租赁服务，采用预收款方式的，其纳税义务发生时间为收到预收款的当天。”纳税人收取的预收款在会计上要记为“预收账款”和“递延收益”。纳税会计采用收付实现制时，确定计税收入或计税成本的并不一定是现金形式，只要能以现金计价即可。比如纳税人在以物易物进行非货币性交易时，收到对方一项实物资产，便应按该实物资产的公允价值来确认和计量换出资产所实现的收入。另外，财务会计采用稳健原则列入的某些估计、预计费用，在纳税会计中是不被接受的。这是因为纳税会计强调“该经济行为已经发生”的限制条件，从而起到确保政府税收收入的目的。

【小思考】 纳税会计上的权责发生制与财务会计上的权责发生制的区别有哪些？

综上所述，纳税会计在以权责发生制为基础的同时，适度引用收付实现制，可以达到确保国家财政收入的目的。

2. 配比原则

配比原则是指企业在进行会计核算时，某特定时期的收入应当与取得该收入相关的成本、费用配比。会计核算中的配比原则是以权责发生制为基础的，如果说权责发生制主要是一个确认原则，那么配比原则主要是一个计量和计算原则。当运用权责发生制原则对收入、成本和费用等会计要素进行会计确认后，再进一步运用配比原则将一定时期、特定产品或项目、特定部门的收入与其相关的成本和费用进行比较，以揭示相应的经营成果。

纳税会计在总体上遵循纳税人取得的收入与其相关的成本、费用和损失配比的原则。特别是被应用于所得税会计，在确定企业所得税税前扣除项目和金额时，应遵循配比原则，即纳税人发生的费用应当在其应配比的当期申报扣除，纳税人某一纳税年度应申报的可扣除费用，不得提前或滞后申报扣除。纳税会计与财务会计运用配比原则在内涵和实际运用结果方面有较大差别，体现为：

第一，会计核算坚持稳健原则和不完全的历史成本原则，因而将提取的诸如坏账准备、存货跌价准备等计入管理费用，进行期间配比。而纳税会计坚持应纳税所得额是纳税人的应税收入与取得这些收入所实际发生的成本、费用相抵减后的结果，恪守历史成本原则，因而上述会计期间的配比需做纳税调整。

第二，会计利润是在权责发生制基础上配比计算的结果，而纳税会计由于适度地采用了收付实现制，不完全以会计学意义上的收入与成本费用进行比较计算，因而应纳税所得额往往不等于会计利润。

第三，在会计核算中，为了分别核算不同产品、不同业务分部、不同地区的经营成果，需要将直接费用、间接费用、期间费用在不同产品或项目、不同业务分部、不同地区间进行合理分类、分配和归集。纳税会计中的配比原则不仅表现在这些方面，还要同时遵循“纳税人可扣除的费用从性质和根源上必须与取得应税收入相关”这一原则，即首先区别不同项目的税收待遇，进行分项或分类配比，随后将赞助支出、担保支出等视为与应税收入不相关，因而规定不得在税前扣除。

【小思考】 比较配比原则在纳税会计和财务会计上的差异。

第四，会计准则规定，在变更会计政策时，如果累积影响数能够合理确定，应采用追溯调整法进行处理，并根据会计政策变更的累积影响数调整期初留存收益，会计报表中其他相关项目的期初数也应一并调整。而在纳税处理上，纳税人不得因会计政策变更而调整以前年度的应纳税所得额和应纳税额，也不得因此调整以前年度尚未弥补的亏损。

3. 划分营业收益和资本收益原则

营业收益和资本收益具有不同的来源，并担负着不同的纳税责任，在纳税会计中应严格划分。营业收益是指企业通过经常性的主要经营活动获得的收入，通常表现为现金的流入或其他资产的增加或负债的减少，主要包括主营业务收入和其他业务收入两个部分，其税额的课征标准一般按正常税率。

资本收益是指在出售税法规定的资本资产时所得到的收益，如投资收益、出售或交换有价证券的收益等。资本收益的课税标准具有许多不同于营业收益的特殊规定。因此，为了正确计算所得税，就应该有划分两种收益的原则和具体的划分标准。

【即学即用】 某企业是一生产制造商，下列哪些经营项目属于营业收益？（　　）

A. 销售商品时收取的货款

B. 对其他企业进行股权投资所分得的股利

C. 代销商品时收取的手续费

D. 偿还到期还本的企业债券的利息

答案：ACD。

4. 统一性和确定性原则

纳税会计以税法为主要依据，而我国税法的指导思想是“统一税法，公平税负，简化税制，合理分权”。其中，“合理分权”是指在主要的税收立法权集中到中央的前提下，依法赋予地方政府适当的税收立法权，它绝非指纳税人可拥有自由取舍和裁量税法规定、自主确定计税规则和方法的权利。从这个意义上说，税法在其有效范围内具有高度集中、高度统一的特征。

为了体现和保持税法的统一性及确定性特征，纳税会计必须遵循统一性和确定性原则。一方面，我国税收程序法中明确规定了纳税人的权利与义务，税收实体法中对各税法的构成要素进行了统一规定，严格要求纳税人依法进行纳税申报和缴纳税款。另一方面，对税额计算中需要即时作出判断和结论的交易及事项（如财产损失金额及其处理等），税法或是要求纳税人必须经税务机关审核批准，或是规定税务机关有权核定征收，或是规定税务机关有权依法确定计税依据。这样就最大限度地控制了纳税人对应纳税额、纳税时间的自由调整权。纳税会计在进行税务处理时要严格遵守税法，因此具有统一性和确定性成为纳税会计必须遵循的一项原则。

5. 税款支付能力原则

税款支付能力与纳税能力有所不同。纳税能力是指纳税人应以合理的标准确定计税基数，有同等计税基数的纳税人应负担同一税种的同等税款。因此，纳税能力体现的是合理负税原则。税款支付能力与企业的其他费用支出有所不同。税款支付全部是现金流出，因此在考虑纳税能力的同时，更应考虑税款的支付能力。纳税会计在确认、计量和记录其收入、收益、成本、费用时，应选择保证支付能力的会计方法。

6. 税收筹划原则

纳税会计在进行税收实务处理时，要时刻注重税收筹划。税收筹划也称纳税筹划，它是纳税人在其经营决策、筹资决策和投资决策过程中，在税法允许的范围内，以降低税负为目标，运用现代管理理论与方法，对纳税活动进行方案的规划、预测、比较、决策等一系列管理活动的总称。税收筹划是社会主义市场经济条件下经营行为自主化、利益格局独立化的必然产物。

【知识要点提醒】

税收筹划是纳税人的基本权利，但是有特定的界限，超越了界限就不再是其权利，而是违背了其应该履行的义务。

1.3 纳税会计的科目与凭证

1.3.1 纳税会计的科目设置

目前，纳税会计尚未建立完整、独立的会计核算制度，其会计核算方面的有关规定分散在各种具体的税收法规之中，如增值税会计核算在增值税法中有详细规定，所得税会计核算在所得税法中有详细规定。从税法角度分析，建立相对独立的纳税会计制度是必要的，也是可行的。在纳税会计制度尚未出台之前，根据《企业会计准则》，涉及税务资金运动的科目主要有“应交税费”、“递延所得税资产”、“递延所得税负债”、“营业税金及附加”、“所得税费用”。

（1）“应交税费”科目。“应交税费”科目属负债类会计科目。除印花税、耕地占用税等不需预提的税种外，纳税人应缴纳给税务机关的各种税金均在本科目中核算，其中也包括企业代扣代缴的个人所得税。在核算税金时，由于税种较多，“应交税费”应按税种设置二级科目“应交增值税”、“应交消费税”等，进行分税种的明细核算。有时，根据税收管理上的需要，还应设置三级明细科目进行明细核算，如在“应交税费——应交增值税”二级科目下设置“进项税额”、“已交税金”、“销项税额抵减”、“减免税款”、“转出未交增值税”、“销项税额”、“出口退税”、“进项税额转出”、“简易计税”、“转出多交增值税”等三级科目。

“应交税费”科目的一般核算程序是：期末，纳税人计算应缴纳的税金时，借记“营业税金及附加”等有关科目，贷记“应交税费”科目及有关明细科目；当纳税人实际缴纳各种税金时，借记“应交税费”科目及有关明细科目，贷记“银行存款”科目。有关各税种“应交税费”科目的具体核算办法详见后面各章。

（2）“递延所得税资产”科目。“递延所得税资产”科目属资产类科目，核算的内容包括由于账面价值与计税基础不同产生的可抵扣暂时性差异、根据税法规定可用以后年度税前利润弥补的亏损及税款递减产生的所得税资产。

（3）“递延所得税负债”科目。“递延所得税负债”科目属负债类科目。该科目产生于应纳税暂时性差异，反映的是由账面价值与计税基础的差异所引起的企业未来期间的纳税义务。

【即学即用】 某企业2015年12月购入一台设备，成本为500万元，会计上采用年限平均法计提折旧，使用年限为10年，净残值为零。因该资产常年处于强震动状态，计税时按照双倍余额递减法计提折旧，使用年限及净残值与会计是相同的。该企业所适用的所得税税率是25%。请问在2016年资产负债表日，该企业是否应该确认相关的递延所得税负债?

答案：应该确认。该设备按照会计规定计提折旧50万元，计税时允许扣除的折旧是100万元，则该设备的账面价值450万元与其计税基础400万元的差额构成应纳税暂时性差异。因此，应该确认递延所得税负债。

（4）“营业税金及附加”科目。“营业税金及附加”科目是损益类科目，在期末需结转到“本年利润”中，结转后本科目无余额。企业经营活动发生的消费税、城市维护建设税、资源税和教育费附加等相关税费，与投资性房地产相关的房产税、土地使用税，均通过该科目核算。

（5）“所得税费用”科目。“所得税费用”科目是损益类科目，在利润表中单独列示。该科目核算企业应负担的所得税，由当期应交税额和递延所得税两部分内容构成。

1.3.2 纳税会计凭证

纳税会计凭证是记载纳税人有关税务活动，具有法律效力并据以登记账簿的书面文件。纳税会计凭证的种类繁多，是一种具有法律效力的特殊凭证，这是纳税会计凭证区别于其他专业会计凭证的又一个显著特点。纳税会计凭证大致可分为以下几大类。

1. 应征凭证

应征凭证是税务机关用以确定纳税人、扣缴义务人及代征单位应交税费发生情况的证明，也是核算应征税款的原始凭证。应征凭证主要有以下几种：

（1）纳税申报表，是纳税人在发生纳税义务后，根据税务机关规定的纳税期限和申报期限，按期向税务机关填报的一种计算其应缴税款的凭证。纳税申报表按不同税种设计，是应征凭证中数量最多、最典型的一种。

（2）代扣代缴、代收代缴税款报告表，是由负有代扣（代收）代缴税款义务的扣缴义务人填报，用以向税务机关结报实际代扣（代收）税款的一种凭证。

（3）定额税款通知书，是税务机关对实行定期定额缴纳税款的纳税人（即“双定户”），根据核定的一定时期的应纳税额填制，用以将应纳税款核定情况通知纳税人，并作为征纳双方征缴税款依据的一种凭证。

（4）应纳税款核定书，是税务机关对应设未设账簿，或虽设置账簿但账目混乱或凭证不全，以及逾期未申报的纳税人，根据有关资料核定其应纳税额时填制的一种凭证。

（5）预缴税款申报表，是实行分期或分次预缴税款、定期结算的纳税人在预缴税款时，由征收人员或纳税人根据预缴税款填制的、专门用以进行应征税金账务处理的一种凭证。

（6）核准停业通知书，是税务机关核准个体双定户停业时发放的一种凭证。

（7）税务处理决定书或税务行政处罚决定书。税务处理决定书是税务机关对各类税务违法行为依法作出查补税款及滞纳金等处理决定的文书。税务行政处罚决定书是税务机关对各类税务违法行为依法作出行政处罚决定的文书。

（8）复议决定书，是依法对审理终结的复议案件就全案的具体问题作出处理的书面决定。

（9）审计决定书和财政监督检查处理决定书，是审计和财政监督机关对查出的税务违章行为进行处理时填制的，用以通知纳税人和税务机关征缴税款、滞纳金及罚款的一种凭证。

2. 减免凭证

减免凭证是享受减免税的纳税人在减免税期间发生纳税义务后，按税务机关确定的纳税申报期限向税务机关填报的，用以确定实际享受减征、免征税额的一种原始凭证。减免税款按实施方式的不同，可分为征前减免和退库减免两种。征前减免是指应减免的税款不需要缴纳。退库减免是指应减免的税款必须先缴纳，然后从国库退还给纳税人。

（1）征前减免凭证为载有减免税款的纳税申报表。

（2）征前减免抵顶欠税的，其减免凭证为抵顶欠税的减免税批准文件。

（3）退库减免的凭证为办理减免退库的收入退还书或载有减免退税的提退清单。

3. 征缴凭证

征缴凭证是税务机关向纳税人征收税款时使用的完税证明，也是纳税人实际上缴税金的原始会计凭证。按税款结算方式不同，分为缴款书缴纳、支票缴纳、现金缴纳和信用卡缴纳四种。按税款缴纳经办单位的不同，分为银行直接收纳、税务机关自收、代扣代收、委托代征四种。不同缴纳方式的征缴凭证各不相同。征缴凭证主要有以下几类：

（1）通用税收缴款书。通用税收缴款书是纳税人直接向银行缴纳，或向银行汇总缴纳各项税款、基金、附加、滞纳金及罚款时使用的一种征缴凭证。

（2）税收完税凭证。税收完税凭证是税务机关自收现金税款、基金、附加、滞纳金时使用的一种征缴凭证。“完税凭证”至少包括《税收缴款书》和《税收完税证明》两种票证。

(3) 其他征缴凭证。其他征缴凭证包括税收转账完税证、代扣代缴税款凭证、税收罚款收据、票款结报单、印花税票销售凭证等。

(4) 特种会计凭证。增值税专用发票是纳税会计的特种会计凭证，它不仅是纳税人经济活动的重要商事凭证，也是记载销货方纳税义务和购货方抵扣税款的合法证明。

4. 入库凭证

入库凭证是证明税款已经缴入国库的凭证，包括税收缴款书回执联、预算收入日报表、更正通知书。预算收入日报表是每日中国人民银行国库报给财政国库的，反映税款入库情况的报表。更正通知书是中国人民银行根据税务局上报的《税收收入更正申请》更正差错后，用于申请税务部门返回的、证明差错更正的凭证。

5. 提退凭证

提退凭证是办理退税使用的凭证，具体有两种：收入退还书、小额税款退税凭证。

收入退还书是税务机关依照税法及国家有关规定，将已征收入库的税款、基金、费用及其滞纳金和罚款等各项收入从国库退还给纳税人、扣缴义务人和代征代售单位（人）及税务机关办理税收提成时使用的一种退款专用凭证。

小额税款退税凭证是税务机关基层征收单位从自收现金税款中退还纳税人多缴税款时使用的一种专用退款凭证。

> **【小思考】** 纳税会计凭证主要分为几大类？

1.4 纳税人的权利、义务与法律责任

1.4.1 纳税人的权利

1. 知情权

纳税人有权向税务机关了解国家税收法律、行政法规的规定以及与纳税程序有关的情况。

2. 保密权

纳税人有权要求税务机关对自己的生产经营和财务状况及有关资料等保守秘密。

3. 纳税申报方式选择权

纳税人有权选择直接到办税服务厅办理纳税申报，或报送代扣代缴、代收代缴税款报告表，或按照规定采取邮寄、数据电文或者其他方式办理上述申报、报送事项。但采取邮寄或数据电文方式办理上述申报、报送事项的，需经主管税务机关批准。

4. 依法享受税收优惠权

国家税法规定的减免税优待，一般可分为两种情况：一是国家为支持和鼓励某些产业、产品和经营项目的发展，在税法规定的条件和范围内给予的扶持性减免税；二是纳税人有特殊困难或遭受自然灾害的，税务机关根据纳税人的申请而给予的困难性减税、

免税。

5. 申请延期申报和延期缴纳税款的权利

纳税人不能按期办理纳税申报，或有特殊困难不能按期缴纳税款的，经税务机关核准，可以延期申报和延期缴纳税款。

6. 申请退还多缴税款权

纳税人超过应纳税额缴纳的税款，允许在3年内申请退还；逾期税务机关不予受理。

7. 委托税务代理权

纳税人可以根据国家税务总局的规定将有关业务委托税务代理人代为办理，如办理、变更或者注销税务登记，除增值税专用发票外的发票领购手续，纳税申报或扣缴税款报告等。

8. 陈述与申辩权

纳税人对于税务机关作出的决定享有陈述、申辩权。

9. 拒绝检查权

对税务机关人员进行税务检查时未出示税务检查证和税务检查通知书的，纳税人有权拒绝检查。

10. 税收法律救济权与依法要求听证权

纳税人对税务机关作出的具体行政行为依法享有申请行政复议、提起行政诉讼、请求国家赔偿及要求听证的权利。

11. 索取税收凭证权

比如征收税款时，税务机关必须开具完税凭证；扣缴义务人代扣代收税款以及纳税人要求扣缴义务人开具代扣代收税款凭证时，扣缴义务人应当开具等。

12. 税收监督权

纳税人有权对税务机关及其工作人员的各种不法行为进行揭露、检举和控告；有权检举违反税收法律、行政法规的行为。

1.4.2 纳税人的义务

1. 依法进行税务登记的义务

依照税法规定申请办理税务登记、变更或注销税务登记，并按规定使用税务登记证件，不得转借、涂改、损毁、买卖或者伪造税务登记证件。

2. 依法设置账簿、保管账簿和有关资料以及依法开具、使用、取得和保管发票的义务

纳税人必须按规定设置账簿，进行核算；从事生产、经营的，必须按照国务院财政、税务主管部门规定的保管期限保管账簿、记账凭证、完税凭证及其他有关资料；账簿、记账凭证、完税凭证及其他有关资料不得伪造、变造或者擅自损毁。纳税人在从事经营活动的过程中，应当依法开具、使用、取得和保管发票。

3. 备案的义务

纳税人应将其财务、会计制度或者财务、会计处理办法和会计核算软件报送税务机关备案。

4. 按照规定安装、使用税控装置的义务

如果纳税人未按规定安装、使用税控装置，或者损毁，或者擅自改动税控装置的，税务机关将责令其限期改正，并可根据情节轻重处以规定数额内的罚款。

5. 按期、如实申报的义务

纳税人必须按税法规定办理纳税申报，报送纳税申报表、财务会计报表及税务机关要求报送的其他资料。因特殊情况不能按期办理的，须报经税务机关批准。

6. 按期缴纳税款的义务

纳税人必须按税法规定的纳税期限缴纳税款。因特殊情况不能按期缴纳的，经省、自治区、直辖市税务机关批准，可延期缴纳，但最长不得超过3个月。

7. 代扣代缴税款的义务

代扣代缴税款义务人必须依照法律、行政法规的规定代扣代缴税款且纳税人不得拒绝。如果纳税人拒绝的，代扣代缴税款义务人应当及时报告税务机关处理。

8. 依法接受检查的义务

纳税人应主动配合税务机关，接受税务机关的税务检查，如实反映情况，提供有关证明材料，不得拒绝、隐瞒。

9. 及时提供信息的义务

纳税人除通过税务登记和纳税申报向税务机关提供与纳税有关的信息外，还应及时提供其他信息。如果有歇业、经营情况变化、遭受各种灾害等特殊情况的，应及时说明，以便税务机关依法妥善处理。

10. 报告其他涉税信息的义务

为了保障国家税收能够及时、足额征收入库，税收法律还规定了纳税人有义务报告其他相关的涉税信息，如与关联企业之间的业务往来，企业合并、分立情况，处分大额财产等。

【知识要点提醒】

了解并遵守现行税法是纳税人的权利与义务。

1.4.3 纳税人的法律责任

1. 违反税务管理基本规定行为的处罚

（1）纳税人有下列行为之一的，由税务机关责令限期改正，可以处2 000元以下的罚款；情节严重的，可以处2 000元以上10 000元以下的罚款。

①未按照规定的期限申报办理税务登记、变更或者注销登记的。

②未按照规定设置、保管账簿或者保管记账凭证和有关资料的。

③未按照规定将财务、会计制度或者财务、会计处理办法和会计核算软件报送税务机关备查的。

④未按照规定将其全部银行账号向税务机关报告的。

⑤未按照规定安装、使用税控装置，或者损毁，或者擅自改动税控装置的。

⑥纳税人未按照规定办理税务登记证件验证或者换证手续的。

(2) 纳税人不办理税务登记的，由税务机关责令限期改正；逾期不改正的，由工商行政管理机关吊销其营业执照。

(3) 纳税人未按照规定使用税务登记证件，或者转借、涂改、损毁、买卖、伪造税务登记证件的，处2 000元以上10 000元以下的罚款；情节严重的，处10 000元以上50 000元以下的罚款。

(4) 扣缴义务人违反账簿、凭证管理的处罚。扣缴义务人未按照规定设置、保管代扣代缴、代收代缴税款账簿或者保管代扣代缴、代收代缴税款记账凭证及有关资料的，由税务机关责令限期改正，可以处2 000元以下的罚款；情节严重的，处2 000元以上5 000元以下的罚款。

(5) 纳税人、扣缴义务人未按规定进行纳税申报的法律责任。纳税人未按照规定的期限办理纳税申报和报送纳税资料的，或者扣缴义务人未按照规定的期限向税务机关报送代扣代缴、代收代缴税款报告表和有关资料的，由税务机关责令限期改正，可以处2 000元以下的罚款；情节严重的，可以处2 000元以上10 000元以下的罚款。

2. 逃税及其法律责任

(1) 逃避邀纳税款，也称逃税。纳税人采取欺骗、隐瞒手段进行虚假纳税申报或者不申报，逃避邀纳税款的，由税务机关追缴其不缴或者少缴的税款、税款滞纳金，并处罚款；构成犯罪的，依法追究刑事责任。扣缴义务人采取前款所列手段，不缴或者少缴已扣、已收税款，由税务机关追缴其不缴或者少缴的税款、税款滞纳金，并处罚款；构成犯罪的，依法追究刑事责任。

(2) 逃避缴纳税款罪。《中华人民共和国刑法》(以下简称《刑法》) 第二百零一条规定，纳税人采取欺骗、隐瞒手段进行虚假纳税申报或者不申报、逃避缴纳税款数额较大并且占应纳税额10%以上的，处3年以下有期徒刑或者拘役，并处罚金；数额巨大并且占应纳税额30%以上的，处3年以上7年以下有期徒刑，并处罚金。

扣缴义务人采取前款所列手段，不缴或者少缴已扣、已收税款，数额较大的，依照前款的规定处罚。对多次实施前两款行为，未经处理的，按照累计数额计算。有第一款行为，经税务机关依法下达追缴通知后，补缴应纳税款，缴纳滞纳金，已受行政处罚的，不予追究刑事责任；但是，5年内因逃避缴纳税款受过刑事处罚或者被税务机关给予两次以上行政处罚的除外。

3. 欠税及其法律责任

(1) 欠税。欠税是指纳税人、扣缴义务人超过征收法律法规规定或税务机关依照税收法律法规规定的纳税期限，未缴或少缴税款的行为。《中华人民共和国税收征收管理法》(以下简称《税收征收管理法》) 第六十五条规定：纳税人欠缴应纳税款，采取转移或者隐匿财产的手段，妨碍税务机关追缴欠缴的税款的，由税务机关追缴欠缴的税款、滞纳金，并处欠缴税款50%以上5倍以下的罚款；构成犯罪的，依法追究刑事责任。

(2) 逃避追缴欠税罪。《刑法》第二百零三条规定：纳税人欠缴应纳税款，采取转移或者隐匿财产的手段，致使税务机关无法追缴欠缴的税款，数额在1万元以上不满10万元的，处3年以下有期徒刑或者拘役，并处或者单处欠缴税款1倍以上5倍以下罚金；数额在10万元以上的，处3年以上7年以下有期徒刑，并处欠缴税款1倍以上5倍以下罚金。

4. 骗取出口退税的法律责任

（1）骗税。骗税是指纳税人以假报出口或者其他欺骗手段，骗取国家出口退税款的行为。纳税人以假报出口或者其他欺骗手段，骗取国家出口退（免）税款的，由税务机关追缴其骗取的退（免）税款，并处骗取税款1倍以上5倍以下的罚款；构成犯罪的，依法追究刑事责任。对骗取国家出口退税款的，税务机关可以在规定期间内停止为其办理出口退税。

（2）骗取出口退税罪。《刑法》第二百零四条规定：骗取国家出口退税款，数额较大的，处5年以下有期徒刑或者拘役，并处骗取税款1倍以上5倍以下罚金；数额巨大或者有其他严重情节的，处5年以上10年以下有期徒刑，并处骗取税款1倍以上5倍以下罚金；数额特别巨大或者有其他特别严重情节的，处10年以上有期徒刑或者无期徒刑，并处骗取税款1倍以上5倍以下罚金或者没收财产。

5. 抗税及其法律责任

（1）抗税。抗税是指以暴力、威胁方法拒不缴纳税款。抗税除由税务机关追缴其拒缴的税款外，并处罚款；构成犯罪的，依法追究刑事责任。情节轻微，未构成犯罪的，由税务机关追缴其拒缴的税款、滞纳金，并处拒缴税款1倍以上5倍以下的罚款。

（2）抗税罪。《刑法》第二百零二条规定：以暴力、威胁方法拒不缴纳税款的，处3年以下有期徒刑或者拘役，并处拒缴税款1倍以上5倍以下罚金；情节严重的，处3年以上7年以下有期徒刑，并处拒缴税款1倍以上5倍以下罚金。

6. 进行虚假申报或不进行申报行为的法律责任

纳税人、扣缴义务人编造虚假计税依据的，由税务机关责令限期改正，并处5万元以下的罚款。纳税人不进行纳税申报，不缴或者少缴应纳税款的，由税务机关追缴其不缴或者少缴的税款、滞纳金，并处不缴或者少缴税款50%以上5倍以下的罚款。

7. 在规定期限内不缴或者少缴税款的法律责任

纳税人、扣缴义务人在规定期限内不缴或者少缴应纳或者应解缴的税款，经税务机关责令限期缴纳，逾期仍未缴纳的，税务机关除依照我国《税收征收管理法》第四十条规定采取强制执行措施，追缴其不缴或者少缴的税款外，可以处不缴或者少缴税款50%以上5倍以下的罚款。

8. 扣缴义务人不履行扣缴义务的法律责任

扣缴义务人应扣未扣、应收而不收税款的，由税务机关向纳税人追缴税款，对扣缴义务人处应扣未扣、应收未收税款50%以上3倍以下的罚款。

9. 不配合税务机关依法检查的法律责任

纳税人、扣缴义务人逃避、拒绝或者以其他方式阻挠税务机关检查的，由税务机关责令改正，可以处1万元以下的罚款；情节严重的，处1万元以上5万元以下的罚款。税务机关依法到车站、码头、机场、邮政企业及其分支机构检查纳税人有关情况时，有关单位拒绝的，由税务机关责令改正，可以处1万元以下的罚款；情节严重的，处1万元以上5万元以下的罚款。

> **【小思考】** 纳税人违反税收的几种主要手段之间的区别有哪些？

[本章小结]

纳税会计是以税收法律法规为依据，以货币为主要计量单位，运用会计学的理论及其专门方法，核算和监督纳税人的纳税事务，参与纳税人的预测、决策，达到既依法纳税，又合理减轻税负的一个会计学分支。纳税会计与财务会计既有区别，又有联系。

关键术语

纳税会计　权责发生制　收付实现制　配比原则　营业收益
资本收益　税款支付能力　逃避缴纳税款　欠税　骗税
抗税

思考题

1. 什么是纳税会计？纳税会计有哪些特点？
2. 纳税会计与财务会计有哪些区别和联系？
3. 纳税人有哪些权利和义务？纳税人的各种违法行为应负什么样的法律责任？

第2章

增值税的会计核算

［学习提示］　增值税是现行税制结构体系中的主体税种，其会计核算较为复杂。由于增值税是价外税，其会计核算具有独特性。本章详细讲解了增值税各明细科目的使用方法，并通过案例帮助理解和掌握。通过本章的学习，应掌握增值税的有关会计核算及纳税申报表的填制。

2.1　增值税概述

增值税是对在我国境内销售货物，提供加工、修理修配劳务，销售服务、无形资产或不动产，以及进口货物的单位和个人，就其取得的货物、应税劳务或应税行为的销售额以及进口货物的金额计算税款，并实行税款抵扣制的一种货物与劳务税。应税服务包括交通运输业、邮政业、电信业、建筑业、房地产业、金融业和现代生活服务业服务。

2.1.1　征税范围、纳税人及扣缴义务人

1. 征税范围

（1）销售或者进口的货物。货物是指有形动产，包括电力、热力、气体在内。

（2）提供加工、修理修配劳务。

（3）销售服务。即提供交通运输业服务、邮政业服务、电信业服务、建筑服务、金融服务、现代服务和生活服务。

（4）销售无形资产或不动产。

（5）视同销售货物与视同发生应税行为。

单位或个体工商户的下列行为，视同销售货物或视同发生应税行为：

①将货物交付其他单位或者个人代销；

②销售代销货物；

③设有两个以上机构并实行统一核算的纳税人，将货物从一个机构移送至其他机构用于销售，但相关机关设在同一县（市）的除外；

④将自产、委托加工的货物用于集体福利或者个人消费；

⑤将自产、委托加工或者购进的货物作为投资，提供给其他单位或者个体工商户；

⑥将自产、委托加工或者购进的货物分配给股东或者投资者；

⑦将自产、委托加工或者购进的货物无偿赠送给其他单位或者个人；

⑧向其他单位或者个人无偿提供服务，但以公益活动为目的或者以社会公众为对象的除外；

⑨向其他单位或者个人无偿转让无形资产或者不动产，但以公益活动为目的或者以社会公众为对象的除外；

⑩财政部和国家税务总局规定的其他情形。

（6）混合销售。一项销售行为如果既涉及货物又涉及服务，为混合销售。从事货物的生产、批发或零售的企业、企业性单位及个体工商户，以及以从事货物的生产、批发或者零售为主，并兼营销售服务的单位和个体工商户发生的混合销售行为，按照销售货物缴纳增值税；其他单位和个体工商户的混合销售行为，按照销售服务缴纳增值税。

（7）兼营。增值税纳税人销售货物、加工修理修配劳务、服务、无形资产或不动产适用不同税率或征收率的，应分别核算适用不同税率或征收率的销售额；未分别核算的，按照以下方法适用税率或征收率：

①兼有不同税率的销售货物、加工修理修配劳务、服务、无形资产或者不动产，从高适用税率；

②兼有不同征收率的销售货物、加工修理修配劳务、服务、无形资产或者不动产，从高适用征收率；

③兼有不同税率和征收率的销售货物、加工修理修配劳务、服务、无形资产或者不动产，从高适用税率。

2. 纳税人

根据《增值税暂行条例》及其实施细则以及财税［2013］106 号、财税［2014］43 号、财税［2016］36 号的规定，在我国境内销售货物，提供应税劳务，销售服务、无形资产或不动产以及进口货物的单位和个人，为增值税的纳税人。其中，单位是指企业、行政单位、事业单位、军事单位、社会团体及其他单位；个人是指个体工商户和其他个人。

单位以承包、承租、挂靠方式经营的，承包人、承租人、挂靠人（以下统称承包人）以发包人、出租人、被挂靠人（以下统称发包人）的名义对外经营并由发包人承担相关法律责任的，以该发包人为纳税人。否则，以承包人为纳税人。

【小思考】 纳税人将接受投资获得的机器设备再用于向其他公司投资，是否需要缴纳增值税？

由于我国增值税实行税款抵扣制度，因此对增值税纳税人会计核算是否健全，是否能够准确核算销项税额、进项税额以及应纳税额有较高要求。为方便增值税的征收管理，保证对专用发票的正确使用和安全管理，按纳税人的经营规模大小及会计核算是否健全将其划分为一般纳税人和小规模纳税人。

小规模纳税人是指年应税销售额在规定标准以下，并且会计核算不健全，不能按规定报送有关税务资料的增值税纳税人。现行增值税税法按照纳税人的经营业务范围，分别规定了小规模纳税人的认定标准：

（1）从事货物生产或者提供应税劳务的纳税人，以及以从事货物生产或者提供应税劳务为主，并兼营货物批发或者零售的纳税人，年应税销售额在 50 万元以下（含本数，下同）的。

（2）除（1）以外的纳税人（不含销售服务、无形资产或不动产的纳税人），年应税销售额在 80 万元以下的。

（3）销售服务、无形资产或不动产的纳税人，应税行为年销售额在 500 万元以下的。

年应税销售额超过规定的小规模纳税人认定标准的纳税人为增值税一般纳税人。但是仍需关注以下几点：

（1）兼有销售货物、提供应税劳务以及销售服务、无形资产或不动产的纳税人，应税货物及劳务销售额与应税服务、无形资产或不动产销售额分别计算，分别适用增值税一般纳税人资格认定标准。例如，某企业生产销售货物的年销售额为 40 万元，销售服务的年销售额为 470 万元，尽管该企业年销售额总计为 510 万元，但由于货物的年销售额与应税服务的年销售额分别都没有超过规定的认定标准（50 万元和 500 万元），因而不需要认定为增值税一般纳税人；如果该企业销售货物的年销售额和销售服务的年销售额中任何一项超过规定的认定标准，则该企业均要对超过标准的那项办理增值税一般纳税人登记。

（2）从事销售货物或提供应税劳务的，年应税销售额超过规定标准的其他个人按小规模纳税人纳税；非企业性单位、不经常发生应税行为的企业可选择按小规模纳税人纳税。例如，旅店业和饮食业纳税人销售非现场消费的食品，属于不经常发生增值税应税行为，可以选择按小规模纳税人缴纳增值税。

（3）销售服务、无形资产或不动产的，应税行为年销售额超过规定标准的其他个人不属于一般纳税人；应税行为年销售额超过规定标准但不经常发生应税行为的单位和个体工商户可选择按照小规模纳税人纳税。

（4）兼有销售货物、提供应税劳务以及销售服务、无形资产或不动产，且不经常发生应税行为的单位和个体工商户可选择按照小规模纳税人纳税。

（5）年应税销售额未超过规定标准的纳税人，能够按照国家统一的会计制度规定设置账簿，根据合法、有效凭证核算，能够提供准确税务资料的，可以向主管税务机关办理一般纳税人资格登记，成为一般纳税人。

（6）增值税小规模纳税人应分别核算销售货物，提供加工、修理修配劳务的销售额，以及销售服务、无形资产的销售额。增值税小规模纳税人销售货物，提供加工、修理修配劳务，或销售服务、无形资产和不动产的月销售额不超过 2 万元的，免征增值税。自 2016 年 5 月 1 日起至 2017 年 12 月 31 日，增值税小规模纳税人销售货物，提供加工、修理修配劳务，或销售服务、无形资产和不动产的月销售额不超过 3 万元的，可分别享受暂免征收增值税的优惠政策。

（7）纳税人一经认定为一般纳税人，除国家税务总局另有规定外，不得转为小规模纳税人。

【知识要点提醒】

自2015年4月1日起，增值税一般纳税人资格实行登记制，不再实行资格认定审批制度，登记事项由增值税纳税人向其主管税务机关办理。

【小思考】 某数学研究院2016年10月转让一批实验设备，取得转让收入200万元，该研究院是否需要办理一般纳税人资格认定？

3. 扣缴义务人

境外的单位或者个人在境内提供应税劳务或应税服务，在境内未设有经营机构的，以其境内代理人为增值税扣缴义务人；在境内没有代理人的，以购买方或接受方为增值税扣缴义务人。

2.1.2 税率及征收率

1. 税率

我国现行增值税的税率设置有17%、13%、11%、6%和零税率，适用情况分别如下：

(1) 增值税一般纳税人销售或进口除适用13%税率以外的货物，提供加工、修理修配劳务和有形动产租赁服务，适用税率为17%。

(2) 增值税一般纳税人销售或进口下列货物，适用税率为13%：

①粮食、食用植物油；

②自来水、暖气、冷气、热水、煤气、石油液化气、天然气、沼气、居民用煤炭制品；

③图书、报纸、杂志；

④饲料、化肥、农药、农机、农膜；

⑤国务院规定的其他货物，如食用盐、音像制品、电子出版物和二甲醚等。

(3) 增值税一般纳税人提供交通运输、邮政、基础电信、建筑、不动产租赁服务，销售不动产，转让土地使用权，适用税率为11%。

(4) 增值税一般纳税人销售除(3)以及有形动产租赁以外的服务，适用税率为6%。

(5) 纳税人出口货物、跨境销售财政部和国家税务总局规定的服务和无形资产，税率为零；但是国务院另有规定的除外。例如，境内单位和个人提供的国际运输服务、向境外单位提供的研发服务和设计服务，适用增值税零税率。

【小思考】 增值税零税率与免税有什么不同？

需要注意的是，增值税纳税人（包括一般纳税人和小规模纳税人）进口货物按照17%或13%的税率计算、缴纳进口环节的增值税。

【即学即用】 下列项目适用13%税率的是（　　）。

A. 化妆品厂生产销售化妆品

B. 某工业企业对外出租一台生产设备

C. 印刷厂印刷图书报刊（委托方提供纸张）

D. 某机械厂生产销售农机

答案：D。

化妆品厂生产销售化妆品，适用税率为17%；工业企业对外出租生产设备，属于有形动产租赁服务，适用税率为17%；印刷厂印刷图书报刊（委托方提供纸张），属于受托加工业务，适用税率为17%；机械厂生产销售农机，属于《增值税暂行条例》中规定的适用低税率13%的范围，因此选择D。

2. 征收率

增值税小规模纳税人销售货物，提供加工、修理修配劳务和销售服务、无形资产或不动产，适用征收率为3%，财政部和国家税务总局另有规定的除外。

除了小规模纳税人适用征收率以外，对于一些特殊业务，增值税一般纳税人也适用简易计税方法按照征收率计算增值税，例如：

（1）增值税一般纳税人销售自己使用过的属于税法规定不得抵扣且未抵扣进项税额的固定资产，按照简易办法依照3%征收率减按2%计算、缴纳增值税。

（2）增值税一般纳税人销售旧货，按照简易办法依照4%征收率减半征收增值税，自2014年7月1日起调整为按照简易办法依照3%征收率减按2%计算、缴纳增值税。

（3）属于增值税一般纳税人的药品经营企业销售生物制品，可以选择简易办法按照生物制品销售额和3%征收率计算、缴纳增值税。

（4）增值税一般纳税人发生下列应税行为，可以选择简易办法按照3%征收率计算、缴纳增值税：

①公共交通运输服务。

②经认定的动漫企业为开发动漫产品提供的动漫脚本编撰、形象设计、背景设计、动画设计、分镜、动画制作、摄制、描线、上色、画面合成、配音、配乐、音效合成、剪辑、字幕制作、压缩转码（面向网络动漫、手机动漫格式适配）服务，以及在境内转让动漫版权（包括动漫品牌、形象或者内容的授权及再授权）。

③电影放映服务、仓储服务、装卸搬运服务、收派服务和文化体育服务。

④以纳入营改增试点之日前取得的有形动产为标的物提供的经营租赁服务。

⑤在纳入营改增试点之日前签订的尚未执行完毕的有形动产租赁合同。

⑥以清包工方式提供的建筑服务。

⑦为甲供工程提供的建筑服务。

⑧销售2016年4月30日前取得的不动产。

⑨房地产开发企业销售自行开发的房地产老项目。

⑩出租2016年4月30日前取得的不动产。

⑪其他情形。

【小思考】 增值税一般纳税人销售适用征收率的货物，能否开具增值税专用发票？

2.1.3 一般纳税人应纳税额的计算

除了一些特殊情况适用简易计税方法计税外，增值税一般纳税人销售货物、提供应税劳务或者销售服务、无形资产或不动产适用一般计税方法，即以当期销项税额抵扣当期进项税额后的余额为应纳税额。其计算公式为：

应纳税额=当期销项税额-当期进项税额

可见，当期增值税应纳税额的大小取决于当期销项税额和当期进项税额这两个因素。只要确定了当期销项税额和当期可以抵扣的进项税额，就不难计算出应纳税额。

1. 销项税额的计算

销项税额，是指纳税人销售货物、提供应税劳务或者销售服务、无形资产或不动产，按照销售额和增值税税率计算的增值税税额。其计算公式为：

销项税额=销售额×增值税税率

其中，销售额为纳税人销售货物、提供应税劳务或发生应税行为，向购买方或接受方收取的全部价款和价外费用，但是不包括收取的销项税额。价外费用是指价外向购买方收取的手续费、补贴、基金、集资费、返还利润、奖励费、违约金、滞纳金、延期付款利息、赔偿金、代收款项、代垫款项、包装费、包装物租金、储备费、优质费、运输装卸费以及其他各种性质的价外收费。但下列项目不包括在内：

（1）受托加工应征消费税的消费品所代收代缴的消费税。

（2）同时符合以下条件的代垫运输费用：

①承运部门的运输费用发票开具给购买方的。

②纳税人将该项发票转交给购买方的。

（3）同时符合以下条件代为收取的政府性基金或者行政事业性收费：

①由国务院或者财政部批准设立的政府性基金，由国务院或者省级人民政府及其财政、价格主管部门批准设立的行政事业性收费。

②收取时开具省级以上（含省级）财政部门印制的财政票据。

③所收款项全额上缴财政。

（4）销售货物的同时代办保险等而向购买方收取的保险费，以及向购买方收取的代购买方缴纳的车辆购置税、车辆牌照费。

（5）以委托方名义开具发票代委托方收取的款项。

如果纳税人在销售货物、提供应税劳务或销售服务、无形资产或不动产时采用销售额和销项税额合并定价方法，则应将含税销售额换算为不含税销售额，具体计算公式如下：

销售额=含税销售额÷(1+增值税税率)

另外，对增值税一般纳税人向购买方收取的价外费用和逾期包装物押金，应视为含税收入，在征税时也应该按照上述公式换算成不含税收入并入销售额计算增值税销项税额。

纳税人销售货物、提供应税劳务或者销售服务、无形资产或不动产价格明显偏低且无正当理由或者有视同销售货物行为而无销售额的，按下列顺序确定销售额：

①按纳税人最近时期同类货物或应税行为的平均销售价格确定。

②按其他纳税人最近时期同类货物或应税行为的平均销售价格确定。

③按组成计税价格确定。组成计税价格的计算公式为：

组成计税价格=成本×(1+成本利润率)

对于既征收增值税又征收消费税的货物，其组成计税价格中应加计消费税税额，组成计税价格的计算公式为：

$$组成计税价格=成本\times(1+成本利润率)+消费税税额$$

或者

$$组成计税价格=成本\times\frac{1+成本利润率}{1-消费税税率}$$

或者

$$组成计税价格=\frac{成本\times(1+成本利润率)+从量征收消费税税额}{1-消费税比例税率}$$

公式中的成本利润率为10%，但属于应从价定率征收或复合计征消费税的货物，其组成计税价格公式中的成本利润率为《国家税务总局关于印发〈消费税若干具体问题的规定〉的通知》（国税发［1993］156号）和《财政部国家税务总局关于调整和完善消费税政策的通知》（财税［2006］33号）中规定的成本利润率。

2. 进项税额的计算

进项税额，是指纳税人购进货物、接受应税劳务或者购进服务、无形资产或不动产所支付或者负担的增值税税额。需要注意的是，并非纳税人支付的所有进项税额都可以在计算应纳税额时从销项税额中抵扣。现行增值税法对于哪些进项税额可以抵扣、哪些进项税额不能抵扣做了专门、严格的规定。

（1）准予从销项税额中抵扣的进项税额。

①从销售方或者提供方取得的增值税专用发票（含税控机动车销售统一发票，下同）上注明的增值税税额。

②从海关取得的海关进口增值税专用缴款书上注明的增值税税额。

③购进农产品，除取得增值税专用发票或者海关进口增值税专用缴款书外，按照农产品收购发票或者销售发票上注明的农产品买价（包括纳税人购进农产品在农产品收购发票或者销售发票上注明的价款和按照规定缴纳的烟叶税）和13%的扣除率计算的进项税额。计算公式为：

$$进项税额=买价\times扣除率$$

购进农产品，按照《农产品增值税进项税额核定扣除试点实施办法》抵扣进项税额的除外。

④从境外单位或者个人购进服务、无形资产或不动产，从税务机关或者扣缴义务人取得的解缴税款的中华人民共和国完税凭证（简称完税凭证）上注明的增值税税额。

（2）不得从销项税额中抵扣的进项税额。

①纳税人购进货物、接受应税劳务或者购进服务、无形资产或不动产，取得的增值税扣税凭证（即增值税专用发票、海关进口增值税专用缴款书、农产品收购发票、农产品销售发票和完税凭证）不符合法律、行政法规或者国家税务总局的有关规定的，其进项税额不得从销项税额中抵扣。纳税人凭完税凭证抵扣进项税额的，应当具备书面合同、付款证明和境外单位的对账单或者发票；资料不全的，其进项税额不得从销项税额中抵扣。

②适用于简易计税方法计税项目、免征增值税项目、集体福利或者个人消费的购进货物、加工修理修配劳务、购进服务、无形资产或不动产的进项税额不得抵扣。其中涉及的

固定资产、无形资产、不动产，仅指专用于上述项目的固定资产、无形资产（不包括其他权益性无形资产）、不动产。

③非正常损失的购进货物及相关的加工修理修配劳务或者交通运输业服务的进项税额不得抵扣。

④非正常损失的在产品、产成品所耗用的购进货物（不包括固定资产）、加工修理修配劳务或者交通运输业服务的进项税额不得抵扣。

⑤非正常损失的不动产，以及该不动产所耗用的购进货物、设计服务和建筑服务的进项税额不得抵扣。

⑥非正常损失的不动产在建工程所耗用的购进货物、设计服务和建筑服务的进项税额不得抵扣。

⑦购进的旅客运输服务、贷款服务、餐饮服务、居民日常服务和娱乐服务的进项税额不得抵扣。

⑧财政部和国家税务总局规定的其他情形。

需要说明的是：

不动产，是指不能移动或者移动后会引起性质、形状改变的财产，包括建筑物、构筑物和其他土地附着物。

纳税人新建、改建、扩建、修缮、装饰不动产，均属于不动产在建工程。

本条⑤和⑥项所称货物，是指构成不动产实体的材料和设备，包括建筑装饰材料和给排水、采暖、卫生、通风、照明、通信、煤气、消防、中央空调、电梯、电气、智能化楼宇设备及配套设施。

个人消费，包括纳税人的交际应酬消费。

固定资产，是指使用期限超过 12 个月的机器、机械、运输工具以及其他与生产经营有关的设备、工具、器具等有形动产。

非正常损失，是指因管理不善造成被盗、丢失、霉烂变质的损失，以及因违反法律法规造成货物或不动产被依法没收、销毁、拆除的情形。

【小思考】 某化工企业为增值税一般纳税人，2016 年 9 月购买了用于职工培训用的教材并取得了增值税专用发票，对应的进项税额是否可以抵扣？

2.1.4 小规模纳税人应纳税额的计算

小规模纳税人销售货物、提供应税劳务或者销售服务、无形资产或不动产适用简易计税方法计税，不得抵扣进项税额，按照销售额和增值税征收率计算的增值税税额为应纳税额。其计算公式为：

应纳税额＝销售额×征收率

销售额为销售货物、提供应税劳务、销售服务、无形资产或不动产向购买方收取的全部价款和价外费用，不包括按 3%的征收率收取的增值税税额。如果纳税人在销售货物、提供应税劳务或销售服务、无形资产或不动产时采用销售额和应纳税额合并定价方法，则应按照下列公式将含税销售额换算为不含税销售额：

应税销售额＝含税销售额÷(1＋征收率)

此外，对于小规模纳税人中的个人（包括个体工商户和其他个人，但不适用于被登记为一般纳税人的个体工商户）来说，在计算增值税应纳税额时还需要考虑增值税起征点。销售额未达到增值税起征点的，免征增值税；达到起征点的，按规定全额计算缴纳增值税。

增值税起征点的幅度规定如下：

（1）销售货物的，为月销售额5 000元～20 000元；

（2）销售应税劳务的，为月销售额5 000元～20 000元；

（3）按次纳税的，为每次（日）销售额300元～500元；

（4）销售服务、无形资产或者不动产的起征点：

①按期纳税的，为月销售额5 000元～20 000元（含本数）；

②按次纳税的，为每次（日）销售额300元～500元（含本数）。

起征点的调整由财政部和国家税务总局规定。省、自治区、直辖市财政厅（局）和国家税务局应当在规定的幅度内，根据实际情况确定本地区适用的起征点，并报财政部和国家税务总局备案。

近年来为扶持小微企业的发展，国家不断加大税收支持力度，国务院及财政税务主管部门多次下发文件扩大税收优惠覆盖范围。2013年7月29日，财政部、国家税务总局联合下发《财政部国家税务总局关于暂免征收部分小微企业增值税和营业税的通知》（财税［2013］52号），规定自2013年8月1日起，对增值税小规模纳税人中月销售额不超过2万元的企业、非企业性单位和个人，暂免征收增值税。2016年3月23日，财政部、国家税务总局联合发布《财政部国家税务总局关于全面推开营业税改征增值税试点的通知》，规定至2017年12月31日，对月销售额2万元（含本数）至3万元的增值税小规模纳税人，免征增值税。

【即学即用】 下列说法中，正确的有（　　）。

A. 增值税起征点的适用范围仅限于个人，包括被登记为一般纳税人的个体工商户

B. 纳税人的销售额超过起征点的，应就其销售额全额按规定计算、缴纳增值税

C. 纳税人的销售额超过起征点的，应就其超过起征点的销售额部分按规定计算、缴纳增值税

D. 对于按期纳税的纳税人，其销售服务、无形资产或者不动产的起征点为月销售额5 000元～20 000元（含本数）

答案：BD。

增值税起征点的适用范围限于个人，但不适用于被登记为一般纳税人的个体工商户，选项A错误；纳税人销售货物、提供应税劳务或者销售服务、无形资产或者不动产的销售额未达到国务院财政、税务主管部门规定的增值税起征点的，免征增值税，达到起征点的，按规定全额计算缴纳增值税，选项C错误。

2.1.5 征收管理

1. 纳税义务发生时间

（1）销售货物、提供应税劳务的纳税义务发生时间。

①纳税人销售货物或者提供应税劳务的纳税义务发生时间为收讫销售款项或者取得索

取销售款项凭据的当天；先开具发票的，为开具发票的当天。其中，收讫销售款项或者取得索取销售款项凭据的当天按销售结算方式的不同，具体为：

其一，采取直接收款方式销售货物的，不论货物是否发出，均为收到销售款项或者取得索取销售款项凭据的当天。

其二，采取托收承付和委托银行收款方式销售货物的，为发出货物并办妥托收手续的当天。

其三，采取赊销和分期收款方式销售货物的，为书面合同约定的收款日期的当天，无书面合同的或者书面合同没有约定收款日期的，为货物发出的当天。

其四，采取预收货款方式销售货物的，为货物发出的当天，但销售生产工期超过 12 个月的大型机械设备、船舶、飞机等货物的，为收到预收款或者书面合同约定的收款日期的当天。

其五，委托其他纳税人代销货物的，为收到代销单位的代销清单或者收到全部或者部分货款的当天。未收到代销清单及货款的，为发出代销货物满 180 天的当天。

其六，销售应税劳务的，为提供劳务同时收讫销售款项或者取得索取销售款项凭据的当天。

其七，纳税人发生除将货物交付其他单位或者个人代销和销售代销货物以外的视同销售货物行为的，为货物移送的当天。

②纳税人进口货物的纳税义务发生时间为报关进口的当天。

【小思考】 税法规定，纳税人委托其他纳税人代销货物，其增值税纳税义务发生时间为收到代销单位的代销清单或者收到全部或者部分货款的当天；未收到代销清单及货款的，为发出代销货物满 180 天的当天。如果受托方确实未在 180 天内将货物销售出去，应该如何处理才能够规避增值税的纳税义务？

（2）销售服务、无形资产或者不动产的纳税义务发生时间。

①纳税人销售服务、无形资产或者不动产的纳税义务发生时间为销售服务、无形资产或者不动产并收讫销售款项或者取得索取销售款项凭据的当天；先开具发票的，为开具发票的当天。其中，收讫销售款项，是指纳税人销售服务、无形资产或不动产过程中或者完成后收到款项；取得索取销售款项凭据的当天，是指书面合同确定的付款日期；未签订书面合同或者书面合同未确定付款日期的，为服务、无形资产转让完成的当天或不动产权属变更的当天。

②纳税人提供建筑服务、租赁服务采取预收款方式的，其纳税义务发生时间为收到预收款的当天。

③纳税人从事金融商品转让，为金融商品所有权转移的当天。

④纳税人发生视同销售服务、无形资产或不动产的，其纳税义务发生时间为服务、无形资产转让完成的当天或不动产权属变更的当天。

根据《增值税暂行条例》及财税［2013］106 号文件的规定，增值税扣缴义务发生时间为纳税人增值税纳税义务发生的当天。

2. 纳税期限

增值税的纳税期限分别为 1 日、3 日、5 日、10 日、15 日、1 个月或者 1 个季度。纳税人的具体纳税期限，由主管税务机关根据纳税人应纳税额的大小分别核定；不能按照固定期限纳税的，可以按次纳税。以 1 个季度为纳税期限的规定适用于小规模纳税人、银行、财务公司、信托投资公司、信用社，以及财政部和国家税务总局规定的其他纳税人。

纳税人以1个月或者1个季度为1个纳税期的，自期满之日起15日内申报纳税；以1日、3日、5日、10日或者15日为1个纳税期的，自期满之日起5日内预缴税款，于次月1日起15日内申报纳税并结清上月应纳税款。纳税人进口货物，应当自海关填发海关进口增值税专用缴款书之日起15日内缴纳税款。

扣缴义务人解缴税款的期限依照前述规定执行。

【知识要点提醒】

以1个季度为纳税期限的纳税人有哪些?

根据现行增值税的相关规定，以1个季度为纳税期限的纳税人包括以下几种情形：

(1) 增值税小规模纳税人、银行、财务公司、信托投资公司、信用社。

(2) 经财政部和国家税务总局批准，按照《总分机构试点纳税人增值税计算缴纳暂行办法》(财税［2013］74号) 计算、缴纳增值税的航空运输企业的总机构的纳税期限为1个季度，航空运输企业汇总缴纳的增值税实行年度清算。

(3) 经财政部、国家税务总局批准，中国铁路总公司及其所属运输企业 (含下属站段) 汇总申报缴纳增值税，中国铁路总公司的增值税纳税期限为1个季度。

(4) 经省、自治区、直辖市或者计划单列市财政厅 (局) 和国家税务局批准，可以汇总申报缴纳增值税的邮政企业的总机构的纳税期限为1个季度。邮政企业，是指中国邮政集团公司所属提供邮政服务的企业。

(5) 经省、自治区、直辖市或者计划单列市财政厅 (局) 和国家税务局批准，可以汇总申报缴纳增值税的电信企业的总机构的纳税期限为1个季度。电信企业，是指中国电信集团公司、中国移动通信集团公司、中国联合网络通信集团有限公司所属提供电信服务的企业。

3. 纳税地点

(1) 固定业户应当向其机构所在地或居住地的主管税务机关申报纳税。总机构和分支机构不在同一县 (市) 的，应当分别向各自所在地的主管税务机关申报纳税；经国务院财政、税务主管部门或者其授权的财政、税务机关批准，可以由总机构汇总后向总机构所在地的主管税务机关申报纳税。

(2) 固定业户到外县 (市) 销售货物或者提供应税劳务，应当向其机构所在地的主管税务机关申请开具外出经营活动税收管理证明，并向其机构所在地的主管税务机关申报纳税；未开具证明的，应当向销售地或者劳务发生地的主管税务机关申报纳税；未向销售地或者劳务发生地的主管税务机关申报纳税的，由其机构所在地的主管税务机关补征税款。

(3) 非固定业户销售货物、提供应税劳务或销售服务、无形资产或者不动产，应当向销售地、应税劳务发生地或服务、无形资产或者不动产销售地的主管税务机关申报纳税；未申报纳税的，由其机构所在地或者居住地的主管税务机关补征税款。

(4) 进口货物，应当向报关地海关申报纳税。

(5) 其他个人提供建筑服务，销售或者租赁不动产，转让自然资源使用权，应向建筑服务发生地、不动产所在地、自然资源所在地税务机关申报纳税。

(6) 扣缴义务人应当向其机构所在地或者居住地的主管税务机关申报缴纳其扣缴的税款。

2.2 增值税的会计科目设置

2.2.1 一般纳税人增值税的会计科目设置

根据现行规定，一般纳税人应在“应交税费”科目下设置“应交增值税”和“未交增值税”、“预缴增值税”、“待抵扣进项税额”、“待认证进项税额”、“待转销项税额”、“增值税留抵税额”七个明细科目。

1. “应交税费——应交增值税”科目

“应交税费——应交增值税”科目的设置采用多栏的方式，在借方和贷方各设若干专栏加以反映。增值税一般纳税人应在“应交增值税”明细账内设置“进项税额”、“销项税额抵减”、“已交税金”、“转出未交增值税”、“减免税款”、“出口抵减内销产品应纳税额”、“销项税额”、“出口退税”、“进项税额转出”、“转出多交增值税”、“简易计税”等专栏。

(1) “进项税额”专栏，记录企业购进货物、加工修理修配劳务、服务、无形资产或者不动产而支付的、准予从销项税额中抵扣的增值税税额。企业购进货物、加工修理修配劳务、服务、无形资产或者不动产而支付的进项税额，用蓝字登记；退回所购货物应冲销的进项税额，用红字登记。

(2) “销项税额抵减”专栏，记录一般纳税人按照现行增值税制度规定因扣减销售额而减少的销项税额。

(3) “已交税金”专栏，记录一般纳税人已交纳的当月应交增值税税额。企业交纳当月应交的增值税，借记“应交税费——应交增值税（已交税金）”科目（小规模纳税人应借记“应交税费——应交增值税”科目），贷记“银行存款”科目。

(4) “转出未交增值税”专栏，记录一般纳税人月度终了转出当月应交未交的增值税税额。月末企业“应交税费——应交增值税”明细账出现贷方余额时，根据余额借记本科目，贷记“应交税费——未交增值税”科目。

(5) “减免税款”专栏，记录一般纳税人按现行增值税制度规定准予减免的增值税税额。企业按规定直接减免的增值税税额借记本科目，贷记“营业外收入”科目。除此之外，按税法有关规定，增值税一般纳税人初次购买增值税税控系统专用设备支付的费用以及缴纳的技术维护费可在增值税应纳税额中全额抵减，按规定抵减的增值税应纳税额也通过该科目核算。

(6) “出口抵减内销产品应纳税额”专栏，反映出口企业销售货物后，向税务机关办理免、抵、退税申报，按规定计算的应免、抵税额，借记本科目，贷记“应交税费——应交增值税（出口退税）”科目。应免、抵税额的计算有两种方法：

第一种是在取得国家税务机关《生产企业出口货物免、抵、退税审批通知单》后进行免、抵、退税的会计处理，即按批准数进行会计处理。按《生产企业出口货物免、抵、退税审批通知单》批准的抵免税额，借记本科目，贷记“应交税费——应交增值税（出口退税）”科目。

第二种是出口企业进行退税申报时，按退税申报数进行会计处理。根据当期《生产企业出口货物免、抵、退税汇总申报表》的抵免税额借记本科目，贷记“应交税费——应交增值税（出口退税）”科目。

（7）“销项税额”专栏，记录一般纳税人销售货物、加工修理修配劳务、服务、无形资产或不动产应收取的增值税税额，以及从境外单位或个人购进服务、无形资产或不动产应扣缴的增值税税额。企业销售货物、提供应税劳务以及销售服务、无形资产或者不动产而收取的销项税额，以及从境外单位或个人购进服务、无形资产或不动产应扣缴的增值税税额用蓝字登记；退回销售货物应冲销的销项税额，用红字登记。

（8）“出口退税”专栏，记录一般纳税人出口产品按规定退回的增值税税额。出口货物退回的增值税税额，用蓝字登记；出口货物办理退税后发生退货或者退关而补缴已退的税款，用红字登记。出口企业当期按规定应退税额，借记“其他应收款——应收出口退税款”科目，贷记本科目。

（9）“进项税额转出”专栏，记录一般纳税人购进货物、加工修理修配劳务、服务、无形资产或不动产等发生非正常损失以及其他原因而不应从销项税额中抵扣，按规定转出的进项税额。此外，企业出口货物时按税法规定计算的不得免征和抵扣税额的部分，应在借记“主营业务成本”科目的同时，贷记本科目。

（10）“转出多交增值税”专栏，记录一般纳税人月度终了转出当月多交的增值税税额。月末企业“应交税费——应交增值税”明细科目出现借方余额时，根据余额借记“应交税费——未交增值税”科目，贷记本科目。由于目前会计制度对“应交税费——应交增值税”科目月末余额是全额转出还是就预缴部分转出不明确，故企业在实际工作中有两种处理：一种是只就当月多缴部分转入“应交税费——未交增值税”科目；另一种是将期末留抵税额和当月多缴部分一并转入“应交税费——未交增值税”科目，从而造成“应交税费——未交增值税”期末借方余额含义不一样。但无论采取何种办法，在纳税申报时，上期留抵税额均不包括多缴部分。

（11）“简易计税”专栏，记录一般纳税人采用简易计税方法应交纳的增值税税额。

上述专栏的设置可用丁字账表示如下（见表2—1）。

表2—1 借方应交税费——应交增值税贷方

（1）进项税额 （2）销项税额抵减 （3）已交税金 （4）转出未交增值税 （5）减免税款 （6）出口抵减内销产品应纳税额	（7）销项税额 （8）出口退税 （9）进项税额转出 （10）转出多交增值税 （11）简易计税

2.“应交税费——未交增值税”科目

“未交增值税”明细科目，核算一般纳税人月度终了从“应交增值税”或“预缴增值税”明细科目转入当月应交未交、多交或预缴的增值税税额，以及当月交纳以前期间未交的增值税税额。

月末，企业应将当月发生的应缴增值税税额自“应交税费——应交增值税”科目和“应交税费——预缴增值税”科目转入“应交税费——未交增值税”明细科目。其会计分录为：

借：应交税费——应交增值税（转出未交增值税）

　　贷：应交税费——未交增值税

　　　　应交税费——预缴增值税

月末，企业将本月多缴的增值税税额自“应交税费——应交增值税”科目转入“应交税费——未交增值税”明细科目。其会计分录为：

借：应交税费——未交增值税

　　贷：应交税费——应交增值税（转出多交增值税）

企业当月上缴上月应缴未缴的增值税时，借记“应交税费——未交增值税”科目，贷记“银行存款”科目。

月末，本科目的借方余额反映的是企业期末留抵税额和当月预缴等多缴的增值税，贷方余额反映的是期末结转下期应缴的增值税。

3. “应交税费——预缴增值税”科目

“预缴增值税”明细科目，核算一般纳税人转让不动产、提供不动产经营租赁服务、提供建筑服务、采用预收款方式销售自行开发的房地产项目等，按现行增值税制度规定应预缴的增值税税额。

企业预缴增值税时，借记“应交税费——预缴增值税”科目，贷记“银行存款”科目。月末，企业应将“预缴增值税”明细科目余额转入“未交增值税”明细科目，借记“应交税费——未交增值税”科目，贷记“应交税费——预缴增值税”科目。

4. “应交税费——待抵扣进项税额”科目

“待抵扣进项税额”明细科目核算一般纳税人已取得增值税扣税凭证并经税务机关认证，按照现行增值税制度规定准予在以后期间从销项税额中抵扣的进项税额。该明细科目主要包括：一般纳税人自 2016 年 5 月 1 日后取得并按固定资产核算的不动产或者 2016 年 5 月 1 日后取得的不动产在建工程，按现行增值税制度规定准予在以后期间从销项税额中抵扣的进项税额；实行纳税辅导期管理的一般纳税人取得的尚未交叉稽核比对的增值税扣税凭证上注明或计算的进项税额。

5. “应交税费——待认证进项税额”科目

“待认证进项税额”明细科目，核算一般纳税人由于未取得增值税扣税凭证或未经税务机关认证而不得从当期销项税额中抵扣的进项税额。该明细科目主要包括：一般纳税人已取得增值税扣税凭证、按照现行增值税制度规定准予从销项税额中抵扣，但尚未经税务机关认证的进项税额；一般纳税人取得货物等已入账，但由于尚未收到相关增值税扣税凭证而不得从当期销项税额中抵扣的进项税额。

6. “应交税费——待转销项税额”科目

“待转销项税额”明细科目，核算一般纳税人销售货物、加工修理修配劳务、服务、无形资产或不动产，已确认相关收入（或利得）但尚未发生增值税纳税义务而需要在以后期间确认为销项税额的增值税税额。

7. “应交税费——增值税留抵税额”科目

兼有销售服务、无形资产或者不动产的原增值税一般纳税人，截止到纳入营改增试点之日前的增值税期末留抵税额按照现行增值税制度规定不得从销售服务、无形资产或不动产的销项税额中抵扣的，应在“应交税费”科目下增设“增值税留抵税额”明细科目。纳入营改增试点当月月初，原增值税一般纳税人应按不得从销售服务、无形资产或不动产的销项税额中抵扣的增值税留抵税额，借记“应交税费——增值税留抵税额”科目，贷记“应交税费——应交增值税（进项税额转出）”科目。待以后期间允许抵扣时，按允许抵扣的金额，借记“应交税费——应交增值税（进项税额）”科目，贷记“应交税费——增值税留抵税额”科目。

2.2.2 小规模纳税人增值税的会计科目设置

对于增值税小规模纳税人，其销售收入的核算与一般纳税人相同，也是不含增值税应税销售额，其应纳增值税税额通过“应交税费——应交增值税”科目核算。由于小规模纳税人不得抵扣进项税额，无须在“应交税费——应交增值税”科目的借、贷方设置若干专栏。

小规模纳税人“应交税费——应交增值税”科目的借方发生额，反映已纳增值税税额，贷方发生额反映应纳增值税税额；期末借方余额反映多缴的增值税税额；期末贷方余额反映尚未缴纳的增值税税额。

2.2.3 “增值税检查调整”科目

根据《国家税务总局关于印发〈增值税日常稽查办法〉的通知》（国税发［1998］44号）的规定，增值税一般纳税人在税务机关对其增值税纳税情况进行检查后，凡涉及增值税涉税账务调整的，应设立“应交税费——增值税检查调整”专门账户。凡检查后应调减账面进项税额或者调增销项税额和进项税额转出数额的，借记有关科目，贷记本科目；凡检查后应调增账面进项税额或调减销项税额和进项税额转出数额的，借记本科目，贷记有关科目；全部调账事项入账后，应结算出本账户的余额，并对该余额进行处理。处理之后，本账户无余额。

2.3 销项税额的会计核算

2.3.1 一般销售方式下销售货物或提供应税劳务销项税额的会计核算

企业销售货物、加工修理修配劳务、服务、无形资产或不动产，应当按应收或已收的金额，借记“应收账款”、“应收票据”、“银行存款”等科目，按取得的收入金额，贷记

"主营业务收入"、"其他业务收入"、"固定资产清理"等科目，按现行增值税制度规定计算的销项税额（或采用简易计税方法计算的应纳增值税税额），贷记"应交税费——应交增值税（销项税额或简易计税）"科目（小规模纳税人应贷记"应交税费——应交增值税"科目）。发生销售退回的，应根据税务机关开具的红字增值税专用发票做相反的会计分录。会计上收入或利得确认时点先于增值税纳税义务发生时点的，应将相关销项税额计入"应交税费——待转销项税额"科目，待实际发生纳税义务时再转入"应交税费——应交增值税（销项税额或简易计税）"科目。

1. 直接收款方式下销项税额的会计核算

采取直接收款方式销售货物，企业应根据销售结算凭证和银行存款进账单，借记"银行存款"、"应收账款"、"应收票据"等科目；按增值税专用发票上所列税额或按普通发票上所列货款除以（1＋增值税税率）后再乘以增值税税率所计算的增值税税额，贷记"应交税费——应交增值税（销项税额）"科目，按实际销售额贷记"主营业务收入"等科目。

［**案例 2—1**］ 利宁服装厂（增值税一般纳税人）向市百货公司销售一批服装，开具的增值税专用发票上注明价款 100 000 元，税款 17 000 元，货款以银行存款支付。

其会计分录为：

借：银行存款	117 000	
贷：主营业务收入		100 000
应交税费——应交增值税（销项税额）		17 000

［**案例 2—2**］ 利宁服装厂（增值税一般纳税人）为某个体户加工一批服装，开具的普通发票上注明加工费 23 400 元，款项尚未收到。

［**解析**］ 由于向个体工商户开具的是普通发票，所收款项是价税合并收取的，因而在计算增值税销项税额时，应换算成不含税销售额再进行计算。

不含税销售额＝含税销售额÷(1＋增值税税率)＝23 400÷(1＋17%)＝20 000(元)

销项税额＝不含税销售额×增值税税率＝20 000×17%＝3 400(元)

其会计分录为：

借：应收账款	23 400	
贷：其他业务收入		20 000
应交税费——应交增值税（销项税额）		3 400

2. 托收承付、委托银行收款方式下销项税额的会计核算

采取托收承付和委托银行收款方式销售货物，企业应根据托收承付或委托收款结算凭证和发票，借记"应收账款"科目，贷记"主营业务收入"等科目及"应交税费——应交增值税（销项税额）"科目。

［**案例 2—3**］ 利宁服装厂（增值税一般纳税人）采用委托收款方式向外地某服装公司销售一批服装，开具的增值税专用发票上注明价款 30 000 元，税款 5 100 元，向铁路部门支付代垫运杂费 1 000 元。利宁服装厂根据发票和铁路运费单据已向银行办妥托收手续。

其会计分录为：

借：应收账款——××服装公司　　36 100

贷：主营业务收入　　30 000
　　应交税费——应交增值税（销项税额）　　5 100
　　银行存款　　1 000

3. 赊销和分期收款方式下销项税额的会计处理

采取赊销和分期收款方式销售货物，一般情况下，纳税人在合同约定的收款日期开具增值税专用发票（或普通发票），并计算增值税销项税额，借记“银行存款”或“应收账款”科目，贷记“应交税费——应交增值税（销项税额）”科目。

在这种销售方式下，企业将商品交付给购货方，通常表明与商品所有权有关的风险和报酬已经转移给购货方，在满足收入确认的其他条件时，应当根据应收款项的公允价值或现行售价一次确认收入。按照合同约定的收款日期分期收回货款，强调的是一个结算时点，与风险和报酬的转移没有关系，所以企业不应当按照合同约定的收款日期确认收入。

［案例 2—4］ 利宁服装厂（增值税一般纳税人）2016 年 1 月 1 日采取分期收款方式销售一批服装，不含税价款为 100 000 元，成本为 80 000 元，合同约定货款分别于 2016 年 2 月 1 日、2016 年 3 月 1 日两次等额支付。该批服装已于 2016 年 1 月 1 日发出，服装厂在合同规定日期收到相应价款和销项税额。

［解析］ 由于利宁服装厂的此项业务不具有融资性质，按现行会计准则的相关规定，签订销售合同，发出商品的时刻即符合收入的确认条件，应按合同的不含增值税总额确认销售收入。根据增值税法的规定，应分别于 2016 年 2 月 1 日、2016 年 3 月 1 日确认增值税销项税额 8 500 元（100 000×17%÷2）。

其会计分录为：

2016 年 1 月 1 日发出该批服装时：

借：应收账款　　117 000
　贷：主营业务收入　　100 000
　　　应交税费——应交增值税（待转销项税额）　　17 000
借：主营业务成本　　80 000
　贷：库存商品　　80 000

2016 年 2 月 1 日、2016 年 3 月 1 日收到应收货款时，分别进行以下账务处理：

借：银行存款　　58 500
　　应交税费——应交增值税（待转销项税额）　　8 500
　贷：应收账款　　58 500
　　　应交税费——应交增值税（销项税额）　　8 500

需要注意的是，在某些情况下，企业销售商品会采取分期收款的方式，如果延期收取的货款具有融资性质，其实质是企业向购货方提供信贷，企业应当按照应收的合同或协议价款的公允价值确定收入金额。应收的合同或协议价款的公允价值，通常应当按照其未来现金流量现值或商品现销价格计算确定。将应收的合同或协议价款与其公允价值之间的差额计入“未实现融资收益”科目，并在合同或协议期间内按照应收款项的摊余成本和实际利率计算确定的摊销金额，冲减财务费用。其中，实际利率是指具有类似信用等级的企业发行类似工具的现时利率，或者将应收的合同或协议价款折现为商品现销价格时的折现率等。

[案例2—5] 利宁服装厂（增值税一般纳税人）2016年1月1日采取分期收款方式销售一批服装，不含税价款为1 000 000元，成本为800 000元，合同约定货款分别于2016年12月31日、2017年12月31日两次等额支付。该批服装已于2016年1月1日发出，服装厂在合同约定的日期收到相应价款和销项税额。假定适用的实际折现率为5%。

[解析] 本题属于具有融资性质的分期收款销售商品业务，利宁服装厂应在2016年1月1日按照合同价款的公允价值（现值）确认收入金额。

$$\text{合同价款的公允价值(现值)}=\frac{500\ 000}{1+5\%}+\frac{500\ 000}{(1+5\%)^2}=929\ 705.22(\text{元})$$

其会计分录为：

2016年1月1日发出商品，销售收入实现：

借：长期应收款　　1 170 000

　贷：主营业务收入　　929 705.22

　　未实现融资收益　　70 294.78（1 000 000－929 705.22）

　　应交税费——应交增值税（待转销项税额）　　170 000

借：主营业务成本　　800 000

　贷：库存商品　　800 000

2016年12月31日收取货款：

借：银行存款　　585 000

　应交税费——应交增值税（待转销项税额）　　85 000

　贷：长期应收款　　585 000

　　应交税费——应交增值税（销项税额）　　85 000（500 000×17%）

借：未实现融资收益　　46 485.26（929 705.22×5%）

　贷：财务费用　　46 485.26

2017年12月31日收取货款：

借：银行存款　　585 000

　应交税费——应交增值税（待转销项税额）　　85 000

　贷：长期应收款　　585 000

　　应交税费——应交增值税（销项税额）　　85 000（500 000×17%）

借：未实现融资收益　　23 809.52（70 294.78－46 485.26）

　贷：财务费用　　23 809.52

4. 预收货款方式下销项税额的会计核算

采取预收货款方式销售货物，企业收到预收货款时借记“银行存款”科目，贷记“预收账款”科目，待货物发出时，借记“预收账款”科目，贷记“主营业务收入”及“应交税费——应交增值税（销项税额）”科目。

[案例2—6] 利宁服装厂（增值税一般纳税人）5月10日收到市服装批发公司预付部分服装款30 000元。5月25日，利宁服装厂发出服装，开具的增值税专用发票上注明价款40 000元，税款6 800元。5月29日，利宁服装厂收到市服装批发公司补付的货款16 800元。

其会计分录为：

5 月 10 日收到预付款时：

借：银行存款　　30 000

　贷：预收账款　　30 000

5 月 25 日发出货物时：

借：预收账款　　30 000

　　应收账款　　16 800

　贷：主营业务收入　　40 000

　　　应交税费——应交增值税（销项税额）　　6 800

5 月 29 日收到补付款时：

借：银行存款　　16 800

　贷：应收账款　　16 800

2.3.2 视同销售方式下销项税额的会计核算

企业发生现行增值税制度规定的视同销售行为，应当按照国家统一的会计制度进行相应的会计处理，并按照现行增值税制度规定计算的销项税额（或采用简易计税方法计算的应纳增值税税额），借记“应付职工薪酬”、“利润分配”等科目，贷记“应交税费——应交增值税（销项税额或简易计税）”科目。

1. 将货物交付他人代销和销售代销货物销项税额的会计核算

现行增值税法规定，委托其他纳税人代销货物，其纳税义务发生时间为收到代销单位的代销清单或者收到全部或者部分货款的当天；未收到代销清单及货款的，为发出代销货物满 180 天的当天；若先开具发票，则为开具发票的当天。委托代销有两种方式，即视同买断方式、收取手续费方式。

（1）采取视同买断方式代销商品，代销方可以自己制定销售价格，销售价格与买断价格之间的差额为代销方的利润。如果双方约定，受托方在取得代销商品后，无论是否能够卖出、是否获利，均与委托方无关，那么委托方和受托方之间的代销商品交易，与委托方直接销售商品给受托方没有实质区别，在符合商品收入确认条件时，委托方应确认相关销售商品收入。如果委托方和受托方之间的协议明确标明，将来受托方没有将商品售出时可以将商品退回给委托方，或受托方因代销商品出现亏损时可以要求委托方补偿，那么委托方在交付商品时通常不确认收入，受托方也不作为购进商品处理，受托方将商品销售后，按实际售价确认销售收入，并向委托方开具代销清单；委托方收到代销清单时，再确认本企业的销售收入。委托方收到代销清单，按应收的款项，借记“应收账款”等科目，贷记“主营业务收入”、“应交税费——应交增值税（销项税额）”科目。

（2）采取收取手续费方式代销商品，代销方只能按代销协议确定的代销价格销售代销商品。企业发出代销商品时借记“发出商品”科目，贷记“库存商品”科目；采用收取手续费方式委托其他单位代销的商品，也可以单独设置“委托代销商品”科目。企业收到代销单位的代销清单，并根据代销清单开具增值税专用发票，借记“银行存款”、“应收账款”科目，贷记“主营业务收入”及“应交税费——应交增值税（销项税额）”科目。委托单位支付的代销手续费，应在接到受托单位转来的增值税专用发票后，借记“销售费用”、“应交税费——应交增值税（进项税额）”科目，贷记“银行存款”、“应收账款”科目。

[案例 2—7] 利宁服装厂委托市第一百货代销服装 100 件，不含税代销价格为 500 元/件，成本为 200 元/件。代销手续费为每件含税价格 50 元。月末收到市第一百货转来的代销清单，清单上注明本月已销售衣服 80 件。利宁服装厂根据代销清单与手续费开具增值税专用发票。5 日后利宁服装厂收到扣除代销手续费后的全部款项。

利宁服装厂的会计分录为：

发出代销商品时：

借：发出商品　20 000

　贷：库存商品　20 000

收到代销清单时：

借：应收账款——市第一百货代销商品款　46 800

　贷：主营业务收入　40 000

　　应交税费——应交增值税（销项税额）　6 800

同时结转产品成本：

借：主营业务成本　16 000

　贷：发出商品　16 000

收到代销方开具的手续费发票时：

借：销售费用　3 773.58

　应交税费——应交增值税（进项税额）　226.42

　贷：应收账款——市第一百货代销商品款　4 000

收到代销商品款时：

借：银行存款　42 800

　贷：应收账款——市第一百货代销商品款　42 800

市第一百货的会计分录为：

收到代销商品时：

借：受托代销商品　50 000

　贷：受托代销商品款　50 000

实际销售商品时：

借：银行存款　46 800

　贷：应付账款　40 000

　　应交税费——应交增值税（销项税额）　6 800

借：应交税费——应交增值税（进项税额）　6 800

　贷：应付账款　6 800

借：受托代销商品款　40 000

　贷：受托代销商品　40 000

支付利宁服装厂货款并结算代销手续费时：

借：应付账款　46 800

　贷：主营业务收入（或其他业务收入）　3 773.58

应交税费——应交增值税（销项税额）　　226.42
银行存款　　42 800

［案例 2—8］　市第一百货（增值税一般纳税人）受托代销某洗衣机制造厂的 20 台洗衣机，双方合同约定采取买断方式代销（协议表明货物销不出去时，受托方有权将货物退回），每台洗衣机不含税售价为 1 000 元，成本为 800 元，百货公司对外销售价格为每台洗衣机不含税售价 1 100 元。月末，百货公司交付洗衣机制造厂代销清单 1 张，共销售洗衣机 10 台，并收到该制造厂开具的增值税专用发票。

洗衣机制造厂的会计分录为：

发出代销商品时：

借：发出商品　　16 000
　贷：库存商品　　16 000

收到代销清单时：

借：应收账款——市第一百货代销商品款　　11 700
　贷：主营业务收入　　10 000
　　应交税费——应交增值税（销项税额）　　1 700

同时结转产品成本：

借：主营业务成本　　8 000
　贷：发出商品　　8 000

收到代销商品款时：

借：银行存款　　11 700
　贷：应收账款——市第一百货代销商品款　　11 700

市第一百货的会计分录为：

收到受托代销商品时：

借：受托代销商品　　20 000
　贷：受托代销商品款　　20 000

售出代销商品时：

借：银行存款　　12 870
　贷：主营业务收入　　11 000
　　应交税费——应交增值税（销项税额）　　1 870

结转成本时：

借：主营业务成本　　10 000
　贷：受托代销商品　　10 000

根据专用发票结转代销商品款时：

借：受托代销商品款　　10 000
　应交税费——应交增值税（进项税额）　　1 700
　贷：应付账款——洗衣机制造厂　　11 700

支付代销款项时：

借：应付账款——洗衣机制造厂　　11 700
　贷：银行存款　　11 700

2. 设有两个以上机构并实行统一核算的纳税人，将货物从一个机构移送至其他机构（不在同一县、市）用于销售的销项税额的会计核算

设有两个以上机构并实行统一核算的纳税人，将货物从一个机构移送至其他机构（不在同一县、市）用于销售，其纳税义务的发生时间为货物移送的当天。货物调出方在货物移送时要开具增值税专用发票并计算销项税额，贷记“应交税费——应交增值税（销项税额）”科目，按确定的价格贷记“库存商品”科目，同时按确定的价税合计数借记“应收账款——调入方”科目；调入方按确定的货价借记“库存商品”科目，按增值税专用发票上注明的税额借记“应交税费——应交增值税（进项税额）”科目，同时按价税合计数贷记“应付账款——调出方”科目。

［案例 2—9］ 某集团公司下属两个单位 A 和 B 分别位于甲市和乙市。2016 年 5 月 A 公司将自产货物 100 件，每件不含税售价为 1 000 元，成本为 800 元，调往 B 公司用于销售（双方均为增值税一般纳税人）。

其会计分录为：

B 公司的会计分录：

借：库存商品　80 000
　　应交税费——应交增值税（进项税额）　17 000
　贷：应付账款——A 公司　97 000

A 公司的会计分录：

借：应收账款——B 公司　97 000
　贷：库存商品　80 000
　　应交税费——应交增值税（销项税额）　17 000

3. 将自产或委托加工的货物用于集体福利及个人消费的销项税额的会计核算

纳税人将自产或者委托加工的货物用于集体福利及个人消费的，其纳税义务的发生时间为货物移送的当天。其销项税额的计算公式为：

销项税额＝计税价格×增值税税率

在移送货物时，如果货物的所有权属未发生改变，按自产或委托加工货物的成本及其增值税销项税额之和，借记“应付职工薪酬”等科目，按自产或委托加工货物的成本贷记“库存商品”、“原材料”科目，同时贷记“应交税费——应交增值税（销项税额）”科目；如果货物的所有权属发生改变，按自产或委托加工货物的公允价值及其增值税销项税额之和，借记“营业外支出”、“应付职工薪酬”等科目，按自产或委托加工货物的公允价值贷记“主营业务收入”科目，同时贷记“应交税费——应交增值税（销项税额）”科目，并借记“主营业务成本”科目，贷记“库存商品”科目。

［案例 2—10］ 利宁服装厂（增值税一般纳税人）将自产服装 100 件发给职工个人，已知衣服的成本为 400 元/件，对外不含税售价为 500 元/件。

［解析］

销项税额＝500×100×17%＝8 500（元）

应付职工薪酬＝500×100＋8 500＝58 500（元）

其会计分录为：

借：应付职工薪酬　　58 500
　贷：主营业务收入　　50 000
　　　应交税费——应交增值税（销项税额）　　8 500
借：主营业务成本　　40 000
　贷：库存商品　　40 000

4. 将自产、委托加工或购进的货物作为投资的销项税额的会计核算

按现行增值税法规定，将应税货物作为投资提供给其他单位或者个体工商户，应视同销售货物计算销项税额，其纳税义务的发生时间为货物移送的当天。企业以产成品、库存商品作为投资，其账务处理为：

借：长期股权投资（投出资产的公允价值加上应支付的相关税费）
　贷：主营业务收入/其他业务收入（投出资产的公允价值）
　　　应交税费——应交增值税（销项税额）（公允价值×税率）
　　　银行存款（支付的相关税费）
借：主营业务成本/其他业务成本
　　存货跌价准备
　贷：库存商品

［案例 2—11］　利宁服装厂（增值税一般纳税人）将服装 1 000 件用于对外投资，已知每件衣服的对外不含税售价为 1 000 元，成本为 800 元。该企业未提取存货跌价准备。

［解析］　企业将自产产品用于对外投资，应在移送环节开具增值税专用发票，并计算增值税销项税额。销项税额为 170 000 元（=1 000×1 000×17%），其会计分录为：

借：长期股权投资　　1 170 000
　贷：其他业务收入　　1 000 000
　　　应交税费——应交增值税（销项税额）　　170 000
借：其他业务成本　　800 000
　贷：库存商品　　800 000

［案例 2—12］　利宁服装厂（增值税一般纳税人）将外购布料用于对外投资，已知该布料的购进成本为 1 000 000 元。

［解析］　企业将外购货物用于对外投资，应视同销售计算销项税额。

$$销项税额=1\ 000\ 000\times 17\%=170\ 000(元)$$

其会计分录为：

借：长期股权投资　　1 170 000
　贷：主营业务收入　　1 000 000
　　　应交税费——应交增值税（销项税额）　　170 000
借：主营业务成本　　1 000 000
　贷：原材料　　1 000 000

5. 将自产、委托加工或购进的货物无偿赠送其他单位或者个人的销项税额的会计核算

企业将自产、委托加工或购进的货物无偿赠送其他单位或者个人，要视同销售货物计算增值税销项税额，其纳税义务发生时间及开具增值税专用发票的时间为货物移送的当天。按所赠货物的成本与所赠货物不含税售价或组成计税价格乘以税率计算的应纳增值税之和借记“营业外支出”科目，按所赠货物的成本贷记“库存商品”、“原材料”科目，按应纳增值税销项税额贷记“应交税费——应交增值税（销项税额）”科目。

［案例 2—13］ 利宁服装厂（增值税一般纳税人）将自产服装 100 件直接捐赠给贫困山区，已知每件衣服的成本为 500 元，每件衣服不含税售价为 800 元。

其会计分录为：

借：营业外支出　　63 600（500×100＋800×100×17%）

　贷：库存商品　　50 000

　　　应交税费——应交增值税（销项税额）　　13 600（800×100×17%）

在计算所得税时，应调增收入 80 000 元，调增成本 50 000 元。此外，由于纳税人的直接捐赠不能在税前扣除，因而调增应纳税所得额 63 600 元。

6. 将自产、委托加工或购进的货物分配给股东或投资者的销项税额的会计核算

将自产、委托加工或购进的货物分配给股东或投资者，要视同销售货物计算增值税销项税额，其纳税义务发生时间及开具增值税专用发票的时间为货物移送的当天。按所分配货物的售价或组成计税价格、增值税销项税额之和借记“应付股利”科目，按分配货物的售价、组成计税价格贷记“主营业务收入”、“其他业务收入”科目，按应纳增值税销项税额贷记“应交税费——应交增值税（销项税额）”科目。

［案例 2—14］ 利宁服装厂（增值税一般纳税人）将自产服装 1 000 件用于支付股利，已知每件服装的成本为 1 500 元，每件服装的不含税售价为 2 000 元。

其会计分录为：

借：应付股利　　2 340 000

　贷：主营业务收入　　2 000 000

　　　应交税费——应交增值税（销项税额）　　340 000

借：主营业务成本　　1 500 000

　贷：库存商品　　1 500 000

2.3.3 特殊销售方式下销项税额的会计核算

1. 价外费用的会计核算

凡是随同销售货物、提供应税劳务或者销售服务、无形资产或不动产向购买方或接受方收取的价外费用，不论其在会计制度中如何核算，均应并入销售额计算增值税销项税额。价外费用应视为含税收入，需要将其换算为不含税收入再进行计算。

［案例 2—15］ 利宁服装厂（增值税一般纳税人）销售服装 100 件，每件不含税售价为 100 元，同时收取包装费 1 000 元。款项已收到。

［解析］ 在销售服装时收取的包装费为价外费用，需并入销售额计算增值税销项税额。包装费应纳税额的计算为：

$$不含税销售额=1\ 000\div(1+17\%)=854.7(元)$$

$$应纳增值税=854.7\times17\%=145.3(元)$$

其会计分录为：

借：银行存款　　12 700

　贷：主营业务收入　　10 000

　　其他业务收入　　854.7

　　应交税费——应交增值税（销项税额）　　1 845.3

2. 混合销售行为的会计核算

一项销售行为如果既涉及货物，又涉及服务，为混合销售行为。混合销售行为所涉及的货物和服务只是针对一项销售行为而言，也就是说，服务是为了销售这批货物而提供的，两者之间是紧密相连的从属关系。例如，供电器材厂销售供电设备并负责工程安装，则供电器材厂在这次行动中发生了销售货物和销售服务行为。

现行税法规定，从事货物的生产、批发或者零售的企业、企业性单位和个体工商户以及以从事货物的生产、批发或者零售为主，并兼营非增值税应税劳务的单位和个体工商户发生的混合销售行为，按照销售货物缴纳增值税；其他单位和个体工商户的混合销售行为，按照销售服务缴纳增值税。其中，“以从事货物的生产、批发或者零售为主，并兼营非增值税应税劳务”是指在纳税人每年的货物销售额与服务销售额的合计数中，货物的销售额超过50%，非增值税应税劳务的销售额不到50%。

混合销售行为按照销售货物缴纳增值税的，其销售额应是货物的销售额与服务的销售额之和；此外，该混合销售行为涉及的销售服务所用购进货物的进项税额，在计算该混合销售行为的增值税时，准予从销项税额中抵扣。

［案例 2—16］　甲公司（增值税一般纳税人）主要从事电器销售业务，同时还为购买电器的客户提供安装服务。2016 年 10 月份向乙公司销售一批电器产品并提供安装服务，销售电器产品取得不含税收入 50 000 元，提供安装服务取得含税收入 1 000 元，货款已收到。

［解析］　销售货物的同时销售服务属于混合销售行为。甲公司主要从事电器销售业务，其发生的混合销售行为应一并按照销售货物缴纳增值税。在计算安装费收入的增值税时应换算成不含税销售额进行计算。

$$\text{安装费收入的销项税额} = 1\,000 \div 1.17 \times 0.17 = 145.3(\text{元})$$

其会计分录为：

借：银行存款　　59 500

　贷：主营业务收入　　50 000

　　其他业务收入　　854.7（1 000－145.3）

　　应交税费——应交增值税（销项税额）　　8 645.3

3. 兼营的会计核算

现行税法规定，纳税人兼营销售货物、加工修理修配劳务、服务、无形资产或不动产适用不同税率或征收率的，应分别核算适用不同税率或征收率的销售额；未分别核算的，按照以下方法适用税率或征收率：

（1）兼有不同税率的销售货物、加工修理修配劳务、服务、无形资产或者不动产，从高适用税率；

（2）兼有不同征收率的销售货物、加工修理修配劳务、服务、无形资产或者不动产，从高适用征收率；

(3) 兼有不同税率和征收率的销售货物、加工修理修配劳务、服务、无形资产或者不动产，从高适用税率。

在实务中，尤其需要注意兼营非增值税应税劳务与混合销售行为的区别。兼营是指增值税纳税人在销售货物、加工修理修配劳务、服务、无形资产或不动产时适用不同税率或征收率。纳税人兼营的，应分别核算适用不同税率或征收率的销售额。未分别核算的，由主管税务机关核定其货物、应税劳务或应税行为的销售额。

[案例 2—17] 利宁服装厂（增值税一般纳税人）的主营业务为生产销售服装，兼营仓库出租业务。2016 年 8 月 8 日取得服装销售不含税收入 100 000 元，兼营仓库出租取得不含税收入 10 000 元。以上款项已收到。

服装收入的销项税额＝100 000×0.17＝17 000(元)

仓库出租的销项税额＝10 000×0.11＝1 100(元)

其会计分录为：

借：银行存款	128 100	
贷：主营业务收入		100 000
其他业务收入		10 000
应交税费——应交增值税（销项税额）		18 100

4. 包装物销售、包装物押金的会计核算

(1) 包装物销售的销项税额的会计核算。

包装物无论是随同产品销售还是单独销售均应计算、缴纳增值税，借记“银行存款”、“应收账款”科目，贷记“主营业务收入”、“其他业务收入”及“应交税费——应交增值税（销项税额）”科目。

[案例 2—18] 利宁服装厂（增值税一般纳税人）销售带包装的服装 100 件，包装物单独计价。已知每件服装的不含税售价为 1 000 元，包装物不含税售价共计 1 000 元。上述款项均已收到。

其会计分录为：

借：银行存款	118 170	
贷：主营业务收入		100 000
其他业务收入		1 000
应交税费——应交增值税（销项税额）		17 170

(2) 包装物押金的会计核算。

纳税人为销售货物而出租、出借包装物收取的押金，单独记账核算，时间在 1 年内又未过期的，不并入销售额征税；但对因逾期未收回包装物不再退还的押金，应按所包装货物的适用税率计算增值税销项税额。“逾期”是指按合同约定实际逾期或以 1 年为期限，对收取 1 年以上的押金，无论是否退还均并入销售额征税。在将包装物押金并入销售额征税时需要先将该押金换算为不含税价，再并入销售额计税。纳税人为销售货物出租、出借包装物而收取的押金，无论包装物周转使用期限长短，超过 1 年（含 1 年）仍不退还的均并入销售额征税。应当注意的是，包装物押金不同于包装物租金，包装物租金在销货时作为价外费用并入销售额计算销项税额。

从 1995 年 6 月 1 日起，对销售除啤酒、黄酒外的其他酒类产品而收取的包装物押金，无论是否返还以及会计上如何核算，均应并入当期销售额征税。对销售啤酒、黄酒所收取的押金，按上述一般押金的规定处理。

在收取包装物押金时，借记“银行存款”科目，贷记“其他应付款”科目。逾期不再退还的包装物押金应借记“其他应付款”科目，贷记“其他业务收入”、“应交税费——应交增值税（销项税额）”科目。

[案例 2—19]　利宁服装厂（增值税一般纳税人）某日向 A 公司销售服装 100 件，每件不含税售价为 1 000 元，同时收取含税包装物押金 1 000 元。款项已收到。另外，该日逾期的 B 公司含税包装物押金为 2 000 元。

[解析]　未逾期的包装物押金不计算、缴纳增值税，但对逾期的包装物押金应计算其销项税额。在计算销项税额时，应换算为不含税销售额。

$$逾期包装物押金的销项税额=2\,000\div(1+17\%)\times17\%=1\,709.4\times17\%=290.6(元)$$

其会计分录为：

借：银行存款　　118 000
　贷：主营业务收入　　100 000
　　　应交税费——应交增值税（销项税额）　　17 000
　　　其他应付款——存入保证金——A 公司　　1 000
借：其他应付款——存入保证金——B 公司　　2 000
　贷：其他业务收入　　1 709.4
　　　应交税费——应交增值税（销项税额）　　290.6

5. 折扣销售方式销项税额的会计核算

折扣销售是指销货方在销售货物、应税劳务或发生应税行为时，因购货方购货数量较大等原因而给予购货方的价格优惠。例如，购买 50 件产品，销售价格折扣 10%；购买 100 件产品，销售价格折扣 20%等。由于折扣是在实现销售的同时发生的，因此税法规定：如果销售额和折扣额在同一张发票上的“金额”栏中分别注明，可按折扣后的余额作为销售额计算增值税；如果未在同一张发票“金额”栏中注明折扣额，而仅在发票的“备注”栏中注明折扣额，或者将折扣额另开发票，不论其在财务上如何处理，均不得从销售额中减除折扣额。此外，关于折扣销售的这项规定仅限于现金折扣，如果销货者将自产、委托加工和购进的货物用于实物折扣，则该实物款项不能从货物销售额中减除，而应按《增值税暂行条例实施细则》“视同销售货物”中的“赠送他人”计算征收增值税。

应当注意的是，折扣销售不同于销售折扣。销售折扣是指销货方在销售货物或应税劳务后，为了鼓励购货方及早偿还货款而协议许诺给予购货方的一种折扣优待。例如，10 天内付款，货款折扣 2%；20 天内付款，货款折扣 1%；30 天内全价付款。销售折扣发生在销货之后，是一种兼销售性质与融资性质为一体的行为，销售折扣实际上是一种融资性质的财务费用，因此销售折扣不得从销售额中扣除。

【小思考】　对于销售白酒收取的包装物押金，应该如何进行会计处理？

[案例 2—20]　利宁服装厂（增值税一般纳税人）销售 100 件服装给某批发公司，每

件不含税售价为1 000元。该厂的价格折扣规定为：一次购买10件，折扣10%；一次购买50件，折扣20%；一次购买100件，折扣30%。利宁服装厂开具的增值税专用发票上注明了30%的折扣额。款项已收到。

[解析]

折扣以后的销售额=1 000×(1-30%)×100=70 000(元)

销项税额=70 000×17%=11 900（元）

其会计分录为：

借：银行存款　　81 900

　贷：主营业务收入　　70 000

　　　应交税费——应交增值税（销项税额）　　11 900

6. 以旧换新方式销项税额的会计核算

以旧换新是指纳税人在销售自己的货物时，有偿收回旧货物的行为。采取以旧换新方式销售货物的，应按新货物的同期销售价格确定销售额，不得扣减旧货物的收购价格。

[案例2—21]　某百货公司（增值税一般纳税人）采取以旧换新方式销售A牌彩电100台，每台含税售价为3 000元，收取旧彩电50台，折价10 000元。

[解析]

企业实际收取现金款=3 000×100-10 000=290 000(元)

不含税销售额=3 000×100÷(1+17%)=256 410.26(元)

销项税额=256 410.26×17%=43 589.74(元)

其会计分录为：

借：库存现金　　290 000

　　库存商品　　10 000

　贷：主营业务收入　　256 410.26

　　　应交税费——应交增值税（销项税额）　　43 589.74

7. 还本销售方式销项税额的会计核算

还本销售是指纳税人在销售货物后，到一定期限由销售方一次或分次退还给购货方全部或部分价款。采用这种销售方式的目的主要在于促销或者筹资。通过利用还本销售对消费者的巨大吸引力，可以将大量的积压产品销售出去，以便回收资金转投优势产品，也可以扩大销售额、提高产品知名度和市场占有率；还本销售的筹资目的主要体现在这种销售方式实际上是以货物换取资金的使用价值，到期还本不付息的融资方法。采取还本销售方式销售货物，其销售额就是货物的销售价格，不得从销售额中减除还本支出。对于实际发生的还本支出，根据还本销售方式的目的不同将其计入相应的期间费用科目，即以促销为目的的，相应的还本支出应计入“销售费用”科目；以筹资为目的的，相应的还本支出应计入“财务费用”科目。

[案例2—22]　某机床厂（增值税一般纳税人）采取还本销售方式销售一批产品，不含税售价为100 000元，合同规定一年后归还价款的50%。

其会计分录为：

销售产品时：

借：银行存款（应收账款） 117 000
　贷：主营业务收入 100 000
　　　应交税费——应交增值税（销项税额） 17 000

若还本销售的目的是促销，还本时：

借：销售费用 50 000
　贷：银行存款 50 000

若还本销售的目的是筹资，还本时：

借：财务费用 50 000
　贷：银行存款 50 000

8. 以物易物方式销项税额的会计核算

以物易物是指购销双方不是以货币结算，而是以同等价款的货物相互结算，实现货物购销的一种方式。以物易物双方都应做购销处理，以各自发出的货物核算销售额并计算销项税额，以各自收到的货物按规定核算购货额并计算进项税额。需要注意的是，在以物易物购销活动中，应分别开具合法的票据。如果收到的货物不能取得相应的增值税专用发票或其他合法扣税凭证，则不能抵扣进项税额。

根据企业会计准则的规定，以物易物行为属于非货币资产性交换，应按非货币资产性交换准则进行会计处理。非货币资产性交换是指交易双方主要以存货、固定资产、无形资产和长期股权投资等非货币性资产进行的交换。这种交换一般不涉及货币性资产，或只涉及少量的货币性资产。

在非货币性资产交换的情况下，换入资产的成本有两种计量基础：一是按公允价值计量；二是按账面价值计量。如果该项交换具有商业实质，换入资产或换出资产的公允价值能够可靠地计量，应当以公允价值和应支付的相关税费作为换入资产的成本，公允价值与换出资产账面价值的差额计入当期损益。涉及补价的，对于支付补价方而言，作为补价的货币性资产构成换入资产所放弃对价的一部分，应当以换出资产的公允价值加上支付的补价和应支付的相关税费作为换入资产的成本，换入资产成本与换出资产账面价值加支付的补价、应支付的相关税费之和的差额应当计入当期损益；对于收到补价方而言，作为补价的货币性资产构成换入资产的一部分，应当以换出资产的公允价值减去补价并加上应支付的相关税费作为换入资产的成本，换入资产成本加收到的补价之和与换出资产账面价值加应支付的相关税费之和的差额应当计入当期损益。对于不具有商业实质或交换涉及资产的公允价值均不能可靠计量的非货币性资产交换，应当以换出资产的账面价值和应支付的相关税费作为换入资产的成本，无论是否支付补价，均不确认损益。涉及补价的，收到或支付的补价作为确定换入资产成本的调整因素，支付补价的一方应当以换出资产的账面价值加上支付的补价和应支付的相关税费作为换入资产的成本；收到补价的一方应当以换出资产的账面价值减去收到的补价并加上应支付的相关税费作为换入资产的成本。

［案例 2—23］ 利宁服装厂（增值税一般纳税人）以服装 100 件，每件不含税售价 1 000元换入 A 纺织厂布料，布料的不含税售价为 100 000 元。双方均开具增值税专用发票。已知该服装的成本为每件 500 元。（注：该服装的存货跌价准备为零且此项交换具有商业实质。）

其会计分录为：

借：原材料　100 000
　　应交税费——应交增值税（进项税额）　17 000
　贷：主营业务收入　100 000
　　　应交税费——应交增值税（销项税额）　17 000
借：主营业务成本　50 000
　贷：库存商品　50 000

会计确认的收入和成本与税法规定一致，不需要进行纳税调整。

9. 以物抵债方式销项税额的会计核算

以物抵债是指企业以自己的存货抵偿债务的行为。企业以自己的产品或库存商品抵偿债务，应按其计税价格计算、缴纳增值税，并根据存货价值与债务价值的不同差额情况，借记“营业外支出——债务重组损失”，或者贷记“营业外收入——债务重组收益”。其会计分录为：

借：应付账款等（账面余额）
　　营业外支出——债务重组损失
　贷：主营业务收入（不含税售价/公允价值）
　　　应交税费——应交增值税（销项税额）
　　　银行存款（支付的相关费用）
　　　应交税费（应交的其他相关税金）
　　　营业外收入——债务重组收益
借：主营业务成本
　　存货跌价准备
　贷：库存商品（账面余额）

[案例 2—24]　利宁服装厂（增值税一般纳税人）以服装 100 件（每件对外不含税售价 1 000 元，成本 500 元）偿付 A 公司货款 80 000 元。（注：该服装的存货跌价准备为零。）

[解析]　以服装抵偿债务应按其对外售价计算销项税额。

$$销项税额=1\,000\times100\times17\%=17\,000(元)$$

其会计分录为：

借：应付账款　80 000
　　营业外支出——债务重组损失　37 000
　贷：主营业务收入　100 000
　　　应交税费——应交增值税（销项税额）　17 000
借：主营业务成本　50 000
　贷：库存商品　50 000

10. 销售自己使用过的固定资产（不动产除外）的销项税额的会计核算

增值税一般纳税人销售自己使用过的属于税法规定不得抵扣且未抵扣进项税额的固定资产，在 2014 年 7 月 1 日以前按简易办法依照 4%征收率减半征收增值税，自 2014 年 7 月 1 日起调整为按简易办法依照 3%征收率减按 2%征收增值税；销售自己使用过的属于税法规定可以抵扣且已抵扣进项税额的固定资产，以及虽然税法规定准予抵扣进项税额，但由于自身原因（如未取得增值税专用发票、增值税专用发票逾期未认证或逾期未申报抵扣等）未实际抵扣的固定资产，按照适用税率（17%或13%）征收增值税。其中所称已使用过的固定资产，是指纳税人根据财务会计制度已经计提折旧的固定资产。

根据现行会计准则的规定，出售固定资产应通过"固定资产清理"账户核算，发生的净损益记入"营业外支出"或"营业外收入"账户。

[案例2—25] 2014年10月，位于市区的利宁服装厂（增值税一般纳税人）转让一台自己使用过的机床，该机床于2008年7月购入，其原值为50 000元，已提折旧2 000元，在转让过程中支付清理费用1 000元，取得含税转让收入60 000元。（注：该服装厂在2008年12月31日以前未纳入扩大增值税抵扣范围试点，暂不考虑地方教育费附加。）

[解析] 由于利宁服装厂转让的这台机床是2008年7月购进的，且该服装厂在2008年12月31日以前未纳入扩大增值税抵扣范围试点，按照当时的增值税规定不能抵扣相应的进项税额，因此在2014年10月转让的时候需要依照3%征收率减按2%计算、缴纳增值税。

$$应纳增值税=60\ 000\div(1+3\%)\times2\%=1\ 165.05(元)$$

其会计分录为：

注销固定资产时：

借：固定资产清理	48 000	
累计折旧	2 000	
贷：固定资产		50 000

支付清理费用时：

借：固定资产清理	1 000	
贷：银行存款		1 000

收到转让款时：

借：银行存款	60 000	
贷：固定资产清理		58 834.95
应交税费——应交增值税（简易计税）		1 165.05

计算、缴纳城市维护建设税、教育费附加时：

借：固定资产清理	116.50	
贷：应交税费——应交城市维护建设税		81.55
——应交教育费附加		34.95

结转净收益时：

$$净收益=58\ 834.95-48\ 000-1\ 000-116.50=9\ 718.45(元)$$

借：固定资产清理	9 718.45	
贷：营业外收入		9 718.45

[案例2—26] 在案例2—25中，假设利宁服装厂（增值税一般纳税人）转让的机床是2010年10月购入的，取得增值税专用发票并已抵扣进项税额，其他资料不变。

[解析] 由于利宁服装厂转让的这台机床已经抵扣进项税额，因此在2014年10月转让的时候需要依照适用税率计算缴纳增值税。

增值税销项税额=60 000÷(1+17%)×17%=8 717.95(元)

其会计分录为：

注销固定资产时：

借：固定资产清理　　48 000

　　累计折旧　　2 000

　贷：固定资产　　50 000

支付清理费用时：

借：固定资产清理　　1 000

　贷：银行存款　　1 000

收到转让款时：

借：银行存款　　60 000

　贷：固定资产清理　　51 282.05

　　　应交税费——应交增值税（销项税额）　　8 717.95

结转净收益时：

净收益=51 282.05-48 000-1 000=2 282.05(元)

借：固定资产清理　　2 282.05

　贷：营业外收入　　2 282.05

2.3.4 销货退回及折让的销项税额的会计核算

纳税人在货物购销活动中，因货物质量、规格等原因常会发生销货退回或销售折让的情况。一般纳税人因销货退回或折让而退还给购买方的增值税税额，应从发生销货退回或折让当期的销项税额中扣减，借记"主营业务收入"、"应交税费——应交增值税（销项税额）"科目，贷记"银行存款"或"应付账款"科目，同时借记"库存商品"科目，贷记"主营业务成本"科目。

需要注意的是，一般纳税人开具增值税专用发票后，发生销售货物退回或者折让、开票有误等情形，应按国家税务总局的规定开具红字增值税专用发票；未按规定开具红字增值税专用发票的，增值税税额不得从销项税额中扣减。

［**案例 2—27**］　利宁服装厂（增值税一般纳税人）发生销售退回和折让，收到对方转来的由其主管税务机关出具的《开具红字增值税专用发票通知单》，并按规定开具了红字专用发票，发票上注明退货数量 10 件，每件不含税价款 1 000 元，成本为 800 元，折让 5 件，折让比例为 40%，每件折让金额为 400 元。款项已支付。

其会计分录为：

借：主营业务收入　　12 000

　　应交税费——应交增值税（销项税额）　　2 040

　贷：银行存款　　14 040

同时：

借：库存商品　　8 000

贷：主营业务成本　　8 000

2.3.5 销售服务、无形资产或不动产销项税额的会计核算

1. 一般销售方式下的会计核算

根据营改增相关税收政策，增值税纳税义务发生时间为纳税人发生应税行为并收讫销售款项或者取得索取销售款项凭据的当天；若先开具发票，则为开具发票的当天；纳税人提供建筑服务、租赁服务采取预收款方式的，其纳税义务发生时间为收到预收款的当天；纳税人从事金融商品转让，为金融商品所有权转移的当天。

一般情况下，企业应根据销售结算凭证，按照确认的收入和按规定收取的增值税税额借记“银行存款”、“应收账款”、“应收票据”等科目，按照按规定收取的增值税税额贷记“应交税费——应交增值税（销项税额）”科目，按确认的收入贷记“主营业务收入”、“其他业务收入”等科目。对于采取预收款方式发生应税行为的企业，应在收到预收款项时，借记“银行存款”科目，贷记“预收账款”科目；发生应税行为时，确认收入及补收款项，借记“预收账款”、“银行存款”等科目，贷记“应交税费——应交增值税（销项税额）”、“主营业务收入”、“其他业务收入”等科目。值得注意的是，采取预收款方式提供建筑服务、租赁服务的企业在收到预收款时就需要计提增值税销项税额。下面将通过几个具体案例来进行说明。

［案例2—28］　某市一家物流公司已认定为增值税一般纳税人，2016年10月提供交通运输服务取得不含税收入800万元，提供物流辅助服务取得不含税收入100万元（非主营业务），按照适用税率分别开具了增值税专用发票，款项均已存入银行。

［解析］　交通运输服务适用税率为11%，物流辅助服务适用税率为6%，因此，2016年10月该公司应计提的销项税额$=8\ 000\ 000\times 11\%+1\ 000\ 000\times 6\%=940\ 000$元。其会计分录为：

借：银行存款　　9 940 000

　贷：主营业务收入　　8 000 000

　　　其他业务收入　　1 000 000

　　　应交税费——应交增值税（销项税额）　　940 000

［案例2—29］　甲公司为增值税一般纳税人，在7月15日与乙公司签订经营租赁合同，合同约定甲公司向乙公司出租一台机器设备，租期为10个月，租赁开始日为8月1日，同时还约定乙公司要在7月20日向甲公司一次性支付全额租金。7月20日，甲公司收到乙公司支付的不含税租金10万元和相应税款。

［解析］　本题实际上是甲公司采用预收款方式向乙公司出租机器设备，纳税义务发生时间为收到预收款的当天，所以甲公司应于7月20日一次性对租金总额10万元计提销项税额，即销项税额$=100\ 000\times 17\%=17\ 000$元。其会计分录为：

7月20日收到预收款时：

借：银行存款　　117 000

　贷：预收账款　　100 000

　　　应交税费——应交增值税（销项税额）　　17 000

从8月1日起，在租赁期限内的每月月末，甲公司分别确认收入10 000元（=100 000÷10）：

借：预收账款　　10 000

　贷：其他业务收入　　10 000

［案例2—30］　某科技公司（增值税一般纳税人）以预收款方式提供一项软件开发服务，2016年11月收到预收款5万元，合同约定不含税价格总计10万元，剩余款项待项目结项时收取。该公司于2016年12月1日开始软件开发，2017年2月底项目结项并收到其余款项。假设截至2016年12月31日，软件开发的完工进度为40%。

［解析］　现行企业会计准则和企业所得税法对软件开发的收入确认标准是一致的，都根据开发的完工进度来确认收入。

其会计分录为：

2016年11月收到预收款时：

借：银行存款　　50 000

　贷：预收账款　　50 000

2016年12月31日，根据软件开发完工进度确认收入：

借：预收账款　　42 400

　贷：主营业务收入　　40 000（100 000×40%）

　　　应交税费——应交增值税（销项税额）　　2 400（100 000×40%×6%）

2017年2月底项目结项并收到剩余款项时：

借：银行存款　　56 000

　　预收账款　　7 600

　贷：主营业务收入　　60 000（100 000－40 000）

　　　应交税费——应交增值税（销项税额）　　3 600

［案例2—31］　某建筑工程公司转让一项土地使用权，获得不含税收入10万元，该项无形资产的账面余额为3万元，已计提摊销11 000元。（暂不考虑城市维护建设税、教育费附加、土地增值税等税种。）

［解析］

无形资产转让收入应纳增值税＝10×11%＝1.1（万元）

其会计分录为：

借：银行存款　　100 000

　　累计摊销　　11 000

　贷：无形资产　　30 000

　　　应交税费——应交增值税（销项税额）　　11 000

　　　营业外收入　　70 000

［案例2—32］　甲市某公司为增值税一般纳税人，2018年1月销售位于乙市的写字楼，并于当月办妥了相关产权转移手续。该写字楼于2014年12月购置并投入使用，根据有关原始凭证确认投入使用前发生的成本为5 355万元，销售写字楼取得含税收入11 655万元。在销售过程中共发生其他税费1 000万元，已用银行存款缴纳。投入使用时，该公

司预计该写字楼可使用50年，按平均年限法计提折旧，无残值。计算增值税时，该公司选择了简易计税方法。

［解析］　纳税人选择适用简易计税方法计税，要以取得的全部价款扣除该写字楼的购置成本后的余额为销售额，按照5%的征收率申报纳税，同时按上述方法预缴税款，因此：

应纳增值税＝(11 655－5 355)÷(1＋5%)×5%＝300(万元)

预缴税款＝300(万元)

借：固定资产清理	60 337 000	
累计折旧	3 213 000	
贷：固定资产		53 550 000
银行存款		10 000 000
借：银行存款	116 550 000	
贷：固定资产清理		60 337 000
应交税费——应交增值税（简易计税）		3 000 000
营业外收入		53 213 000
预缴税款时：		
借：应交税费——预缴增值税	3 000 000	
贷：银行存款		3 000 000

［案例2—33］　在案例2—32中，假设在计算增值税时，该公司选择了一般计税方法，其他资料不变。

［解析］　纳税人选择适用一般计税方法计税，要以取得的全部价款为销售额，按照11%的税率申报纳税，同时要以取得的全部价款扣除该写字楼的购置成本的余额，按照5%的预征率预缴税款，因此：

销项税额＝11 655÷(1＋11%)×11%＝1 155(万元)

预缴税款＝(11 655－5 355)÷(1＋5%)×5%＝300(万元)

其会计分录为：

借：固定资产清理	60 337 000	
累计折旧	3 213 000	
贷：固定资产		53 550 000
银行存款		10 000 000
借：银行存款	116 550 000	
贷：固定资产清理		60 337 000
应交税费——应交增值税（销项税额）		11 550 000
营业外收入		44 663 000
预缴税款时：		
借：应交税费——预缴增值税	3 000 000	
贷：银行存款		3 000 000

［案例2—34］　在案例2—32中，假设该写字楼的销售时间为2020年1月，购置并投入使用的时间为2016年12月，其他资料不变。

[解析]　纳税人销售其2016年5月1日后购置的不动产，适用一般计税方法，其会计处理可参照案例2—33。

2. 视同发生应税行为的会计核算

纳税人发生视同销售服务、无形资产或不动产的，其纳税义务发生时间为服务、无形资产转让完成的当天或者不动产权属变更的当天，应按规定计提销项税额，借记“营业外支出”、“应付利润”等科目，贷记“应交税费——应交增值税（销项税额）”科目。

[例2—35]　2016年11月20日，某税务师事务所（增值税一般纳税人）派两名注册税务师参加一个企业高管座谈会，免费提供企业重组相关业务涉税咨询服务2小时。（已知该事务所此类咨询服务不含税价格为每人1 500元/小时。）

[解析]　2016年11月20日该事务所提供的免费咨询服务应该视同销售服务计算增值税。

$$销项税额=2\times2\times1\,500\times6\%=360(元)$$

其会计分录为：

借：营业外支出	360	
贷：应交税费——应交增值税（销项税额）		360

3. 特殊销售的会计核算

（1）折扣销售的销项税额会计核算。若应税行为提供方将价款和折扣额在同一张发票上注明，则以折扣后的金额为销售额计算销项税额，会计处理同正常销售；若未在同一张发票上分别注明，则不可扣减折扣额，以未折扣金额计算、缴纳增值税。

（2）销售折扣的销项税额会计核算。销售折扣（也称现金折扣）作为企业融资性质的理财费用，不得从销售额中扣除，现金折扣数额应计入“财务费用”。

（3）服务中止或者折让而退回的销项税额的会计核算。纳税人提供的适用一般方法计税的应税服务，因服务中止或者折让而退回购买方的增值税税额，应当从当期的销项税额中扣减。纳税人提供应税服务、开具增值税专用发票后，出现应税服务中止、折让、开票有误等情形，应当按照国家税务总局的规定开具红字增值税专用发票，未按规定开具红字增值税专用发票的，不得扣减销项税额。

[案例2—36]　甲公司向乙公司提供货物运输服务，应税收入为10 000元，增值税税额为1 100元。由于货物未及时送达，双方协商折让20%，甲公司按照现行税法规定开具红字增值税专用发票。

其会计分录为：

借：应收账款——乙公司	11 100	
贷：主营业务收入		10 000
应交税费——应交增值税（销项税额）		1 100

甲公司按照税法规定开具红字增值税专用发票，冲减主营业务收入2 000元和增值税税额220元。

借：主营业务收入	2 000	
应交税费——应交增值税（销项税额）	220	
贷：应收账款——乙公司		2 200

2.4 进项税额的会计核算

一般纳税人购进货物、加工修理修配劳务、服务、无形资产，按应计入相关成本费用的金额，借记“在途物资”、“原材料”、“库存商品”、“生产成本”、“无形资产”、“固定资产”、“管理费用”等科目，按可抵扣的增值税税额，借记“应交税费——应交增值税（进项税额）”科目，按应付或实际支付的金额，贷记“应付账款”、“应付票据”、“银行存款”等科目。发生退货的，应根据税务机关开具的红字增值税专用发票做相反的会计分录。

2.4.1 国内采购货物的进项税额的会计核算

如果企业采购的应税货物来自一般纳税人，应取得对方开具的增值税专用发票；如果来自小规模纳税人，经批准也可以通过税务机关代开增值税专用发票，抵扣率为3%。增值税专用发票必须分别注明收取的价款和增值税税额，购货单位则据此入账。增值税一般纳税人取得防伪税控系统开具的增值税专用发票，必须自该专用发票开具之日起180日内到税务机关办理认证，并在认证通过的次月申报期内向主管税务机关申报抵扣进项税额；未在规定期限内到税务机关办理认证或申报抵扣的，不得抵扣进项税额。

国内采购货物进项税额的会计核算主要涉及“在途物资”、“材料采购”、“原材料”、“库存商品”、“应交税费——应交增值税（进项税额）”和“银行存款”等会计科目。其中，“在途物资”科目用于核算采用实际成本（或者进价）进行材料、商品等物资日常核算、货款已付但尚未验收入库的在途物资的采购成本，“材料采购”科目则用于核算采用计划成本进行材料日常核算而购入的材料的采购成本，采用计划成本法进行核算的企业还需要设置“材料成本差异”科目用于核算货物实际成本与计划成本之间的差异。本书主要介绍实际成本法下的会计核算。

1. 一般情况下的会计核算

企业采购货物尚未入库时，按增值税专用发票上注明的增值税税额借记“应交税费——应交增值税（销项税额）”科目，按发票上注明的价款借记“在途物资”科目，按价税合计金额贷记“银行存款”、“应付账款”、“应付票据”等科目；所购货物到达验收入库时，借记“原材料”、“库存商品”等科目，贷记“在途物资”科目。如果所购货物到达验收入库，同时也收到销货方的发票账单，可以直接借记“原材料”、“库存商品”等科目。由于企业的增值税专用发票取得时间与认证时间不一致，企业在取得发票时可先通过“应交税费——待认证进项税额”科目核算，待认证通过、符合抵扣条件后再转入“应交税费——应交增值税（进项税额）”科目。

[案例2—37] 某机械厂为增值税一般纳税人，原材料核算采用实际成本法。某日购进生产用钢材，取得的增值税专用发票注明价款100 000元，税款17 000元。货款已支付，材料已验收入库。

其会计分录为：

借：在途物资　　100 000
　　应交税费——应交增值税（进项税额）　　17 000
　贷：银行存款　　117 000
借：原材料　　100 000
　贷：在途物资　　100 000

[案例 2—38]　某贸易公司为增值税一般纳税人，某日购进一批货物，取得的增值税专用发票上注明价款 100 000 元，税款 17 000 元。货款已支付，货物已验收入库。

其会计分录为：

收到发票时：

借：在途物资　　100 000
　　应交税费——应交增值税（进项税额）　　17 000
　贷：银行存款　　117 000

货物验收入库时：

借：库存商品　　100 000
　贷：在途物资　　100 000

2. 购进农产品的会计核算

未依照《农产品增值税进项税额核定扣除试点实施办法》抵扣进项税额的企业购进农产品时，按农产品收购发票或者销售发票上注明的农产品买价减去应计提的进项税额后的余额，借记“在途物资”、“原材料”等科目，按 13%的抵扣率计提的进项税额记入“应交税费——应交增值税（进项税额）”科目，贷记“库存现金”等科目。等货物验收入库后，再由“在途物资”等科目转入“原材料”、“库存商品”等科目。

[案例 2—39]　某食品厂（增值税一般纳税人）从农民手中收购一批免税农产品作为原材料，收购凭证上注明的收购价格为 10 000 元。货物已验收入库，款项已支付。该企业原材料成本的核算采用实际成本法。

[解析]

$$应计提的进项税额=10\ 000\times 13\%=1\ 300(元)$$
$$记入原材料的金额=10\ 000-1\ 300=8\ 700(元)$$

其会计分录为：

借：在途物资　　8 700
　　应交税费——应交增值税（进项税额）　　1 300
　贷：库存现金　　10 000
借：原材料　　8 700
　贷：在途物资　　8 700

3. 购货过程中发生短缺或毁损的进项税额的会计核算

企业购入货物验收入库时，可能会发现货物短缺或毁损，无论其损失额是何种原因所致，都应包括短缺或毁损货物的价款及其进项税额，但由于货物短缺或毁损的原因不同，其损失的承担者也不同，因此短缺或毁损货物中所含的进项税额的会计处理不同。

若货物短缺属于运输途中的合理损耗，其进项税额予以扣除。对于运输途中的合理损耗部分的金额，工业企业计入采购货物的成本，商业企业通过“销售费用”科目核算。

若货物短缺是由于管理不善造成的，其进项税额不得抵扣。该部分损耗在未查明原因之前通过“待处理财产损溢”科目处理，待查明原因后再转入相应科目。

[案例2—40] 某食品厂（增值税一般纳税人）从外地收购一批免税农产品作为原材料，收购凭证上注明的收购数量为1 000吨，收购价格为每吨2 000元。款项以银行存款支付。货物验收入库时发现短缺1吨，属定额内合理损耗。该食品厂原材料的核算采用实际成本法。

[解析] 定额内合理损耗货物的进项税额可以进行抵扣，其损失金额由入库货物承担，即直接增加入库货物的单位成本。

应计提的进项税额＝2 000×1 000×13%＝260 000(元)

货物的采购成本＝2 000×1 000－260 000＝1 740 000(元)

其会计分录为：

拿到收购凭证时：

借：在途物资　　1 740 000

　　应交税费——应交增值税（进项税额）　　260 000

　贷：银行存款　　2 000 000

验收入库时：

借：原材料　　1 740 000

　贷：在途物资　　1 740 000

[案例2—41] 某公司（增值税一般纳税人）从外地购进一批材料，取得的专用发票上注明价款100 000元，税款17 000元。款项以银行存款支付。货物验收入库时发现丢失10%，原因尚未查明。该公司原材料的核算采用实际成本法。

[解析] 验收入库时发现购进的材料丢失10%，属于非正常损耗，其损耗部分的进项税额不得进行抵扣。

不得抵扣的进项税额＝17 000×10%＝1 700(元)

企业发生的非正常损失，在未查明原因之前，记入“待处理财产损溢”科目。

记入金额＝损失货物的价格＋不得抵扣的进项税额＝100 000×10%＋1 700
＝11 700(元)

其会计分录为：

取得增值税专用发票时：

借：在途物资　　100 000

　　应交税费——应交增值税（进项税额）　　17 000

　贷：银行存款　　117 000

验收入库时：

借：库存商品　　90 000

　　待处理财产损溢　　11 700

　贷：在途物资　　100 000

应交税费——应交增值税（进项税额转出） 1 700

4. 购进货物用于简易计税方法计税项目、免征增值税项目、集体福利或者个人消费的会计核算

一般纳税人购进货物、加工修理修配劳务、服务、无形资产或不动产，用于简易计税方法计税项目、免征增值税项目、集体福利或个人消费等，其进项税额按照现行增值税制度规定不得从销项税额中抵扣的，应计入相关成本费用，不通过“应交税费——应交增值税（进项税额）”科目核算。按购进货物的价税合计数借记“应付职工薪酬”等科目，贷记“银行存款”等科目。

［案例 2—42］ 利宁服装厂（增值税一般纳税人）10 月份支付电费 11 700 元，收到电力公司开具的增值税专用发票上注明价款 10 000 元，税款 1 700 元。其中，生产用电占总用电量的 80%，其余为职工食堂等福利生活设施用电。

［解析］ 生产用电的进项税额可以进行抵扣，职工生活设施用电的进项税额不得抵扣。

不得抵扣的进项税额＝1 700×20%＝340(元)

其会计分录为：

借：制造费用 8 000
　　应付职工薪酬 2 340
　　应交税费——应交增值税（进项税额） 1 360
　贷：银行存款 11 700

5. 外购货物发生退货、折让的进项税额的会计核算

一般纳税人开具增值税专用发票，发生销货退回、开票有误、应税行为中止以及发票抵扣联、发票联均无法认证等情形但不符合作废条件，或者因销货部分退回及发生销售折让，需要开具红字专用发票的，暂按以下方法处理：

专用发票已交付购买方，购买方可在增值税专用发票新系统中填开并上传《开具红字增值税专用发票信息表》（以下统称《信息表》）。《信息表》所对应的蓝字专用发票应经税务机关认证（所购货物或服务等不属于增值税扣税项目范围的除外）。经认证结果为“认证相符”并且已经抵扣增值税进项税额的，购买方在填开《信息表》时不填写相对应的蓝字专用发票信息，应暂依《信息表》所列增值税税额从当期进项税额中转出，未抵扣增值税进项税额的可列入当期进项税额，待取得销售方开具的红字专用发票后，与《信息表》一并作为记账凭证；经认证结果“无法认证”、“纳税人识别号认证不符”、“专用发票代码、号码认证不符”，以及所购货物或服务不属于增值税扣税项目范围的，购买方不列入进项税额，不作进项税额转出，填开《信息表》时应填写相对应的蓝字专用发票信息。

专用发票尚未交付购买方或者购买方拒收的，销售方应于专用发票认证期限内在增值税发票新系统中填开并上传《信息表》。主管税务机关通过网络接收纳税人上传的《信息表》，系统自动校验通过后，生成带有“红字发票信息表编号”的《信息表》，并将信息同步至纳税人端系统中。销售方凭税务机关校验通过的《信息表》开具红字专用发票，在增值税发票系统升级版中以销项负数开具。红字专用发票应与《信息表》一一对应。纳税人也可凭《信息表》电子信息或纸质资料到税务机关对《信息表》内容进行系统校验。

纳税人需要开具红字增值税普通发票的，可以在所对应的蓝字发票金额范围内开具多份红字发票。

[案例 2—43] 利宁服装厂（增值税一般纳税人）5月8日收到大华纺织厂转来的增值税专用发票，发票上注明布料的价款为10 000元，税款为1 700元。利宁服装厂凭票据支付货款。该厂原材料成本的核算采用实际成本法。5月15日，利宁服装厂收到布料并验收入库，发现一批布料（价款2 000元）的质量存在问题而要求退货，代垫退货运杂费500元。5月20日收到大华纺织厂开具的红字增值税专用发票。

其会计分录为：

收到增值税专用发票并付款：

借：在途物资	10 000	
应交税费——应交增值税（进项税额）	1 700	
贷：银行存款		11 700

入库时：

借：原材料	10 000	
贷：在途物资		10 000

将通知单转交给销售方并退回不合格布料：

借：应收账款——大华纺织厂	2 500	
贷：原材料		2 000
银行存款		500

收到销售方开来的红字增值税专用发票及款项：

借：银行存款	2 840	
贷：应收账款——大华纺织厂		2 500
应交税费——应交增值税（进项税额转出）		340

2.4.2 进口货物的进项税额的会计核算

企业进口货物，按照取得的海关进口增值税专用缴款书上注明的增值税税额，借记“应交税费——应交增值税（进项税额）”等科目，按照进口货物应计入采购成本的金额，借记“在途物资”、“原材料”等科目，按照应付或实际支付的金额，贷记“应付账款”、“银行存款”等科目。

进口货物应纳增值税的计税依据为进口货物的组成计税价格。其组成计税价格的计算公式为：

组成计税价格＝关税完税价格＋关税＋消费税

或

组成计税价格＝(关税完税价格＋关税)÷(1－消费税税率)

或

组成计税价格＝(关税完税价格＋关税＋进口数量×消费税定额税率)÷(1－消费税比例税率)

[**案例 2—44**] 利宁服装厂（增值税一般纳税人）从国外进口一批布料并已验收入库，海关进口增值税专用缴款书上注明的价款为 100 000 元，已知关税税率为 10%。该厂原材料成本的核算采用实际成本法。

[**解析**]

该批商品进口时应缴纳的关税 = 100 000 × 10% = 10 000(元)

该批商品进口时应缴纳的增值税 = (100 000 + 10 000) × 17% = 18 700(元)

其会计分录为：

借：原材料	110 000
应交税费——应交增值税（进项税额）	18 700
贷：银行存款	118 700
应交税费——应交进口关税	10 000

2.4.3 投资转入货物的进项税额的会计核算

企业接受投资转入的货物，按照增值税专用发票上注明的增值税税额借记“应交税费——应交增值税（进项税额）”科目，按照投资确认的价值借记“原材料”、“库存商品”等科目，按照投资确认的货物价值与增值税税额的合计数贷记“股本”、“实收资本”等科目。

[**案例 2—45**] 利宁服装厂（增值税一般纳税人）接受长红纺织厂以布料进行的投资，收到的增值税专用发票上注明价款 10 000 元，增值税税额为 1 700 元。货物已验收入库，该厂原材料成本的核算采用实际成本法。增值税专用发票已通过认证。

其会计分录为：

借：原材料——布匹	10 000
应交税费——应交增值税（进项税额）	1 700
贷：股本	11 700

2.4.4 接受捐赠货物的进项税额的会计核算

根据我国企业所得税法相关规定，企业接受捐赠收入是指企业接受的来自其他企业、组织或者个人无偿给予的货币性资产、非货币性资产。接受捐赠收入按照实际收到捐赠资产的日期确认收入的实现。企业接受捐赠转入的货物，按照确定的价值借记“原材料”、“库存商品”等科目，按增值税专用发票上注明的增值税税额借记“应交税费——应交增值税（进项税额）”科目，贷记“营业外收入”科目。

[**案例 2—46**] 利宁服装厂接受大华纺织厂捐赠的一批布料，取得的增值税专用发票上注明该批货物的价款为 50 000 元，税款为 8 500 元。货物已验收入库。原材料成本的核算采用实际成本法，增值税专用发票已通过认证。

其会计分录为：

借：原材料——布匹	50 000
应交税费——应交增值税（进项税额）	8 500

贷：营业外收入——接受捐赠非货币性资产价值 58 500

2.4.5 接受应税劳务的进项税额的会计核算

企业接受应税劳务，按照增值税专用发票上注明的增值税税额借记“应交税费——应交增值税（进项税额）”科目，按增值税专用发票上记载的加工、修理修配费用借记“其他业务成本”、“管理费用”、“制造费用”、“委托加工物资”等科目，按实付金额贷记“银行存款”等科目。

［案例 2—47］ 利宁服装厂（增值税一般纳税人）修理机器，取得的增值税专用发票上注明的修理费为 2 000 元，税款为 340 元。款项以银行存款支付。增值税专用发票已通过认证。

其会计分录为：

借：管理费用 2 000

　　应交税费——应交增值税（进项税额） 340

　贷：银行存款 2 340

2.4.6 购进服务、无形资产或不动产的进项税额的会计核算

企业购进服务、无形资产或不动产，按照增值税专用发票上注明的增值税税额借记“应交税费——应交增值税（进项税额）”科目，按发票上注明的价款借记“原材料”、“无形资产”、“固定资产”、“主营业务成本”、“制造费用”、“管理费用”等科目，贷记“银行存款”、“应付账款”、“应付票据”等科目。

增值税一般纳税人 2016 年 5 月 1 日后取得并在会计制度上按固定资产核算的不动产，其进项税额应分 2 年从销项税额中抵扣，第一年抵扣比例为 60%，第二年抵扣比例为 40%。增值税一般纳税人自 2016 年 5 月 1 日后取得并按固定资产核算的不动产或者 2016 年 5 月 1 日后取得的不动产在建工程，其进项税额按现行增值税制度规定自取得之日起分 2 年从销项税额中抵扣的，应当按取得成本，借记“固定资产”、“在建工程”等科目，按当期可抵扣的增值税税额，借记“应交税费——应交增值税（进项税额）”科目，按以后期间可抵扣的增值税税额，借记“应交税费——待抵扣进项税额”科目，按应付或实际支付的金额，贷记“应收账款”、“应付票据”、“银行存款”等科目。尚未抵扣的进项税额待以后期间允许抵扣时，按允许抵扣的金额，借记“应交税费——应交增值税（进项税额）”科目，贷记“应交税费——待抵扣进项税额”科目。

［案例 2—48］ 某机械厂（增值税一般纳税人）采购原材料——A 型钢材，向运输公司支付运费并收到增值税专用发票，发票上注明价款 10 000 元，增值税税额 1 100 元。款项已支付，货物已验收入库。

其会计分录为：

借：原材料 10 000

　　应交税费——应交增值税（进项税额） 1 100

　贷：银行存款 11 100

［案例 2—49］　A 企业（增值税一般纳税人）为降低本企业的涉税风险，就有关涉税事宜向当地某著名税务师事务所进行咨询，支付含税咨询费用共计 10 600 元，取得事务所开具的增值税专用发票，该发票已通过认证。

其会计分录为：

借：管理费用　　10 000
　　应交税费——应交增值税（进项税额）　　600
　贷：银行存款　　10 600

［案例 2—50］　2016 年 7 月，利宁服装厂（增值税一般纳税人）向某公司购入一项服装类商标，取得的增值税专用发票上注明价款 100 000 元，增值税税额 6 000 元，共计 106 000 元，款项已用银行存款支付。

［解析］　其会计分录为：

借：无形资产——商标权　　100 000
　　应交税费——应交增值税（进项税额）　　6 000
　贷：银行存款　　106 000

［案例 2—51］　2016 年 7 月，利宁服装厂（增值税一般纳税人）购入一栋办公楼，价税合计金额 1 110 万元，当月用银行存款支付了款项，办妥了相关产权转移手续，取得了增值税专用发票并认证相符。

［解析］　适用税率为 11%，因此：

不含税价款＝1 110÷(1＋11%)＝1 000(万元)
当月可抵扣的进项税额＝1 000×11%×60%＝66(万元)
待抵扣的进项税额＝1 000×11%×40%＝44(万元)

其会计分录为：

2016 年 7 月，购入办公楼时：

借：固定资产——办公楼　　10 000 000
　　应交税费——应交增值税（进项税额）　　660 000
　　应交税费——待抵扣进项税额　　440 000
　贷：银行存款　　11 100 000

2017 年 7 月：

借：应交税费——应交增值税（进项税额）　　440 000
　贷：应交税费——待抵扣进项税额　　440 000

2.5　进项税额转出的会计核算

因发生非正常损失或改变用途等，原已计入进项税额但按现行增值税制度规定不得从销项税额中抵扣的，借记“待处理财产损溢”、“应付职工薪酬”等科目，贷记“应交税费——应交增值税（进项税额转出）”、“应交税费——待抵扣进项税额”或“应交税费——待认证进项税额”科目。

原不得抵扣且未抵扣进项税额的固定资产、无形资产等，因改变用途等用于允许抵扣进项税额的应税项目的，应当在用途改变的次月调整相关资产账面价值，按允许抵扣的进项税额，借记“应交税费——应交增值税（进项税额）”科目，贷记“固定资产”、“无形资产”等科目；固定资产、无形资产经上述调整后，应按调整后的账面价值在剩余尚可使用寿命内计提折旧或摊销。

一般纳税人购进时已全额抵扣进项税额的货物或服务等转用于不动产在建工程的，原已抵扣进项税额的40%部分应于转用当期转出，借记“应交税费——待抵扣进项税额”科目，贷记“应交税费——应交增值税（进项税额转出）”科目。

2.5.1 购进货物、应税劳务、服务、无形资产和不动产改变用途时进项税额转出的会计核算

第一，如果购进货物用于对外投资、无偿赠送其他单位或个人以及分配利润，购进服务无偿提供给其他单位或个人，购进无形资产或者不动产无偿转让给其他单位或个人，要视同销售处理，按其对外售价计算销项税额，其进项税额可以进行抵扣。

第二，如果购进货物、应税劳务、服务、无形资产和不动产直接用于简易计税方法计税项目、免征增值税项目、集体福利或者个人消费，则不能计提进项税额，购进货物、应税劳务、服务、无形资产和不动产时所支付的增值税款直接计入所购货物、无形资产和不动产的成本之中。

第三，如果购进货物、应税劳务、服务、无形资产和不动产是作为应税项目购进的，由于其进项税额已得到了抵扣，若改变用途用于简易计税方法计税项目、免征增值税项目、集体福利或者个人消费，才需做进项税额转出处理。

第四，在进行进项税额转出时，其负担的运费所计提的进项税额也一并转出。

[案例2—52] 利宁服装厂（增值税一般纳税人）将上月购进的布料用于职工福利。已知布料的实际成本为11 000元，其中含运费1 000元。其进项税额已进行了抵扣。

[解析] 计算进项税额转出数额：

运费部分应转出的进项税额＝1 000×11%＝110(元)

布料部分应转出的进项税额＝(11 000－1 000)×17%＝1 700(元)

其会计分录为：

借：应付职工薪酬	12 810	
贷：原材料		11 000
应交税费——应交增值税（进项税额转出）		1 810

2.5.2 货物、应税劳务、服务和不动产发生非正常损失时进项税额转出的会计核算

企业货物发生非正常损失，在未查明原因之前，按照该货物的实际成本与转出的进项税额之和借记“待处理财产损溢”科目，贷记“原材料”、“库存商品”、“应交税费——应交增值税（进项税额转出）”等科目。不动产、不动产在建工程发生非正常损失，按照转出的进项税额与待抵扣进项税额之和借记“固定资产”、“在建工程”等科目，贷记“应交税费——应交增值税（进项税额转出）”、“应交税费——待抵扣进项税额”等科目。

[案例2—53] 某食品厂（增值税一般纳税人）外购原材料——免税农产品（其进项税额已做了抵扣）发生非正常损失。已知其账面成本为11 000元，原因尚未查明。该企业的成本核算采用实际成本法。

[解析]

应转出进项税额＝11 000÷(1－13%)×13%＝1 643.68(元)

其会计分录为：

借：待处理财产损溢　　12 643.68

　贷：原材料　　11 000

　　应交税费——应交增值税（进项税额转出）　　1 643.68

[案例2—54] 利宁服装厂（增值税一般纳税人）6月份丢失服装10件，每件成本为1 000元。其中，每件服装中外购货物和应税劳务的成本比例为60%，综合抵扣率为16.5%。原因尚未查明。

[解析]

应转出进项税额＝1 000×10×60%×16.5%＝990(元)

其会计分录为：

借：待处理财产损溢　　10 990

　贷：库存商品　　10 000

　　应交税费——应交增值税（进项税额转出）　　990

对于已抵扣进项税额的不动产，发生非正常损失，或者改变用途，专用于简易计税方法计税项目、免征增值税项目、集体福利或者个人消费的，按照下列公式计算不得抵扣的进项税额：

不得抵扣的进项税额＝(已抵扣进项税额＋待抵扣进项税额)×不动产净值率

不动产净值率＝(不动产净值÷不动产原值)×100%

不得抵扣的进项税额小于或等于该不动产已抵扣进项税额的，应于该不动产改变用途的当期，将不得抵扣的进项税额从进项税额中扣减。

不得抵扣的进项税额大于该不动产已抵扣进项税额的，应于该不动产改变用途的当期，将已抵扣进项税额从进项税额中扣减，并从该不动产待抵扣进项税额中扣减不得抵扣进项税额与已抵扣进项税额的差额。

［**案例 2—55**］ 2016 年 6 月，利宁服装厂（增值税一般纳税人）购入一座厂房用于生产经营，价税合计金额 1 110 万元，购入时取得了增值税专用发票，并于当期抵扣进项税额 66 万元，转入待抵扣进项税额 44 万元。2016 年 12 月，该厂房被认定为违章建筑并被依法拆除。假设该厂房预计使用寿命 50 年，无净残值，企业使用平均年限法计算折旧。

［**解析**］ 计算不得抵扣的进项税额：

不动产净值＝1 000－1 000÷50÷12×6＝990(万元)

不得抵扣的进项税额＝(66＋44)×(990÷1 000) ＝108.9(万元)

其会计分录为：

2016 年 6 月，购入厂房时：

借：固定资产——厂房	10 000 000	
应交税费——应交增值税（进项税额）	660 000	
应交税费——待抵扣进项税额	440 000	
贷：银行存款		11 100 000

2016 年 12 月，厂房被拆除时：

借：固定资产——厂房	1 089 000	
贷：应交税费——应交增值税（进项税额转出）		660 000
应交税费——待抵扣进项税额		429 000

2.6 减免税款的会计核算

2.6.1 直接减免增值税的会计核算

> **【小思考】** 纳税人销售免税货物但可以开具增值税专用发票的情形有哪些?

销售直接免征增值税的货物以及销售直接免征增值税的服务时，除税法规定的特殊情况可以开具增值税专用发票外，其余均不得开具增值税专用发票，按取得的销售收入全部记入“主营业务收入”、“其他业务收入”科目。其会计分录为：

借：银行存款（应收账款、应收票据）

　贷：主营业务收入（其他业务收入）

［**案例 2—56**］ 某企业（增值税一般纳税人）销售一批免税产品，价款 100 000 元，货款以银行存款收讫。该货物适用的增值税税率为 17%。

其会计分录为：

借：银行存款	100 000	
贷：主营业务收入		100 000

2.6.2 先征后返、即征即退增值税的会计核算

对于先征后返、即征即退的纳税人，计算、缴纳税款时按正常销售处理，销项税额贷记“应交税费——应交增值税（销项税额）”科目；返还税款时，借记“银行存款”科目，贷记“营业外收入”科目。

［案例 2—57］ 某企业属于增值税一般纳税人，增值税实行先征后返政策，返还率为 70%。该企业某月已缴增值税 10 000 元。

收到返还增值税税款时，其会计分录为：

借：银行存款　　7 000
　贷：营业外收入　　7 000

［案例 2—58］ A 企业是软件开发企业，为增值税一般纳税人，8 月销售自行开发的软件产品，取得销售额 50 000 元（不含税），开具增值税专用发票。本月开发软件产品的增值税进项税额为 900 元，本月无其他增值税事项。

［解析］ 根据《财政部国家税务总局关于软件产品增值税政策的通知》（财税［2011］100 号）的规定，增值税一般纳税人销售自行开发的软件产品，按 17%的税率征收增值税后，对其增值税实际税负超过 3%的部分实行即征即退。因此，有：

$$应纳税额=50\ 000\times17\%-900=7\ 600(元)$$
$$实际税负=7\ 600\div50\ 000=15.2\%$$
$$应退税额=7\ 600-50\ 000\times3\%=6\ 100(元)$$

其会计分录为：

销售软件时：

借：银行存款　　58 500
　贷：主营业务收入　　50 000
　　　应交税费——应交增值税（销项税额）　　8 500

即征即退应退税款时：

借：银行存款　　6 100
　贷：营业外收入——政府补助　　6 100

2.6.3 部分减免增值税的会计核算

对于部分减免增值税的纳税人，在销售时按正常方式处理，销项税额贷记“应交税费——应交增值税（销项税额）”科目；对于按规定可以减免的增值税税款通过“应交税费——应交增值税（减免税款）”科目核算，借记该科目，贷记“营业外收入”科目。

［案例 2—59］ 某企业为增值税一般纳税人，可享受按增值税应纳税额减半征收的税收优惠政策。该企业 11 月份销售一批产品取得不含税收入 10 000 元，已开具增值税专用发票，当月可以抵扣的增值税进项税额为 700 元。本月无其他增值税事项。（该企业适用的增值税税率为 17%。）

[解析]

该企业当月的增值税销项税额＝10 000×17%＝1 700(元)

当月的增值税应纳税额＝1 700－700＝1 000(元)

当月可以减征的增值税税额＝1 000×50%＝500(元)

当月实际应纳税额＝1 000－500＝500(元)

借：银行存款　11 700

　贷：主营业务收入　10 000

　　　应交税费——应交增值税（销项税额）　1 700

借：应交税费——应交增值税（减免税款）　500

　贷：营业外收入　500

2.7 待认证进项税额的会计核算

2.7.1 货物等已验收入库但尚未取得增值税扣税凭证的会计核算

购进的货物等已到达并验收入库，但尚未收到增值税扣税凭证的，应按货物清单或相关合同协议上的价格暂估入账。按应计入相关成本费用的金额，借记“原材料”、“库存商品”、“无形资产”、“固定资产”等科目，按未来可抵扣的增值税税额，借记“应交税费——待认证进项税额”科目，按应付或实际支付的金额，贷记“应付账款”、“应付票据”、“银行存款”等科目。待取得相关增值税扣税凭证并经认证后，借记“应交税费——应交增值税（进项税额）”或“应交税费——待抵扣进项税额”科目，贷记“应交税费——待认证进项税额”科目。

2.7.2 购买方作为扣缴义务人的会计核算

按照现行增值税制度规定，境外单位或个人在境内发生应税行为，在境内未设有经营机构的，以购买方为增值税扣缴义务人。境内一般纳税人购进服务、无形资产或不动产，按应计入相关成本费用的金额，借记“生产成本”、“无形资产”、“固定资产”、“管理费用”等科目，按可抵扣的增值税税额，借记“应交税费——待认证进项税额”科目，按应付或实际支付的金额，贷记“应付账款”等科目，按应代扣代缴的增值税税额，贷记“应交税费——应交增值税（销项税额）”科目。购买方代扣代缴增值税取得解缴税款的完税凭证时，按代扣代缴的增值税税额，借记“应交税费——应交增值税（已交税金）”科目，贷记“银行存款”科目；同时，按完税凭证上注明的增值税税额，借记“应交税费——应交增值税（进项税额）”或“应交税费——待抵扣进项税额”科目，贷记“应交税费——待认证进项税额”科目。

2.8 一般纳税人应纳税额的会计核算及纳税申报表的填制

2.8.1 一般纳税人应纳税额的会计核算

月末，企业根据“应交税费——应交增值税”明细科目中核算的增值税业务，结出借、贷方合计和余额。若“应交税费——应交增值税”科目为贷方余额，即为本月应纳增值税税额，通过借记“应交税费——应交增值税（转出未交增值税）”科目，转入“应交税费——未交增值税”科目的贷方。会计分录为：

借：应交税费——应交增值税（转出未交增值税）

　　贷：应交税费——未交增值税

若“应交税费——应交增值税”账户为借方余额，其含义为：

第一，按月缴纳增值税的企业，其借方余额表示当月尚未抵扣完的进项税额（留待下期继续抵扣）。

第二，按日（1日、3日、5日、10日、15日）缴纳增值税的企业，平时按核定纳税期纳税时，属预缴性质。月末，在核实本月应交增值税税额后，应于下月15日前清缴。

本月预缴税款时，会计分录为：

借：应交税费——应交增值税（已交税金）

　　贷：银行存款

由于月中有预缴税款的情况，故“应交税费——应交增值税”科目的借方余额不仅可能是尚未抵扣的进项税额，还可能包含了多交的部分。对于“应交税费——应交增值税”科目的借方余额的会计处理，在实际工作中有两种做法：一种是只就当月多缴部分转入“应交税费——未交增值税”科目的借方，另一种是将期末留抵税额和当月多缴部分一并转入“应交税费——未交增值税”科目的借方。

[案例 2—60]　某木制品加工企业为增值税一般纳税人，2015年1月提供的增值税计税资料如下，计算当期应纳增值税税额并作出相应的会计分录。

（1）销售刨光材，增值税专用发票上注明的销售额为520 000元，普通发票上注明的销售额为132 444元；销售原木，开具的普通发票上注明的销售额为45 200元。馈赠刨光材给关系单位，其成本为30 000元，同类产品的不含税售价为40 000元；集体福利耗用外购板材35 000元。

（2）本月购进板材，取得的增值税专用发票上注明的金额为180 000元；购进原木取得的林区免税农产品发票上注明的金额为72 000元，取得木材贸易公司普通发票上注明的原木金额为 40 000 元；委托运输公司运送所购进的原木，支付运输费用并取得增值税专用发票，发票注明运费 5 000 元，增值税税额 550 元。

（3）上期尚未抵扣完的进项税额为 5 100 元，销售给外贸企业的出口刨光材已缴增值税 17 000 元。

（4）该企业原材料成本的核算采用实际成本法。增值税专用发票均已通过认证，以上款项均以银行存款收付，原材料均已验收入库。

其会计分录为：

（1）销售刨光材，开具增值税专用发票：

借：银行存款　608 400
　贷：主营业务收入　520 000
　　应交税费——应交增值税（销项税额）　88 400

（2）销售刨光材，开具普通发票：

借：银行存款　132 444
　贷：主营业务收入　113 200
　　应交税费——应交增值税（销项税额）　19 244

（3）销售原木，增值税税率为 13%：

借：银行存款　45 200
　贷：主营业务收入　40 000
　　应交税费——应交增值税（销项税额）　5 200

（4）馈赠刨光材应视同销售，按其对外售价计算销项税额：

借：营业外支出　46 800
　贷：库存商品——刨光材　40 000
　　应交税费——应交增值税（销项税额）　6 800

（5）集体福利耗用外购板材，其进项税额应做转出处理：

借：在建工程　40 950
　贷：原材料——板材　35 000
　　应交税费——应交增值税（进项税额转出）　5 950（35 000×17%）

（6）购进板材：

借：原材料——板材　180 000
　应交税费——应交增值税（进项税额）　30 600
　贷：银行存款　210 600

（7）购进原木：

借：原材料——原木　62 640
　应交税费——应交增值税（进项税额）　9 360（72 000×13%）
　贷：银行存款　72 000

（8）从木材公司购进原木，取得普通发票，不得计提进项税额：

借：原材料——原木　40 000
　贷：银行存款　40 000

（9）向运输公司支付运费，取得增值税专用发票：

借：原材料——原木　5 000
　应交税费——应交增值税（进项税额）　550（5 000×11%）
　贷：银行存款　5 550

（10）销售给外贸企业出口刨光材已缴增值税 17 000 元：

借：应交税费——应交增值税（已交税金）　17 000
　贷：银行存款　17 000

本月应纳税款的计算如下：

$$本期销售额 = 520\,000 + 132\,444 \div (1 + 17\%) + 45\,200 \div (1 + 13\%) + 40\,000 = 713\,200(元)$$

$$本期销项税额 = (520\,000 + 132\,444 \div (1 + 17\%) + 40\,000) \times 17\% + 45\,200 \div (1 + 13\%) \times 13\% = 119\,644(元)$$

$$本期进项税额 = (180\,000 - 35\,000) \times 17\% + 72\,000 \times 13\% + 5\,000 \times 11\% = 34\,560(元)$$

$$本期应纳税额 = 119\,644 - 34\,560 - 5\,100 - 17\,000 = 62\,984(元)$$

借：应交税费——应交增值税（转出未交增值税）　62 984
　贷：应交税费——未交增值税　62 984

下月缴纳增值税时：

借：应交税费——未交增值税　62 984
　贷：银行存款　62 984

2.8.2 一般纳税人增值税纳税申报表的填制

一般纳税人增值税纳税申报表的格式见表 2—2，现以案例 2—60 为例进行填制。

表 2—2　**增值税纳税申报表**

（一般纳税人适用）

根据国家税收法律法规及增值税相关规定制定本表。纳税人不论有无销售额，均应按税务机关核定的纳税期限填写本表，并向当地税务机关申报。

税款所属时间：自　年　月　日至　年　月　日

填表日期：　年　月　日　　金额单位：元（列至角分）

纳税人识别号						所属行业：	
纳税人名称	（公章）	法定代表人姓名		注册地址		营业地址	
开户银行及账号			登记注册类型			电话号码	
项目		栏次	一般项目		即征即退项目		
			本月数	本年累计	本月数	本年累计	
销售额	（一）按适用税率计税销售额	1	713 200				
	其中：应税货物销售额	2	713 200				
	应税劳务销售额	3					
	纳税检查调整的销售额	4					

	（二）按简易办法计税销售额	5				
	其中：纳税检查调整的销售额	6				
	（三）免、抵、退办法出口销售额	7			—	—
	（四）免税销售额	8			—	—
	其中：免税货物销售额	9			—	—
	免税劳务销售额	10			—	—
	销项税额	11	119 644			
	进项税额	12	40 510			
	上期留抵税额	13	5 100			—
	进项税额转出	14	5 950			
	免、抵、退应退税额	15			—	—
	按适用税率计算的纳税检查应补缴税额	16			—	—
	应抵扣税额合计	17＝12＋13－14－15＋16	39 660	—		—
税款计算	实际抵扣税额	18（如17<11，则为17，否则为11）	39 660			
	应纳税额	19＝11－18	79 984			
	期末留抵税额	20＝17－18				—
	按简易计税办法计算的应纳税额	21				
	按简易计税办法计算的纳税检查应补缴税额	22			—	—
	应纳税额减征额	23				
	应纳税额合计	24＝19＋21－23	79 984			
	期初未缴税额（多缴为负数）	25				
	实收出口开具专用缴款书退税额	26		—	—	
	本期已缴税额	27＝28＋29＋30＋31	17 000			
税款缴纳	①分次预缴税额	28		—		—
	②出口开具专用缴款书预缴税额	29		—	—	—
	③本期缴纳上期应纳税额	30				
	④本期缴纳欠缴税额	31				
	期末未缴税额（多缴为负数）	32＝24＋25＋26－27	62 984			

	其中：欠缴税额（≥0）	33＝25＋26－27		—		—
	本期应补（退）税额	34＝24－28－29		—		—
	即征即退实际退税额	35	—	—		
	期初未缴查补税额	36			—	—
	本期入库查补税额	37			—	—
	期末未缴查补税额	38＝16＋22＋36－37			—	—

授权声明	如果你已委托代理人申报，请填写下列资料： 为代理一切税务事宜，现授权（地址）　　为本纳税人的代理申报人，任何与本申报表有关的往来文件，都可寄予此人。 授权人签字：	申报人声明	本纳税申报表是根据国家税收法律法规及相关规定填报的，我确定它是真实的、可靠的、完整的。 声明人签字：

主管税务机关：　　　　接收人：　　　　接收日期：

2.9 小规模纳税人应纳税额的会计核算及纳税申报表的填制

2.9.1 小规模纳税人应纳税额的会计核算

税法规定，小规模纳税人不得抵扣任何税款，因此小规模纳税人核算增值税时只需设置“应交税费——应交增值税”科目即可。企业销售货物时，按收取的货款金额借记“银行存款”、“应收账款”等科目，按不含增值税的价款贷记“主营业务收入”、“其他业务收入”等科目，按计算的增值税税额贷记“应交税费——应交增值税”科目。企业购货时，不得抵扣任何进项税额，其购进货物所负担的增值税直接计入购进货物的成本之中。

[案例 2—61] 某工业企业为小规模纳税人，本月销售产品一批，开具的普通发票上注明价款 10 000 元。款项以银行存款支付。

其会计分录为：

借：银行存款　　10 000

　贷：主营业务收入　　9 708.74 [10 000÷(1+3%)]

　　应交税费——应交增值税　　291.26

[案例 2—62] 利华电脑贸易公司为小规模纳税人，2014 年 1 月购进计算机，取得普通发票，发票上注明价款 100 000 元；销售计算机开具的普通发票上注明的价款为 150 000元。企业购进货物已验收入库，货款均以银行存款收付。

其会计分录为：

（1）购进货物时：

借：库存商品　　100 000

　贷：银行存款　　100 000

（2）销售货物时：

借：银行存款　　150 000

　贷：主营业务收入　　145 631.07［150 000÷（1+3%）］

　　　应交税费——应交增值税　　4 368.93

（3）缴纳增值税时：

借：应交税费——应交增值税　　4 368.93

　贷：银行存款　　4 368.93

2.9.2 小规模纳税人增值税纳税申报表的填制

小规模纳税人增值税纳税申报表如表2—3所示，现以案例2—62为例进行填制。

表2—3　　增值税纳税申报表（小规模纳税人适用）

纳税人识别号：□□□□□□□□□□□□□□□□□□□□

纳税人名称（公章）：　　　　　　金额单位：元（列至角分）

税款所属期：　年　月　日至　年　月　日　　　　填表日期：　年　月　日

	项目	栏次	本期数		本年累计	
			货物及劳务	服务、不动产和无形资产	货物及劳务	服务、不动产和无形资产
一、计税依据	（一）应征增值税不含税销售额（3%征收率）	1	145 631.07			
	税务机关代开的增值税专用发票不含税销售额	2	145 631.07			
	税控器具开具的普通发票不含税销售额	3				
	（二）应征增值税不含税销售额（5%征收率）	4	—		—	
	税务机关代开的增值税专用发票不含税销售额	5	—		—	
	税控器具开具的普通发票不含税销售额	6	—		—	
	（三）销售使用过的固定资产不含税销售额	7（7≥8）		—		—
	其中：税控器具开具的普通发票不含税销售额	8		—		—
	（四）免税销售额	9=10+11+12				

	其中：小微企业免税销售额	10				
	未达起征点销售额	11				
	其他免税销售额	12				
	（五）出口免税销售额	13（13≥14）				
	其中：税控器具开具的普通发票销售额	14				
二、税款计算	本期应纳税额	15	4 368.93			
	本期应纳税额减征额	16				
	本期免税额	17				
	其中：小微企业免税额	18				
	未达起征点免税额	19				
	应纳税额合计	20=15-16	4 368.93			
	本期预缴税额	21			—	—
	本期应补（退）税额	22=20-21	4 368.93		—	—

纳税人或代理人声明：	如纳税人填报，由纳税人填写以下各栏：
本纳税申报表是根据国家税收法律法规及相关规定填报的，我确定它是真实的、可靠的、完整的。	办税人员：　　财务负责人： 法定代表人：　　联系电话：
	如委托代理人填报，由代理人填写以下各栏：
	代理人名称（公章）：　　经办人： 联系电话：

主管税务机关：　　　　接收人：　　　　接收日期：

[本章小结]

增值税会计核算按纳税人的类型分为一般纳税人增值税会计核算及小规模纳税人增值税会计核算。一般纳税人的会计核算分为销项税额、进项税额、进项税额转出、减免税款及应纳税额的会计核算与增值税纳税申报表的填制。

关键术语

销项税额　　进项税额　　进项税额转出　　视同销售　　减免税款

思考题

1. 如何认定一般纳税人与小规模纳税人?
2. 一般纳税人的“应交税费——应交增值税”科目下如何设置明细科目?
3. 视同销售方式下如何进行销项税额的会计核算?
4. 在什么情况下要做进项税额转出处理? 如何进行相应的会计核算?

第3章 消费税的会计核算

［学习提示］　本章介绍了应税消费品应纳消费税的会计核算方法，并通过案例来帮助理解和掌握。通过本章的学习，应掌握消费税在各种情况下的账务处理及纳税申报表的填制。

3.1　消费税概述

我国现行消费税是1994年税制改革中新设的一个税种。在对货物普遍征收增值税的基础上，对一部分消费品再征收一道消费税，其目的是为了调节产品结构，引导消费方向，保证国家财政收入。

3.1.1　纳税人

消费税的纳税人是在我国境内生产、委托加工和进口应税消费品的单位及个人，以及国务院确定的销售应税消费品的其他单位和个人。其中，单位是指企业、行政单位、事业单位、军事单位、社会团体及其他单位；个人是指个体工商户和其他个人；在我国境内是指生产、委托加工和进口应税消费品的起运地或所在地在我国境内。

此外，根据税法规定，对进口的应税消费品，以进口人或代理人为纳税人。

3.1.2　税目和税率

消费税采用比例税率和定额税率两种形式，其税目、税率（税额）见表3—1。

表 3—1 消费税税目、税率表

税目	税率
一、烟	
1. 卷烟	
(1) 甲类卷烟	56%加 0.003 元/支(生产环节)
(2) 乙类卷烟	36%加 0.003 元/支(生产环节)
(3) 批发环节	11%加 0.005 元/支
2. 雪茄烟	36%
3. 烟丝	30%
二、酒	
1. 白酒	20%加 0.5 元/500 克(或者 500 毫升)
2. 黄酒	240 元/吨
3. 啤酒	
(1) 甲类啤酒	250 元/吨
(2) 乙类啤酒	220 元/吨
4. 其他酒	10%
三、化妆品	30%
四、贵重首饰及珠宝玉石	
1. 金银首饰、铂金首饰和钻石及钻石饰品	5%
2. 其他贵重首饰和珠宝玉石	10%
五、鞭炮、焰火	15%
六、成品油	
1. 汽油	1.52 元/升
2. 柴油	1.2 元/升
3. 航空煤油	1.2 元/升
4. 石脑油	1.52 元/升
5. 溶剂油	1.52 元/升
6. 润滑油	1.52 元/升
7. 燃料油	1.2 元/升
七、摩托车	
气缸容量为 250 毫升的	3%
气缸容量在 250 毫升以上(不含)的	10%
八、小汽车	
1. 乘用车	
(1) 气缸容量在 1.0 升(含 1.0 升)以下的	1%
(2) 气缸容量在 1.0 升以上至 1.5 升(含 1.5 升)的	3%
(3) 气缸容量在 1.5 升以上至 2.0 升(含 2.0 升)的	5%
(4) 气缸容量在 2.0 升以上至 2.5 升(含 2.5 升)的	9%
(5) 气缸容量在 2.5 升以上至 3.0 升(含 3.0 升)的	12%
(6) 气缸容量在 3.0 升以上至 4.0 升(含 4.0 升)的	25%
(7) 气缸容量在 4.0 升以上的	40%
2. 中轻型商用客车	5%
九、高尔夫球及球具	10%

续前表

税　目	税　率
十、高档手表	20%
十一、游艇	10%
十二、木制一次性筷子	5%
十三、实木地板	5%
十四、电池	4%
十五、涂料	4%

【即学即用】 下列属于消费税征收范围的产品有（　　）。

A. 烟叶　　B. 烟丝　　C. 洗发水　　D. 护发素

［解析］ 凡是以烟叶为原料加工生产的产品，不论使用何种辅料，均属于烟税目的征收范围，包括卷烟、雪茄烟和烟丝，但不包括烟叶。普通护肤护发品不属于消费税的征收范围。

答案：B。

【即学即用】 下列关于消费税税率的说法中，正确的有（　　）。

A. 每标准条卷烟对外调拨价在 70 元以下的，从价定率税率为 36%

B. 娱乐业、饮食业自制啤酒消费税单位税额为 250 元/吨

C. 甲类卷烟税率为 56%

D. 纳税人之间批发销售的卷烟按 11%加 0.005 元/支缴纳消费税

［解析］ 纳税人销售给纳税人以外的单位和个人的卷烟于销售时纳税。纳税人之间销售的卷烟不缴纳消费税。

答案：ABC。

3.1.3 应纳税额的计算

消费税应纳税额的计算分为从价定率、从量定额和从价定率与从量定额复合计算三种计算方法。

1. 从价定率计算方法

按从价定率征收消费税，应纳税额的计算取决于应税消费品的销售额和适用税率两个因素。其基本公式为：

应纳税额＝应税消费品的销售额×适用税率

（1）一般情况下销售额的确定。在一般情况下，纳税人销售应税消费品，其销售额为销售应税消费品向购买方收取的全部价款和价外费用。

①价外费用是指价外向购买方收取的手续费、补贴、基金、集资费、返还利润、奖励费、违约金、滞纳金、延期付款利息、赔偿金、代收款项、代垫款项、包装费、包装物租金、储备费、优质费、运输装卸费以及其他各种性质的价外收费。但下列款项不属于价外

费用。

同时符合以下条件的代垫运输费用：

一是承运部门的运费发票开具给购货方的。

二是纳税人将该项发票转交给购货方的。

同时符合以下条件代为收取的政府性基金或者行政事业性收费：

其一，由国务院或者财政部批准设立的政府性基金，由国务院或者省级人民政府及其财政、价格主管部门批准设立的行政事业性收费。

其二，收取时开具省级以上财政部门印制的财政票据。

其三，所收款项全额上缴财政。

其他价外费用，无论是否属于纳税人的收入，均应并入销售额计算征税。

②销售额不包括应向购货方收取的增值税款。纳税人应税消费品的销售额中未扣除增值税款或者不得开具增值税专用发票而发生价款和增值税款合并收取的，在计算消费税时，应当换算为不含增值税款的销售额。

其换算公式为：

$$应税消费品的销售额=\frac{含增值税的销售额}{1+增值税税率或征收率}$$

【知识要点提醒】

一般情况下，从价计算消费税的销售额与计算增值税销项税的销售额是相同的。但消费税和增值税与价格之间的关系是不同的。增值税是价外税，计算增值税的价格中不包括增值税税金；消费税是价内税，计算消费税的价格中包括消费税税金。我们通常所说的“不含税价”只是不含增值税，并不意味着不含消费税。

（2）包装物计入销售额的规定。应税消费品连同包装物销售的，无论包装物是否单独计价，也无论在会计上如何核算，均应并入销售额，征收消费税。

如果包装物不作价随同产品销售，而是收取押金（酒类产品除外），且单独核算又未过期的，则此项押金不应并入应税消费品的销售额征税。但对因逾期未收回包装物不再退还的押金和已收取1年以上的包装物押金，应并入应税消费品的销售额征收消费税。酒类产品的包装物押金，无论是否返还及会计上如何核算，均应并入酒类产品的销售额中征税。

对既作价随同应税消费品销售，又收取押金的包装物的押金，凡纳税人在规定的期限内不予退还的，均应并入应税消费品的销售额中征收消费税。

（3）自产自用应税消费品销售额的确定。自产自用应税消费品按其使用方向可分为两种情况，因而其应税销售额的规定也有两种情况。

第一，纳税人将自己生产的应税消费品用于本企业连续生产应税消费品。这种自产自用的应税消费品，是指作为生产最终应税消费品的直接材料，并构成最终产品实体的应税消费品。在这种情况下，自产自用的应税消费品不征税，只就最终应税消费品征税。

第二，纳税人将自己生产的应税消费品用于连续生产应税消费品以外的其他方面，即用于生产非应税消费品和在建工程、管理部门、非生产机构、提供劳务以及馈赠、赞助、广告、样品、职工福利、奖励等方面。对这种用于其他方面的自产自用的应税消费品，均视同对外销售，按照纳税人生产的同类消费品的销售价格纳税。没有同类消费品价格的，以组成计税价格作为计税销售额。

①实行从价定率办法计算组成计税价格的公式为：

$$组成计税价格=\frac{成本+利润}{1-消费税税率}$$

式中，成本为应税消费品的产品生产成本；利润为根据应税消费品全国平均成本利润率计算的利润。

②实行复合计税办法计算组成计税价格的公式为：

$$组成计税价格=(成本+利润+自产自用数量\times定额税率)\div(1-比例税率)$$

式中，成本为应税消费品的产品生产成本；利润为根据应税消费品全国平均成本利润率计算的利润。

《国家税务总局关于印发〈消费税若干具体问题的规定〉的通知》（国税发［1993］156号）和《财政部 国家税务总局关于调整和完善消费税政策的通知》（财税［2006］33号）对全国平均成本利润率作了具体规定（见表3—2）。（其中，已取消酒精和汽车轮胎消费税。）

表3—2　　平均成本利润率

序号	种类	成本利润率	序号	种类	成本利润率
1	甲类卷烟	10%	10	贵重首饰及珠宝玉石	6%
2	乙类卷烟	5%	11	摩托车	6%
3	雪茄烟	5%	12	乘用车	8%
4	烟丝	5%	13	中轻型商用客车	5%
5	粮食白酒	10%	14	高尔夫球及球具	10%
6	薯类白酒	5%	15	高档手表	20%
7	其他酒	5%	16	游艇	10%
8	化妆品	5%	17	木制一次性筷子	5%
9	鞭炮、焰火	5%	18	实木地板	5%

（4）委托加工应税消费品销售额的确定。委托加工应税消费品是指由委托方提供原料和主要材料，受托方只收取加工费和代垫部分辅助材料加工的应税消费品。对于由受托方提供原料和主要材料生产的应税消费品，或者受托方先将原材料卖给委托方，再接受加工的应税消费品，以及由受托方以委托方名义购进原材料生产的应税消费品，不论纳税人在财务上是否作销售处理，都不能作为委托加工应税消费品，而应当按照自制应税消费品缴纳消费税。

委托加工应税消费品以受托方同类消费品的销售价格作为计税销售额；没有同类消费

品销售价格的，以组成计税价格作为计税销售额。

实行从价定率办法计算纳税的组成计税价格计算公式为：

$$组成计税价格=\frac{材料成本+加工费}{1-消费税比例税率}$$

实行复合计税办法计算纳税的组成计税价格计算公式为：

$$组成计税价格=\frac{材料成本+加工费+委托加工数量\times消费税定额税率}{1-消费税比例税率}$$

式中，材料成本为委托方所提供加工材料的实际成本；加工费为受托方加工应税消费品向委托方收取的全部费用（包括代垫辅助材料的实际成本，不包括增值税税金）。

【知识要点提醒】

委托加工应税消费品的消费税的纳税人是委托方，不是受托方，受托方承担的只是代收代缴义务。

（5）进口应税消费品销售额的确定。进口应税消费品以组成计税价格为计税销售额。

实行从价定率办法计算纳税的组成计税价格计算公式为：

$$组成计税价格=\frac{关税完税价格+关税}{1-消费税比例税率}$$

实行复合计税办法计算纳税的组成计税价格计算公式为：

$$组成计税价格=\frac{关税完税价格+关税+进口数量\times消费税定额税率}{1-消费税比例税率}$$

式中，关税完税价格为海关核定的关税计税价格。

（6）外购或委托加工收回应税消费品已纳税额的扣除。由于消费税是单一环节课征，因此消费税法规定对于用外购的或委托加工收回的已税消费品连续生产的应税消费品计算征税时，按当期生产领用数量，准予从应税消费品的应纳消费税税额中扣除外购的或委托加工收回的应税消费品已纳的消费税税额。

①准予扣除外购或委托加工收回已税消费品已纳消费税的范围：

一是以外购或委托加工收回的已税烟丝生产的卷烟；

二是以外购或委托加工收回的已税化妆品原料生产的化妆品；

三是以外购或委托加工收回的已税珠宝、玉石原料生产的贵重首饰及珠宝玉石；

四是以外购或委托加工收回的已税鞭炮、焰火原料生产的鞭炮、焰火；

五是以外购或委托加工收回的已税摩托车连续生产的摩托车；

六是以外购或委托加工收回的已税杆头、杆身和握把为原料生产的高尔夫球杆；

七是以外购或委托加工收回的已税木制一次性筷子为原料生产的木制一次性筷子；

八是以外购或委托加工收回的已税实木地板为原料生产的实木地板；

九是以外购已税汽油、柴油、石脑油、润滑油、燃料油为原料生产的应税成品油。

②关于外购的或委托加工收回应税消费品已纳税额的扣除，其计算公式为：

当期准予扣除的外购应税消费品已纳税款＝当期准予扣除的外购应税消费品买价或数量×外购应税消费品适用税率或税额

当期准予扣除的外购应税消费品买价或数量＝期初库存的外购应税消费品买价或数量＋当期购进的应税消费品买价或数量－期末库存的外购应税消费品买价或数量

当期准予扣除的委托加工应税消费品已纳税款＝期初库存的委托加工应税消费品已纳税款＋当期收回的委托加工应税消费品已纳税款－期末库存的委托加工应税消费品已纳税款

但是，纳税人用外购的或委托加工收回的已税珠宝玉石生产的改在零售环节征收消费税的金银首饰，在计税时一律不得扣除外购的或委托加工收回的珠宝玉石的已纳消费税税额。

【即学即用】 下列各项中，外购应税消费品已纳消费税不准许扣除的有（　　）。

A. 外购已税化妆品生产的化妆品

B. 外购已税珠宝玉石为原料生产的金银镶嵌首饰

C. 外购已税高档手表生产的高档手表

D. 外购已税白酒生产的药酒

［解析］ 允许抵扣的税目从大类上看，不包括酒类、小汽车、高档手表、游艇。允许抵扣的只涉及同一大税目中的购入应税消费品的连续生产，不能跨税目抵扣。在零售环节纳税的金银首饰、钻石、钻石饰品不得抵扣外购珠宝玉石的已纳税款。

答案：BCD。

（7）委托方将委托加工收回的应税消费品，以不高于受托方的计税价格出售的，为直接出售，不再缴纳消费税；委托方以高于受托方的计税价格出售的，不属于直接出售，需按规定缴纳消费税，在计税时准予扣除受托方已代收代缴的消费税。

2. 从量定额计算方法

从量定额征收消费税，应纳税额取决于消费品的销售数量和单位税额两个因素。其基本计算公式为：

应纳税额＝应税消费品的销售数量×单位税额

（1）销售应税消费品的，以销售数量为计税依据。

（2）自产自用应税消费品的，以移送使用数量为计税依据。

（3）委托加工应税消费品的，以加工收回数量为计税依据。

（4）进口应税消费品的，以海关核定的进口数量为计税依据。

3. 从价定率和从量定额复合计算方法

在现行消费税征收范围中，只有卷烟、粮食白酒、薯类白酒采用混合计算方法。其基本计算公式为：

应纳税额＝应税销售数量×定额税率＋应税销售额×比例税率

3.2 消费税的会计核算

3.2.1 会计科目的设置

企业在计算和缴纳消费税时，应设置“应交税费——应交消费税”科目。该科目贷方发生额记载企业因生产和进口应税消费品而应缴纳的消费税税额；借方发生额记载企业实际缴纳的消费税税额和待抵扣的消费税税额。期末贷方余额反映企业尚未缴纳的消费税，期末借方余额反映企业多缴纳或待抵扣的消费税（见表3—3）。

表3—3

借方　　应交税费——应交消费税　　贷方

• 实际缴纳的消费税 • 待抵扣的消费税	应缴纳的消费税
余额：• 多缴纳的消费税 　　　• 待抵扣的消费税	余额：尚未缴纳的消费税

3.2.2 企业对外销售应税消费品的会计核算

企业对外销售应税消费品应缴纳的消费税，应分情况处理。

1. 直接对外销售的会计核算

企业生产出应税消费品对外销售时，应缴纳的消费税通过“营业税金及附加”科目核算。企业按规定计算出应缴纳的消费税，做如下会计分录：

借：营业税金及附加

　贷：应交税费——应交消费税

［案例3—1］　远征汽车制造厂（增值税一般纳税人）1月18日销售乘用车300辆，每辆车的不含税销售价为9万元，货款尚未收到；每辆车的成本价为6万元。该乘用车的增值税税率为17%，消费税税率为9%。

［解析］

应向购买方收取的增值税税额＝90 000×300×17%＝4 590 000(元)

应纳消费税税额＝90 000×300×9%＝2 430 000(元)

其会计分录为：

借：应收账款　　31 590 000

　贷：主营业务收入　　27 000 000

　　　应交税费——应交增值税（销项税额）　　4 590 000

借：营业税金及附加　　2 430 000

　贷：应交税费——应交消费税　　2 430 000

2. 企业以自产的应税消费品对外投资，或用于在建工程、非应税项目等方面的会计核算

企业用应税消费品对外投资，或用于在建工程、非应税项目等其他方面，按规定缴纳的消费税，应记入有关科目。

[案例 3—2]　远征汽车制造厂（增值税一般纳税人）以自产的某型乘用车 20 辆投资于某出租车公司。按双方协议，每辆车的不含税售价为 8.5 万元，成本价为 6 万元，该车的消费税税率为 9%。

[解析]

乘用车的增值税税额 = 85 000×20×17% = 289 000（元）

消费税税额 = 85 000×20×9% = 153 000（元）

其会计分录为：

借：长期股权投资　　1 989 000

　贷：主营业务收入　　1 700 000

　　应交税费——应交增值税（销项税额）　　289 000

借：营业税金及附加　　153 000

　贷：应交税费——应交消费税　　153 000

借：主营业务成本　　1 200 000

　贷：库存商品　　1 200 000

[案例 3—3]　远征汽车制造厂（增值税一般纳税人）将 5 辆乘用车无偿赠送给关系单位。该类乘用车的不含税销售价为每辆 12 万元，成本价为 9 万元，消费税税率为 9%。

[解析]

该轿车的增值税税额 = 120 000×5×17% = 102 000（元）

消费税税额 = 120 000×5×9% = 54 000（元）

其会计分录为：

借：营业外支出　　606 000

　贷：库存商品　　450 000

　　应交税费——应交增值税（销项税额）　　102 000

　　应交税费——应交消费税　　54 000

3. 应税消费品的包装物应纳消费税的会计核算

（1）随同产品出售的包装物应纳消费税的会计核算。按税法规定，随同产品出售的包装物，不论是否单独计价，也不论在会计上如何进行核算，均应并入应税消费品的销售额，按其税率计征消费税。随同产品出售不单独计价的包装物，因其包装物价款已包含在销售额中，会计处理同直接对外销售应税消费品。随同产品出售单独计价的包装物，因其销售收入记入“其他业务收入”科目，所以，按规定缴纳消费税的会计分录应为：

借：营业税金及附加

　贷：应交税费——应交消费税

（2）不随产品出售，周转使用的包装物所收押金应纳消费税的会计核算。按规定，如果包装物不作价随同产品销售，而是收取押金，除酒类产品外，此项押金不并入销售额计征消费税。但对逾期未退还的包装物押金和已收取1年以上的包装物押金，应并入应税消费品的销售额，按其税率计征消费税。

[案例3—4] 某企业（增值税一般纳税人）将逾期未退还的包装物押金2 340元进行转账处理，增值税税率为17%，消费税税率为8%。

[解析]

没收押金的不含税收入＝2 340÷(1＋17%)＝2 000(元)

增值税税额＝2 000×17%＝340(元)

消费税税额＝2 000×8%＝160(元)

其会计分录为：

借：其他应付款	2 340	
贷：其他业务收入		2 000
应交税费——应交增值税（销项税额）		340
借：营业税金及附加	160	
贷：应交税费——应交消费税		160

3.2.3 委托加工应税消费品的会计核算

企业委托加工应税消费品，由受托方代收代缴消费税（受托方为个人的除外）。委托方收回应税消费品后，用于连续生产应税消费品的，已由受托方代收代缴的消费税准予按规定抵扣；直接出售的，不高于受托方的计税价格，不再缴纳消费税；高于受托方计税价格的，不属于直接出售，需按规定缴纳消费税，在计税时准予扣除代扣代缴的消费税。在这两种情况下，委托方的会计核算是不同的，受托方的会计核算是相同的。受托方按代收税款做如下会计分录：

借：应收账款（银行存款等科目）

　贷：应交税费——应交消费税

1. 委托加工应税消费品加工收回后直接用于销售（即以不高于受托方的计税价格出售）

委托加工收回后直接用于销售的应税消费品，由受托方代收的消费税随同应支付的加工费，一并计入委托加工应税消费品的成本，其会计分录为：

借：委托加工物资

　贷：应付账款（银行存款等科目）

[案例3—5] 某公司（增值税一般纳税人）委托外单位加工一批产品，发出原材料100 000元，支付加工费用60 000元，增值税10 200元，由受托方按照20%的适用税率代收代缴消费税40 000元。产品已加工完毕验收入库，签发一张银行支票支付加工费和消费税。该公司产品按实际成本核算，加工收回产品直接用于销售，不含税售价200 000元。

委托方的会计分录为：

发出原材料时：

借：委托加工物资	100 000	

贷：原材料　100 000

支付加工费、增值税和代收的消费税时：

借：委托加工物资　100 000

应交税费——应交增值税（进项税额）　10 200

贷：银行存款　110 200

收回委托加工产品时：

借：库存商品　200 000

贷：委托加工物资　200 000

销售委托加工产品时：

借：银行存款　234 000

贷：主营业务收入　200 000

应交税费——应交增值税（销项税额）　34 000

2. 委托加工应税消费品加工收回后以高于受托方的计税价格出售

若委托方将委托加工的应税消费品加工收回后用于出售，其销售价格高于受托方的计税价格时，不属于《消费税暂行条例实施细则》中规定的直接销售，委托方需按照规定申报缴纳消费税，在计税时准予扣除受托方已代收代缴的消费税。因此，对于受托方代收代缴的消费税，委托方的会计分录为：

借：应交税费——应交消费税

贷：银行存款

［案例 3—6］　在案例 3—5 中，如果企业的不含税售价为 202 000 元，其他资料不变，则销售委托加工产品时：

委托方的会计分录为：

发出原材料时：

借：委托加工物资　100 000

贷：原材料　100 000

支付加工费、增值税和代收的消费税时：

借：委托加工物资　60 000

应交税费——应交增值税（进项税额）　10 200

应交税费——应交消费税　40 000

贷：银行存款　110 200

收回委托加工产品时：

借：库存商品　160 000

贷：委托加工物资　160 000

借：银行存款　236 340

贷：主营业务收入　202 000

应交税费——应交增值税（销项税额）　34 340

计算应缴消费税：

借：营业税金及附加　40 400

贷：应交税费——应交消费税　40 400

补缴消费税：

借：应交税费——应交消费税　　400

　贷：银行存款　　400

3. 委托加工的应税消费品加工后用于连续生产应税消费品的会计核算

委托加工的应税消费品加工后用于连续生产应税消费品的，由受托方代收代缴的消费税准予按规定抵扣，委托方应做如下会计分录：

借：应交税费——应交消费税

　贷：应付账款（银行存款等科目）

［**案例 3—7**］　在案例 3—5 中，如果委托方收回加工产品后全部于当月用于连续生产应税消费品，并实现不含税销售收入 300 000 元。

委托方的会计分录为：

发出原材料时：

借：委托加工物资　　100 000

　贷：原材料　　100 000

支付加工费、增值税和代收的消费税时：

借：委托加工物资　　60 000

　　应交税费——应交增值税（进项税额）　　10 200

　　应交税费——应交消费税　　40 000

　贷：银行存款　　110 200

收回委托加工产品时：

借：原材料　　160 000

　贷：委托加工物资　　160 000

最终应税消费品实现销售时：

借：银行存款　　351 000

　贷：主营业务收入　　300 000

　　　应交税费——应交增值税（销项税额）　　51 000

计算应缴纳消费税时：

借：营业税金及附加　　60 000

　贷：应交税费——应交消费税　　60 000

实际缴纳消费税时：

借：应交税费——应交消费税　　20 000

　贷：银行存款　　20 000

3.2.4 进口应税消费品的会计核算

进口的应税消费品应在进口报关时计算征收消费税。其应纳的消费税应计入进口消费品的成本中。其会计分录为：

借：在途物资（库存商品、固定资产等科目）

　贷：银行存款等科目

[**案例 3—8**] 某公司从国外进口一批成套化妆品，到岸价格为 50 000 元，关税税率为 50%，消费税税率为 30%，增值税税率为 17%。款项已支付。化妆品已验收入库。

[**解析**]

应纳关税 = 50 000×50% = 25 000(元)

应纳消费税 = (50 000 + 25 000) ÷ (1 − 30%) ×30% = 107 142. 86×30%

= 32 142. 86(元)

应纳增值税 = (50 000 + 25 000 + 32 142. 86) ×17% = 18 214. 29(元)

其会计分录为：

借：库存商品	107 142. 86	
应交税费——应交增值税（进项税额）	18 214. 29	
贷：银行存款		68 214. 29
应交税费——应交消费税		32 142. 86
应交税费——应交进口关税		25 000

3. 2. 5 出口应税消费品的会计核算

企业出口应税消费品，应区分情况进行如下会计核算：

(1) 有出口经营权的生产性企业自营出口自产的应税消费品，免税不退税，可以不计算应缴纳消费税。

(2) 有出口经营权的外贸企业购进应税消费品直接出口，其会计分录为：

购进应税消费品时：

借：在途物资（库存商品等科目）

　应交税费——应交增值税（进项税额）

　贷：银行存款等科目

报关出口后申请退税时：

借：其他应收款——出口退税

　贷：主营业务成本

收到出口应税消费品退回的税金时：

借：银行存款

　贷：其他应收款——出口退税

[**案例 3—9**] 某外贸公司上月从远征汽车制造厂购入小轿车 20 辆，价款为 240 万元，已缴纳的增值税为 40. 8 万元，消费税为 21. 6 万元，款项以银行本票支付。

外贸公司购入汽车时的会计分录为：

借：库存商品	2 400 000	
应交税费——应交增值税（进项税额）	408 000	
贷：其他货币资金——银行本票		2 808 000

本月中旬，外贸公司将该批汽车出口到国外，按规定申请消费税出口退税时的会计分录为：

借：其他应收款——出口退税	216 000	

贷：主营业务成本　　216 000

月末，外贸公司收到出口退税款存入银行的会计分录为：

借：银行存款　　216 000

贷：其他应收款——出口退税　　216 000

3.2.6 缴纳消费税的会计核算

纳税人缴纳消费税时，其会计分录为：

借：应交税费——应交消费税

贷：银行存款

3.3 消费税纳税申报表的填制

消费税纳税人应按规定及时办理纳税申报，如实填写消费税纳税申报表。目前，纳税申报表分为《成品油消费税纳税申报表》、《酒类应税消费品消费税纳税申报表》、《卷烟消费税纳税申报表（批发）》、《烟类应税消费品消费税纳税申报表》、《小汽车消费税纳税申报表》和《其他应税消费品消费税纳税申报表》。现以案例3—9为例进行介绍（见表3—4）。

表3—4　　小汽车消费税纳税申报表

税款所属期：　　年　　月　　日至　　年　　月　　日

纳税人名称（公章）：

纳税人识别号：

填表日期：　　年　　月　　日　　单位：辆、元（列至角分）

应税消费品名称＼项目		适用税率	销售数量	销售额	应纳税额
乘用车	气缸容量≤1.0升	1%			
	1.0升<气缸容量≤1.5升	3%			
	1.5升<气缸容量≤2.0升	5%			
	2.0升<气缸容量≤2.5升	9%	20	2 400 000	216 000
	2.5升<气缸容量≤3.0升	12%			
	3.0升<气缸容量≤4.0升	25%			
	气缸容量>4.0升	40%			

续前表

项目 应税 消费品名称	适用税率	销售数量	销售额	应纳税额
中轻型商用客车	5%			
合计	——	——	——	216 000

<table>
<tr><td></td><td rowspan="4">声明
此纳税申报表是根据国家税收法律的规定填报的，我确定它是真实的、可靠的、完整的。

经办人（签章）：
财务负责人（签章）：
联系电话：</td></tr>
<tr><td>本期准予扣除税额：</td></tr>
<tr><td>本期减（免）税额：</td></tr>
<tr><td>期初未缴税额：</td></tr>
<tr><td>本期缴纳前期应纳税额：</td><td rowspan="4">（如果你已委托代理人申报，请填写）
授权声明
为代理一切税务事宜，现授权________（地址）________为本纳税人的代理申报人，任何与本申报表有关的往来文件，都可寄予此人。
授权人签章：</td></tr>
<tr><td>本期预缴税额：</td></tr>
<tr><td>本期应补（退）税额：</td></tr>
<tr><td>期末未缴税额：</td></tr>
</table>

以下由税务机关填写

受理人（签章）：　　受理日期：　年　月　日　　受理税务机关（章）：

[本章小结]

应税消费品应纳消费税的会计核算分为对外销售应税消费品的会计核算、委托加工应税消费品的会计核算、进口应税消费品的会计核算、出口应税消费品退税的会计核算及消费税纳税申报表的填制。

关键术语

从价定率征收　　从量定额征收　　价外费用

包装物押金　　自产自用应税消费品　　委托加工应税消费品

已纳税额的扣除

思考题

1. 纳税人将自产应税消费品用于在建工程、管理部门、非生产机构、投资、馈赠、奖励等方面，应如何进行会计核算？

2. 纳税人不再退还的包装物押金应如何进行会计核算？

3. 纳税人委托外单位加工应税消费品应如何进行会计核算？

4. 纳税人出口应税消费品办理退税应如何进行会计核算？

第4章 企业所得税的会计核算

［学习提示］ 企业所得税是非常重要的一个税种，因此企业所得税的会计核算也是纳税会计的一个非常重要的内容。本章讲述了企业所得税概述、所得税会计基础、所得税会计的处理方法、资产的会计核算与纳税调整、所得税纳税申报表的填制等内容。学习本章应重点掌握应纳税所得额的确定、暂时性差异的划分、资产负债表债务法的会计处理、纳税调整项目的调整方法、所得税纳税申报表的填制方法。

4.1 企业所得税概述

企业所得税是对我国境内企业和其他取得收入的组织的生产经营所得和其他所得征收的一种税，它是国家参与企业利润分配的重要手段。为顺应经济发展和公平税负的需要，2007 年 3 月 16 日第十届全国人民代表大会第五次全体会议通过了《中华人民共和国企业所得税法》（以下简称《企业所得税法》），合并了内、外资企业所得税法，并自 2008 年 1 月 1 日起施行。

4.1.1 企业所得税的纳税人

企业所得税的纳税人是指在中华人民共和国境内的企业和其他取得收入的组织。

《企业所得税法》第一条规定，除个人独资企业、合伙企业不适用企业所得税法外，凡在我国境内，企业和其他取得收入的组织为企业所得税的纳税人。企业所得税的纳税人分为居民企业和非居民企业，两者纳税义务的宽窄不同。

居民企业是指依法在中国境内成立，或者依照外国（地区）法律成立但实际管理机构

【小思考】 在韩国注册成立的一家电子制造公司，在上海设立一条元件生产线为该公司生产某一型号的元件。请问该公司属于我国的居民企业还是非居民企业？

在中国境内的企业。这里的企业包括国有企业、集体企业、私营企业、联营企业、股份制企业、外商投资企业、外国企业以及有生产经营所得和其他所得的其他组织。

非居民企业是指依照外国（地区）法律成立且实际管理机构不在中国境内，但在中国境内设立机构、场所的，或者在中国境内未设立机构、场所，但有来源于中国境内所得的企业。

4.1.2 企业所得税的征税对象

企业所得税的征税对象是指企业的生产经营所得、其他所得和清算所得。

1. 居民企业的征税对象

居民企业应就来源于中国境内、境外的所得作为征税对象。所得，包括销售货物所得、提供劳务所得、转让财产所得、股息红利等权益性投资所得，以及利息所得、租金所得、特许权使用费所得、接受捐赠所得和其他所得。

2. 非居民企业的征税对象

非居民企业在中国境内设立机构、场所的，应当就其所设机构、场所取得的来源于中国境内的所得，以及发生在中国境外但与其所设机构、场所有实际联系的所得，缴纳企业所得税。非居民企业在中国境内未设立机构、场所的，或者虽设立机构、场所但取得的所得与其所设机构、场所没有实际联系的，应当就其来源于中国境内的所得缴纳企业所得税。

【即学即用】 下列关于非居民企业的征税对象说法正确的有（ ）。

A. 非居民企业应当以来源于中国境内、境外的所得作为征税对象

B. 非居民企业在中国境内设立机构、场所的，应当以其所设机构、场所取得的来源于中国境内的所得作为征税对象

C. 非居民企业在中国境内设立机构、场所的，应当以其发生在中国境外但与其所设机构、场所有实际联系的所得作为征税对象

D. 非居民企业在中国境内未设立机构、场所的，应当以其来源于中国境内的所得作为征税对象

答案：BCD。

4.1.3 企业所得税的税率

企业所得税的税率是指对纳税人应纳税所得额征税的比率，即企业应纳税额与应纳税所得额的比率。按照《企业所得税法》的规定，企业所得税实行25%的比例税率。考虑到许多利润水平较低的小型企业，税法规定了一档照顾性税率，即对年度应纳税所得额不超过30万元、从业人数不超过100人、资产总额不超过3 000万元的工业企业和年度应纳税所得额不超过30万元、从业人数不超过80人、资产总额不超过1 000万元的其他企业减按20%的所得税税率征收企业所得税。此外，税法还对在中国境内未设立机构、场所的，

或者虽设立机构、场所但取得的所得与其所设机构、场所没有实际联系的非居民企业减按10%的所得税税率征收企业所得税。

【知识要点提醒】

自2015年1月1日至2017年12月31日，对年应纳税所得额低于20万元（含20万元）的小型微利企业，其所得减按50%计入应纳税所得额，按20%的税率缴纳企业所得税。

4.1.4 应纳税所得额的确定

应纳税所得额是指纳税人每一个纳税年度的收入总额减去准予扣除项目金额后的余额，其计算公式为：

应纳税所得额＝收入总额－不征税收入－免税收入－各项扣除－以前年度亏损

应纳税所得额与会计利润是两个不同的概念，两者既有联系，又有区别。应纳税所得额是一个税收概念，是根据《企业所得税法》按照一定的标准确定的、纳税人在一定时期内的计税所得，包括企业来源于中国境内、境外的全部生产经营所得和其他所得。而会计利润则是一个会计核算概念，反映的是企业一定时期内生产经营的财务成果。会计利润是确定应纳税所得额的基础，但不能等同于应纳税所得额。企业按照财务会计制度的规定计算出的会计利润，根据税法规定做相应的调整后，才能作为企业的应纳税所得额。

1. 收入总额

收入总额是指企业在生产经营活动中以及通过其他行为取得的各项收入的总和。企业的收入总额包括以货币形式和非货币形式从各种来源处取得的收入，具体有：销售货物收入，提供劳务收入，转让财产收入，股息、红利等权益性投资收益，利息收入，租金收入，特许权使用费收入，接受捐赠收入，以及其他收入。

企业取得的货币形式的收入包括现金、存款、应收账款、应收票据、准备持有至到期的债券投资以及债务的豁免等；纳税人以非货币形式取得的收入包括固定资产、生物资产、无形资产、股权投资、存货、不准备持有至到期的债券投资、劳务以及有关权益等。

(1) 销售货物收入，是指企业销售商品、原材料、包装物、低值易耗品以及其他存货取得的收入。

(2) 劳务收入，是指企业从事建筑安装、修理修配、交通运输、仓储租赁、金融保险、邮电通信、咨询经纪、文化体育、科学研究、技术服务、教育培训、餐饮住宿、中介代理、卫生保健、社区服务、旅游、娱乐、加工以及其他劳务服务活动取得的收入。

(3) 转让财产收入，是指企业转让固定资产、生物资产、无形资产、股权、债权等财产取得的收入。

【即学即用】 《企业所得税法》规定的转让财产收入包括转让（　　）。

A. 无形资产　　B. 存货　　C. 股权　　D. 债权

答案：ACD。

（4）股息、红利等权益性投资收益，是指企业因权益性投资从被投资方取得的收入。

（5）利息收入，是指企业将资金提供给他人使用但不构成权益性投资，或者因他人占用本企业资金取得的收入。

（6）租金收入，是指企业提供固定资产、包装物或者其他有形资产的使用权取得的收入。

（7）特许权使用费收入，是指企业提供专利权、非专利技术、商标权、著作权，以及其他特许权的使用权取得的收入。

（8）接受捐赠收入，是指企业接受的来自其他企业、组织或者个人无偿给予的货币性资产、非货币性资产。

（9）其他收入，是指企业取得的除以上收入外的其他收入，包括企业资产溢余收入、逾期未退还包装物押金收入、确实无法偿付的应付款项、已做坏账损失处理后又收回的应收款项、债务重组收入、补贴收入、违约金收入、汇兑收益等。

【即学即用】 下列属于《企业所得税法》规定的“其他收入”的项目有（　　）。

A. 债务重组收入　　B. 补贴收入　　C. 违约金收入　　D. 视同销售收入

答案：ABC。

（10）不征税收入包括财政拨款，依法收取并纳入财政管理的行政事业性收费、政府性基金，以及国务院规定的其他不征税收入。

（11）国债利息收入。为鼓励企业积极购买国债、支援国家建设，税法规定，企业因购买国债取得的利息收入，免征企业所得税。

（12）符合条件的居民企业之间的股息、红利等权益性收益，是指居民企业直接投资于其他居民企业取得的投资收益，免征企业所得税。该收益不包括连续持有居民企业公开发行并上市流通的股票不足12个月取得的投资收益。

（13）在中国境内设立机构、场所的非居民企业从居民企业取得与该机构、场所有实际联系的股息、红利等权益性投资收益，免征企业所得税。该收益不包括连续持有居民企业公开发行并上市流通的股票不足12个月取得的投资收益。

（14）符合条件的非营利组织从事非营利活动取得的收入，免征企业所得税。

【即学即用】 企业取得的下列收入，属于企业所得税免税收入的有（　　）。

A. 国债利息收入

B. 金融债券的利息收入

C. 居民企业直接投资于其他居民企业取得的投资收益

D. 在中国境内设立机构、场所的非居民企业连续持有居民企业公开发行并上市流通的股票1年以上取得的投资收益

答案：ACD。

2. 准予扣除项目

在计算应纳税所得额时准予从收入额中扣除的项目，是指纳税人每一个纳税年度发生的与取得应纳税收入有关的所有必要和正常的成本、费用、税金及损失等。

（1）成本，是指企业销售商品（产品、材料、下脚料、废料、废旧物资等）、提供劳

务、转让固定资产及无形资产（包括技术转让）的成本。

（2）费用，是指企业每一个纳税年度为生产经营商品和提供劳务等所发生的销售（经营）费用、管理费用和财务费用。

（3）税金，是指企业按规定缴纳的消费税、城市维护建设税、关税、资源税、土地增值税、房产税、车船税、土地使用税、印花税、教育费附加等营业税金及附加。

（4）损失，是指企业在生产经营活动中发生的固定资产和存货的盘亏、毁损、报废损失，转让财产损失，呆账损失，坏账损失，自然灾害等不可抗力因素造成的损失，以及其他损失。

（5）扣除的其他支出，是指企业在生产经营活动中发生的与生产经营活动有关的、合理的支出。

3. 部分扣除项目的具体范围和标准

（1）工资、薪金支出。企业发生的合理的工资、薪金支出准予据实扣除，包括基本工资、奖金、津贴、补贴、年终加薪、加班工资以及与任职或者受雇有关的其他支出。

（2）职工福利费、工会经费、职工教育经费。《企业所得税法》规定，上述三项经费分别按照工资、薪金总额的14%、2%、2.5%计算扣除。职工福利费、工会经费、职工教育经费按标准扣除，未超过标准的按实际数扣除，超过标准的只能按标准扣除；除国务院财政、税务主管部门另有规定外，企业发生的职工教育经费支出，不超过标准的部分准予扣除，超过部分准予结转以后纳税年度扣除。

（3）利息费用。非金融企业向金融企业借款的利息支出、金融企业的各项存款的利息支出和同业拆借利息支出、企业经批准发行债券的利息支出可据实扣除；非金融企业向非金融企业借款的利息支出，不超过按照金融企业同期同类贷款利息计算的数额部分可据实扣除，超过部分不允许扣除。

（4）业务招待费。企业发生的与生产经营活动有关的业务招待费支出，按照发生额的60%扣除，最高不得超过当年销售（营业）收入的5‰。

（5）广告费和业务宣传费。企业发生的符合条件的广告费和业务宣传费支出，除国务院财政、税务主管部门另有规定外，不超过当年销售（营业）收入15%的部分，准予扣除；超过部分，准予结转以后纳税年度扣除。

（6）公益性捐赠支出。公益性捐赠是指企业通过公益性社会团体或者县级以上人民政府及其部门，用于《中华人民共和国公益事业捐赠法》规定的公益事业的捐赠。企业发生的公益性捐赠支出，不超过年度利润总额12%的部分，准予扣除。年度利润总额是指企业依照国家统一会计制度的规定计算的年度会计利润。

对化妆品制造与销售、医药制造和饮料制造（不含酒类制造）企业发生的广告费和业务宣传费支出，不超过当年销售（营业）收入30%的部分，准予扣除；超过部分，准予在以后纳税年度结转扣除。烟草企业的烟草广告费和业务宣传费支出，一律不得在计算应纳税所得额时扣除。

（7）保险费。企业参加财产保险，按照规定缴纳的保险费，准予扣除。

（8）租赁费。

①以经营租赁方式租入固定资产发生的租赁费支出，按照租赁期限均匀扣除。

②以融资租赁方式租入固定资产发生的租赁费支出，按照规定，构成融资租入固定资产价值的部分应当提取折旧费用，分期扣除。

(9) 有关资产的费用。企业转让各类固定资产发生的费用，允许扣除。企业按规定计算的固定资产折旧费、无形资产和递延资产的摊销费，准予扣除。

(10) 资产损失。企业当期发生的固定资产和流动资产盘亏、毁损净损失，由其提供清查盘存资料，经主管税务机关审核后，准予扣除；企业因存货盘亏、毁损、报废等原因不得从销项税额中抵扣的进项税额，应视同企业财产损失，准予与存货损失一起在计算所得税前按规定扣除。

(11) 依照有关法律、行政法规和国家有关税法规定准予扣除的其他项目，如会员费、合理的会议费、差旅费、违约金、诉讼费等。

4. 不得扣除的项目

在计算应纳税所得额时，下列支出不得扣除：

(1) 向投资者支付的股息、红利等权益性投资收益款项。

(2) 企业所得税税款。

(3) 税收滞纳金。

(4) 罚金、罚款和被没收财物的损失。

(5) 超过规定标准的捐赠支出。

(6) 赞助支出。

(7) 未经核定的准备金支出。

(8) 企业之间支付的管理费、企业内营业机构之间支付的租金和特许权使用费以及非银行企业内营业机构之间支付的利息，不得扣除。

(9) 与取得收入无关的其他支出。

【即学即用】 在计算应纳税所得额时不得扣除的项目是（ ）。

A. 为企业子女入托支付给幼儿园的赞助支出

B. 利润分红支出

C. 企业违反销售协议被采购方索取的罚款

D. 违反食品卫生法被政府处以的罚款

答案：ABD。

5. 弥补亏损

可以弥补的亏损是企业财务报表中的亏损额经主管税务机关按税法规定核实调整后的金额，不是企业财务报表中反映的亏损额。亏损是指企业依照《企业所得税法》和《中华人民共和国企业所得税法实施条例》（以下简称《企业所得税法实施条例》）的规定，将每一纳税年度的收入总额减去不征税收入、免税收入和各项扣除后小于零的数额。税法规定，企业某一纳税年度发生的亏损可以用下一年度的所得弥补，下一年度的所得不足以弥补的，可以逐年延续弥补，但最长不得超过5年。此外，企业在汇总计算、缴纳企业所得税时，其境外营业机构的亏损不得抵减境内营业机构的盈利。

【小思考】 企业所得税法中所指的亏损与利润表的亏损有什么不同？

4.2 所得税会计基础

4.2.1 资产负债观与收入费用观

资产负债观是指在制定会计准则时，首先定义并规范由该类交易或事项产生的相关资产和负债或其对相关资产和负债造成的影响，再根据资产和负债的变化确认收益，重点是规范资产和负债的定义、确认和计量；因此，资产负债表成为报表体系中的第一报表，应力求其信息的完整、可靠，利润表仅是资产负债表的一张附表。

在收入费用观下，会计准则制定机构在准则制定过程中，首先考虑对与某类交易或事项相关的收入和费用进行直接确认及计量，财务会计处理的重心放在利润表中的各要素上，收益的确认和计量是准则规范的首要内容，资产和负债的确认及计量依附于收入及费用，资产负债表也就成为重要性次于利润表的第二报表。

4.2.2 资产负债表债务法的理论基础

资产负债表债务法要求企业将所有符合资产、负债定义及确认条件的资产、负债在资产负债表内确认。

从资产负债角度考虑，资产的账面价值代表的是某项资产在持续持有及最终处置的一定期间内为企业带来经济利益的总额，而其计税基础代表的是该期间内按照税法规定就该项资产可以税前扣除的总额。资产的账面价值小于其计税基础的，该差额可抵减未来期间的应纳税所得额，减少未来以应缴所得税的方式流出企业的经济利益，应确认为递延所得税资产；反之，资产的账面价值大于其计税基础的，两者之间的差额会增加企业未来期间的应纳税所得额，对企业形成经济利益流出的义务，应确认为递延所得税负债。

【小思考】 我国新《企业会计准则》采用资产负债表债务法的原因是什么？

4.2.3 所得税会计的技术方法

在采用资产负债表债务法核算所得税的情况下，企业一般应于每一资产负债表日进行所得税的核算。企业合并等特殊交易或事项发生时，在确认因交易或事项取得的资产、负债时，应确认相关的所得税影响。

1. 直接法

直接法是按照税法规定的范围和标准，确定法定收入和税法允许扣除的成本、费用、损失的金额，然后据以计算应纳税所得额，进而计算应纳所得税的方法。

应纳税所得额＝收入总额－准予扣除项目金额

＝收入总额－不征税收入－免税收入－各项扣除金额－弥补亏损

2. 间接法

间接法是在分析财务会计核算资料中与税法规定不符的收入、成本、费用、损失等项目及其金额后，将会计利润调整为应纳税所得额，进而计算所得税的方法。

应纳税所得额＝会计利润总额＋纳税调增项目－纳税调减项目

4.2.4 资产、负债的计税基础

所得税会计的关键在于确定资产、负债的计税基础。在确定资产、负债的计税基础时，应严格遵循税收法规中对于资产的税务处理以及关于可税前扣除的费用等的规定。

1. 资产的计税基础

资产的计税基础是指企业在收回资产账面价值的过程中，计算应纳税所得额时按照税法规定可以从应税经济利益中扣除的金额，即一项资产在未来计税时按照税法规定可以从税前扣除的金额。

资产在初始确认时，其计税基础一般为取得成本，即企业为取得某项资产支付的成本在未来准予税前扣除。在资产持续持有的过程中，其计税基础是指资产的取得成本减去以前按照税法规定已税前扣除的金额后的余额。例如，固定资产、无形资产在某一资产负债表日的计税基础是指其成本扣除按照税法规定已在以前期间税前扣除的累计折旧或累计摊销额后的金额。

【即学即用】 A公司当期发生研究开发支出共计500万元，其中，研究阶段支出100万元，开发阶段不符合资本化条件的支出120万元，开发阶段符合资本化条件的支出280万元，假定A公司开发形成的无形资产在当期达到预定用途，并在当期摊销20万元。会计摊销方法、摊销年限和残值均符合税法规定。A公司当期期末无形资产的计税基础为（　　）万元。

A. 0　　B. 260　　C. 130　　D. 390

答案：D。

［解析］　A公司当期期末无形资产的账面价值为260万元（＝280－20），计税基础为390万元（＝260×150%）。

2. 负债的计税基础

负债的计税基础是指负债的账面价值减去未来计算应纳税所得额时按照税法规定可予以抵扣的金额。其计算公式为：

负债的计税基础＝账面价值－未来期间按照税法规定可予以税前扣除的金额

负债的确认与偿还一般不会影响企业损益，也不会影响其应纳税所得额，未来计算应纳税所得额时按照税法规定可予以扣除的金额为零，则计税基础就是账面价值。但是，在某些情况下，负债的确认可能会影响企业损益，进而影响不同期间的应纳税所得额，使得其计税基础与账面价值之间产生差额，如按照会计规定确认的某些预计负债。

4.2.5 暂时性差异

暂时性差异是指资产、负债的账面价值与其计税基础不同产生的差异。因资产、负债的账面价值与其计税基础不同，产生了在未来收回资产或清偿负债的期间内，应纳税所得额增加或减少并导致未来期间应交所得税增加或减少的情况，形成企业的资产和负债。在有关暂时性差异发生当期、符合确认条件的情况下，应当确认相关的递延所得税负债或递延所得税资产。

按照暂时性差异对未来期间应税金额的影响，分为应纳税暂时性差异和可抵扣暂时性差异。除因资产、负债的账面价值与其计税基础不同产生的暂时性差异以外，按照税法规定可以结转以后年度的未弥补亏损和税款抵减，也视同可抵扣暂时性差异处理。

1. 应纳税暂时性差异

应纳税暂时性差异是指在确定未来收回资产或清偿负债期间的应纳税所得额时，将导致产生应纳税金额的暂时性差异。

应纳税暂时性差异通常产生于以下情况：

(1) 资产的账面价值大于计税基础。资产的账面价值代表的是企业在持续使用或最终出售该项资产时将取得的经济利益的总额，而计税基础代表的是资产在未来期间可予以税前扣除的总金额。当资产的账面价值大于计税基础时，该项资产未来期间产生的经济利益不能全部税前抵扣，两者之间的差额需要交税，因而产生应纳税暂时性差异。例如，一项资产的账面价值为450万元，计税基础为400万元，两者之间的差额会造成未来期间应交所得税的增加，所以在其产生当期应确认相关的递延所得税负债。

(2) 负债的账面价值小于计税基础。负债的账面价值为企业预计在未来期间清偿该项负债时的经济利益流出，而计税基础代表的是账面价值在扣除税法规定未来期间允许税前扣除的金额之后的差额。若负债的账面价值小于其计税基础，则表示该项负债在未来期间可以税前扣除的金额为负数，即应在未来期间应纳税所得额的基础上调增，也就是增加未来期间的应纳税所得额和应交所得税金额，从而产生应纳税暂时性差异，应确认相关递延所得税负债。

[案例4—1] 某公司2011年12月31日某设备的账面价值为15万元，重估的公允价值为25万元，会计和税法上都是按直线法计提折旧，剩余使用年限为5年，净残值为零。税法按账面价值计提折旧，会计按重估价值计提折旧，计算2014年12月31日应纳税暂时性差异的余额。

[解析]

2014年12月31日设备的账面价值 $=25-25\div5\times3=10$(万元)

计税基础 $=15-15\div5\times3=6$(万元)

应纳税暂时性差异的余额 $=10-6=4$(万元)

2. 可抵扣暂时性差异

可抵扣暂时性差异是指在确定未来收回资产或清偿负债期间的应纳税所得额时，将导致产生可抵扣金额的暂时性差异。

可抵扣暂时性差异一般产生于以下情况：

(1) 资产的账面价值小于计税基础。当资产的账面价值小于计税基础时，意味着资产在未来期间产生的经济利益少，按照税法规定允许税前扣除的金额多，两者之间的差额可以减少企业在未来期间的应纳税所得额并减少应交所得税，因而应确认相关的递延所得税资产。例如，一项资产的账面价值为600万元，计税基础为680万元，则未来期间应纳税所得额和应交所得税会减少，形成可抵扣暂时性差异。

（2）负债的账面价值大于计税基础。负债的账面价值大于计税基础，意味着按照税法规定与负债相关的全部或部分支出可以从未来应税经济利益中扣除，减少未来期间的应纳税所得额和应交所得税。符合有关确认条件时，应确认相关的递延所得税资产。

3. 特殊项目产生的暂时性差异

（1）未作为资产、负债确认的项目产生的暂时性差异。某些交易或事项发生以后，因为不符合资产、负债确认条件而未体现为资产负债表中的资产或负债，但按照税法规定能够确定计税基础的，其账面价值与计税基础之间的差异也构成暂时性差异。企业发生的符合条件的广告费和业务宣传费支出，除另有规定外，不超过当年销售收入15%的部分，准予扣除；超过部分，准予在以后纳税年度结转扣除。该类费用在发生时按照会计准则规定应计入当期损益，不形成资产负债表中的资产，但按照税法规定可以确定计税基础的，两者之间的差异也形成暂时性差异。

［案例4—2］ A公司2014年度发生了1 000万元的广告费支出，发生时已作为销售费用计入当期损益。A公司当年实现销售收入5 000万元。税法规定，能当年税前扣除的广告费金额为750万元（=5 000×15%），请问是否形成暂时性差异？

［解析］ 当期未予税前扣除的250万元可以向以后年度结转，其计税基础为250万元。该项资产的账面价值0与其计税基础250万元之间产生了250万元的暂时性差异，该暂时性差异在未来期间可减少企业的应纳税所得额，为可抵扣暂时性差异，符合确认条件时，应确认为相关的递延所得税资产。

（2）可抵扣亏损及税款抵减产生的暂时性差异。按照税法规定可以结转以后年度的未弥补亏损及税款抵减，虽不是因资产、负债的账面价值与计税基础不同产生的，但与可抵扣暂时性差异具有同样的作用，均能减少未来期间的应纳税所得额，进而减少未来期间的应交所得税，在会计处理上视同可抵扣暂时性差异，在符合条件的情况下，应确认与其相关的递延所得税资产。例如，A公司于2014年发生亏损1 000万元，按照税法规定，该亏损可用于抵减以后5个年度的应纳税所得额。该亏损不是资产、负债的账面价值与其计税基础不同产生的，但从性质上看，可以减少未来期间的应纳税所得额和应交所得税，属于可抵扣暂时性差异。当企业预计未来期间能够产生足够的应纳税所得额来利用该可抵扣的亏损时，应确认相关的递延所得税资产。

4.3 资产负债表债务法

资产负债表债务法是对暂时性差异进行跨期核算的会计方法。由于暂时性差异产生于资产和负债的账面金额与计税基础之差，因而资产负债表债务法是从资产负债表出发的，所以核算的递延所得税资产和负债必然符合资产和负债的定义。

资产负债表债务法的核算程序如下：

(1) 计算当期应缴纳的所得税。

(2) 确定资产、负债的账面价值和计税基础。

(3) 比较资产、负债的账面价值和计税基础，确定暂时性差异。

(4) 根据暂时性差异的情况，确定本期递延所得税资产和递延所得税负债的期末余额，并根据期初余额情况作出相应的会计处理。

4.3.1 递延所得税负债的确认和计量

企业应该将当期和以前期间应交未交的所得税确认为负债。当企业资产的账面价值大于计税基础或负债的账面价值小于计税基础，从而产生应纳税暂时性差异时，企业应该将其确认为负债，作为递延所得税负债加以处理。在确认递延所得税负债的同时，应增加利润表中的所得税费用。所得税准则规定，在资产负债表日，对于递延所得税负债，应当根据相关税法规定，按照预期收回该项资产或清偿该项负债期间的适用税率计量，即递延所得税负债应以相关应纳税暂时性差异转回期间适用的所得税税率计量。

1. 除所得税准则中明确规定不可确认递延所得税负债的情况外，企业对于所有的应纳税暂时性差异均应确认相关的递延所得税负债

[案例4—3] 某企业于2013年1月1日开业，2013年和2014年免征企业所得税，从2015年开始适用25%的企业所得税税率。某设备于2013年开始计提折旧，2013年12月31日的账面价值为8 200万元，计税基础为6 000万元；2014年12月31日的账面价值为6 000万元，计税基础为3 600万元。计算2014年应确认的递延所得税负债发生额。①

[解析]

2013年12月31日递延所得税负债余额=(8 200－6 000)×25%=550(万元)
2013年12月31日递延所得税负债发生额=550(万元)
2014年12月31日递延所得税负债余额=(6 000－3 600)×25%=600(万元)
2014年12月31日递延所得税负债发生额=600－550=50(万元)

2. 不确认递延所得税负债的特殊情况

在有些情况下，虽然资产、负债的账面价值与计税基础不同，产生了应纳税暂时性差异，但出于各方面考虑，所得税准则中规定不确认相应的递延所得税负债，主要包括：

一是商誉的初始确认。

二是同时具有下列特征的交易中产生的资产或负债的初始确认：该项交易不是企业合并；交易发生时既不影响会计利润，也不影响应纳税所得额（或可抵扣亏损）。

此外，企业对与子公司、联营企业及合营企业投资相关的应纳税暂时性差异，应当确

① 根据《国家税务总局关于企业所得税应纳税所得额若干问题的公告》（财税［2014］29号）的规定，企业固定资产会计折旧年限如果长于税法规定的最低折旧年限，其折旧应按会计折旧年限计算扣除，税法另有规定的除外。

认相应的递延所得税负债。但是，同时满足下列条件的除外：

第一，投资企业能够控制暂时性差异转回的时间；

第二，该暂时性差异在可预见的未来很可能不会转回。

4.3.2 递延所得税资产的确认和计量

企业应该将已支付的所得税超过应支付的部分确认为资产。当企业资产的账面价值小于计税基础，或负债的账面价值大于计税基础，从而产生可抵扣暂时性差异时，企业应该将其确认为资产，作为递延所得税资产加以处理。在确认递延所得税资产时，应当以预期收回该资产期间的适用所得税税率为基础计算确定。

企业应当以很可能取得用来抵扣可抵扣暂时性差异的应纳税所得额为限，确认由可抵扣暂时性差异产生的递延所得税资产。但是，同时具有下列特征的交易中因资产或负债的初始确认所产生的递延所得税资产不予确认：

（1）该项交易不是企业合并；

（2）交易发生时既不影响会计利润，也不影响应纳税所得额（或可抵扣亏损）。

资产负债表日，有确凿证据表明未来期间很可能获得足够的应纳税所得额来抵扣可抵扣暂时性差异的，应当确认以前期间未确认的递延所得税资产。

企业对与子公司、联营企业及合营企业投资相关的可抵扣暂时性差异，同时满足下列条件的，应当确认相应的递延所得税资产：

（1）暂时性差异在可预见的未来很可能转回；

（2）未来很可能获得用来抵扣可抵扣暂时性差异的应纳税所得额。

例如，S企业进行内部研究与开发所形成的无形资产成本为1 200万元，因为按照税法规定可在未来期间税前扣除的金额为1 800万元，故其计税基础为1 800万元。该项无形资产并非产生于企业合并，同时在初始确认时既不影响会计利润，也不影响应纳税所得额，会计准则规定，在这种情况下不确认相关的递延所得税。

4.3.3 所得税费用的确认和计量

在用资产负债表债务法核算的情况下，利润表中的所得税费用包括当期所得税费用和递延所得税费用两部分。

1. 当期所得税

当期所得税是指企业按照税法规定计算确定的针对当期发生的交易和事项，应缴纳给税务部门的所得税金额，即当期应缴所得税。一般情况下，应纳税所得额可在会计利润的基础上考虑会计与税法之间的差异，按照以下公式计算确定：

$$应纳税所得额=会计利润\pm按税法纳税调整项目金额\pm其他需要调整金额$$

2. 递延所得税

递延所得税是指按照所得税准则规定当期应予以确认的递延所得税资产和递延所得税负债金额。计算公式如下：

递延所得税＝(递延所得税负债的期末余额－递延所得税负债的期初余额)－(递延所得税资产的期末余额－递延所得税资产的期初余额)

3. 所得税费用

在计算确定了当期所得税及递延所得税以后，利润表中应予以确认的所得税费用为两者之和，即：

所得税费用＝当期所得税＋递延所得税

[案例4—4] 某企业持有一项交易性金融资产，成本为2 000万元，期末公允价值为2 500万元。该企业适用的所得税税率为25%，递延所得税资产和递延所得税负债不存在期初余额。

[解析]

(1) 应纳税暂时性差异为：

交易性金融资产的账面价值＝2 500(万元)
计税基础＝2 000(万元)
应纳税暂时性差异＝500(万元)

对于交易性金融资产产生的500万元应纳税暂时性差异，应确认125万元递延所得税负债。

会计分录为：

借：所得税费用——递延所得税费用 1 250 000
　贷：递延所得税负债 1 250 000

(2) 假设资产负债表日根据应纳税暂时性差异计算的递延所得税负债为125万元，而期初递延所得税科目的贷方余额为100万元。

会计分录为：

借：所得税费用——递延所得税费用 250 000
　贷：递延所得税负债 250 000

(3) 假设期初递延所得税负债科目的余额为160万元。

会计分录为：

借：递延所得税负债 350 000
　贷：所得税费用——递延所得税费用 350 000

[案例4—5] 某企业在当期确认了200万元负债，计入当期损益。假定按照税法规定，与确认该负债相关的费用在实际发生时准予税前扣除。该负债的计税基础为零，其账面价值与计税基础之间形成可抵扣暂时性差异200万元。该企业适用的所得税税率为25%，递延所得税资产和递延所得税负债不存在期初余额。

[解析]

(1) 对于负债产生的200万元可抵扣暂时性差异，应确认50万元递延所得税资产。

会计分录为：

借：递延所得税资产 500 000
　贷：所得税费用——递延所得税费用 500 000

（2）假设期初递延所得税资产科目的借方余额为 20 万元，则本期递延所得税资产发生额为 300 000 元。

会计分录为：

借：递延所得税资产　　300 000

　贷：所得税费用——递延所得税费用　　300 000

（3）假设递延所得税资产科目期初借方余额为 60 万元，则本期递延所得税资产贷方发生额为 100 000 元。

会计分录为：

借：所得税费用——递延所得税费用　　100 000

　贷：递延所得税资产　　100 000

［案例 4—6］ 某公司 2012 年 12 月购入一台设备，原值 240 万元，预计使用年限为 3 年，净残值为零，按直线法计提折旧。2013 年 12 月 31 日，计提固定资产减值准备 20 万元。计提减值准备后，原预计使用年限和预计净残值不变。假设所得税税率为 25%。

［解析］ 各年末固定资产账面价值和计税基础等见表 4—1。

表 4—1　设备账面价值和计税基础　　单位：万元

	2012 年末	2013 年末	2014 年末	2015 年末（已清理）
固定资产原值	240	240	240	0
减：累计折旧	0	80	150	0
减：减值准备	0	20	20	0
固定资产账面价值	240	140	70	0
固定资产原值	240	240	240	0
减：税法累计折旧	0	80	160	0
固定资产计税基础	240	160	80	0
可抵扣暂时性差异	0	20（160－140）	10（80－70）	0
递延所得税资产余额	0	5（20×25%）	2.5（5－10×25%）	0

注：会计每年计提折旧额：

2013 年＝(240－0)/3＝80（万元）

2014 年＝(140－0)/2＝70（万元）

2015 年＝(70－0)/1＝70（万元）

税法折旧额：每年都是 80 万元。

该公司每年末所得税会计分录如下：

2013 年：

借：递延所得税资产　　50 000

　贷：所得税费用——递延所得税费用　　50 000

2014 年：

借：所得税费用——递延所得税费用　　25 000

贷：递延所得税资产　　25 000

2015 年：

借：所得税费用——递延所得税费用　　25 000

贷：递延所得税资产　　25 000

4.4 资产的会计核算与纳税调整

4.4.1 资产的税务处理

1. 资产的计税基础

资产的计税基础是指企业在收回资产账面价值过程中，计算应纳税所得额时按照税法规定可以自应税经济利益中抵扣的金额，即某一项资产在未来计税时按照税法规定可以税前扣除的金额。

在会计处理上，资产在初始确认时，其计税基础一般为取得成本，即企业为取得某项资产支付的成本在未来期间准予税前扣除的金额。在资产被持续持有的过程中，其计税基础是指资产的取得成本减去以前按照税法规定已经税前扣除的金额后的余额。如固定资产、无形资产等长期资产在某一资产负债表日的计税基础是指按照税法规定已经扣除累计折旧额或累计摊销额后的金额。

在税务处理上，《企业所得税法实施条例》第五十六条规定，企业的各项资产，包括固定资产、生物资产、无形资产、长期待摊费用、投资资产、存货等，以历史成本为计税基础。企业持有各项资产期间的资产增值或者减值，除国务院财政、税务主管部门规定可以确认损益外，不得调整该资产的计税基础。将历史成本作为资产的计税基础。首先，考虑到历史成本是发生交易时的实际成本，是由客观经济业务所确定的，不涉及主观因素，经得起检验；其次，考虑到税收征管实践的需要，因为只有历史成本是固定的，花费的资源成本较低，有利于税收征管。

一般情况下，资产在取得时，其入账价值与计税基础是相同的；在后续计量过程中，因企业会计准则与税法规定的不同，可能产生资产的账面价值与其计税基础之间的差异。

例如，企业持有一项交易性金融资产，在会计处理上，资产负债表日其账面价值是历史成本加上公允价值变动损益后的余额。但按税法规定，该公允价值变动损益并不计入应纳税所得额，因而其计税基础不变，仍为历史成本，就与会计上出现了差异。又如，企业拥有一项存货，在拥有期间，由于市场因素变化，存货的价格降低，企业按会计准则规定提取了存货跌价准备，因而该存货的账面价值为历史成本减去存货跌价准备。但按税法规定，企业提取的存货跌价准备不能税前扣除，因而该存货的计税基础仍为历史成本，从而与其账面价值产生了差异。再如，企业拥有一项固定资产，会计按照双倍余额递减法计提折旧，税法规定按照直线法计提折旧，此时，该固定资产的账面价值为历史成本减去按会计准则提取的折旧，但其计税基础却为历史成本减去按税法规定可以计提的折旧，由于可以提取的折旧不同，因而其计税基础与账面价值不同。

2. 资产减值准备、风险准备的涉税规定

《企业所得税法》第十条第七款规定，在计算应纳税所得额时，未经核定的准备金支出不得扣除。《企业所得税法实施条例》第五十五条规定，未经核定的准备金支出是指不符合国务院财政、税务主管部门规定的各项资产减值准备、风险准备等准备金支出。这里需要明确的是，企业所提取的减值准备、风险准备等准备金的税前扣除比例，在国务院财政、税务主管部门的规定条件和标准范围内的，才允许税前扣除，否则一律不得扣除。

财务会计制度规定，基于资产的真实性和谨慎性原则考虑，为防止企业虚增资产或者虚增利润，保证因市场变化、科学技术进步或者经营管理不善等原因导致企业资产实际价值的变动能够得到真实反映，要求企业合理地预计各项资产可能发生的损失，提取准备金。

税法上一般不允许企业提取各种形式的准备金，主要基于以下考虑：一是企业所得税税前允许扣除的项目，原则上必须遵循真实发生的据实扣除原则，企业只有实际发生的损失才允许在税前扣除。二是由于市场复杂多变，各行业因市场风险不同，税法难以对各种准备金规定一个合理的提取比例；如果规定统一比例，会导致税负不公。三是企业提取的各种准备金实际上是为了减少市场经营风险，但这种风险应由企业自己承担，不应转嫁到国家身上。

4.4.2 金融资产的涉税会计处理

金融资产属于企业资产的重要组成部分，主要包括库存现金、银行存款、应收账款、应收票据、其他应收款项、股权投资、债权投资和衍生工具形成的资产。企业的金融资产分为以下几类：(1) 以公允价值计量且其变动计入当期损益的金融资产；(2) 持有至到期投资；(3) 贷款和应收款项；(4) 可供出售的金融资产。

1. 以公允价值计量且其变动计入当期损益的金融资产

以公允价值计量且其变动计入当期损益的金融资产，可以进一步分为交易性金融资产和指定以公允价值计量且其变动计入当期损益的金融资产。

根据会计准则的规定，以公允价值计量且其变动计入当期损益的金融资产在初始确认时，应按公允价值计量，相关交易费用应当直接计入当期损益。在资产负债表日，企业应将以公允价值计量且其变动计入当期损益的金融资产或金融负债的公允价值变动计入当期损益。处置该金融资产或金融负债时，其公允价值与初始入账金额之间的差额应确认为投资收益，同时调整公允价值变动损益。税法规定，企业以公允价值计量的金融资产、金融负债以及投资性房地产等，持有期间公允价值的变动不计入应纳税所得额，在实际处置或结算时，处置取得的价款扣除其历史成本后的差额应计入处置或结算期间的应纳税所得额。由于税法与会计准则对此的规定不同，造成在公允价值变动的情况下，以公允价值计量的金融资产账面价值与计税基础之间的差异。

[案例 4—7] 2014 年 5 月 13 日，甲公司支付 1 000 000 元从二级市场购入乙公司发

行的股票 100 000 股，每股价格 10 元，另外支付交易费用 2 000 元。甲公司将持有的乙公司的股票划为交易性金融资产。2014 年 12 月 31 日，乙公司的股票价格涨到每股 12 元；2015 年 9 月 30 日，甲公司将持有的乙公司股票全部售出，每股售价 15 元。

[解析]　其会计分录为：

(1) 2014 年 5 月 13 日，购入乙公司的股票。

借：交易性金融资产——成本　　1 000 000

　　投资收益　　2 000

　贷：银行存款　　1 002 000

纳税调整：企业购入的交易性金融资产的计税基础应按历史成本记账，即购买所发生的全部实际支出为 1 002 000 元，其账面价值为 1 000 000 元，产生可抵扣暂时性差异 2 000元。调增应纳税所得额 2 000 元。

在资产负债表日，递延所得税资产为 500 元（=2 000×25%）。

借：递延所得税资产　　500

　贷：所得税费用　　500

(2) 2014 年 12 月 31 日，确认股票价格变动。

借：交易性金融资产——公允价值变动　　200 000

　贷：公允价值变动损益　　200 000

纳税调整：根据税法规定，该资产的公允价值变动不计入应纳税所得额，调减应纳税所得额 200 000 元，资产的计税基础仍为 1 002 000 元，其账面价值为 1 200 000 元，产生应纳税暂时性差异 198 000 元。

在资产负债表日，递延所得税负债为 49 500 元（=198 000×25%），则所得税费用为 50 000 元(=49 500－(0－500))。

借：所得税费用　　50 000

　贷：递延所得税负债　　49 500

　　　递延所得税资产　　500

(3) 2015 年 9 月 30 日，将乙公司股票全部售出。

借：银行存款　　1 500 000

　　公允价值变动损益　　200 000

　贷：交易性金融资产——成本　　1 000 000

　　　交易性金融资产——公允价值变动　　200 000

　　　投资收益　　500 000

纳税调整：在资产负债表日，该项资产的账面价值和计税基础均为 0，递延所得税负债无余额，调增应纳税所得额 198 000 元（=200 000－2 000）。因此需转销递延所得税负债 49 500 元。

在资产负债表日，转回递延所得税负债 49 500 元：

借：递延所得税负债　　49 500

　贷：所得税费用　　49 500

2. 持有至到期投资

持有至到期投资是指到期日固定、回收金额固定或可确定，且企业有明确意图和能力持有至到期的非衍生性金融资产。

持有至到期投资在初始确认时，应当以公允价值和相关交易费用之和作为初始入账金额。实际支付的价款中包括的已到付息期但尚未领取的债券利息，应单独确认为应收项目。企业应当采用实际利率法，按摊余成本对持有至到期投资进行后续计量。在处置持有至到期投资时，应将所取得的价款与持有至到期投资账面价值之间的差额计入当期损益。

[案例 4—8] 2014 年 1 月 1 日，A 公司支付 1 075 元（含交易费用）从活跃市场上购入某公司 2 年期债券，面值 1 200 元，票面利率 4%，按年支付利息，即每年 48 元，本金最后一次性支付。A 公司将其划为持有至到期投资。

[解析] 该债券实际利率 r 的计算为：

$$48\times(1+r)^{-1}+(48+1\,200)\times(1+r)^{-2}=1\,075$$

解得：

$$r=10\%$$

因此，2014 年期初摊余成本为 1 075 元。

2014 年按实际利率计算的利息收入 = 1 075×10% = 107.5(元)

2014 年现金流入 = 48(元)

2014 年期末摊余成本 = 1 075 + 107.5 − 48 = 1 134.5(元)

因此，2015 年期初摊余成本为 1 134.5 元。

2015 年按实际利率计算的利息收入 = 1 134.5×10% = 113.5(元)

2015 年现金流入 = 1 248(元)

有关会计分录及纳税调整如下：

(1) 2014 年 1 月 1 日，购入债券。

借：持有至到期投资——成本　　1 200

　贷：银行存款　　1 075

　　　持有至到期投资——利息调整　　125

根据税法规定，持有至到期投资的成本按历史成本计量，即 1 075 元，其账面价值亦为 1 075 元（= 1 200 − 125），因此无须纳税调整。

(2) 2014 年 12 月 31 日，确认实际利息收入，收到票面利息等。

借：应收利息　　48

　　持有至到期投资——利息调整　　59.5

　贷：投资收益　　107.5

借：银行存款　　48

　贷：应收利息　　48

纳税调整：会计确认的投资收益为 107.5 元，税法确认的投资收益为 48 元，应调减应纳税所得额 59.5 元。

持有至到期投资的账面价值为 1 134.5 元（= 1 075 + 59.5），其计税基础仍为 1 075 元，产生应纳税暂时性差异 59.5 元。

递延所得税负债 = 59.5×25% = 14.88(元)

借：所得税费用　　14.88

　贷：递延所得税负债　　14.88

(3) 2015年12月31日，确认实际利息，收到票面利息和本金等。

借：应收利息　　48

　　持有至到期投资——利息调整　　65.5

　贷：投资收益　　113.5

借：银行存款　　48

　贷：应收利息　　48

借：银行存款　　1 200

　贷：持有至到期投资——成本　　1 200

纳税调整：会计确认的投资收益为113.5元，税法确认的投资收益为173元（=1 200+48－1 075），应调增应纳税所得额59.5元。

持有至到期投资的计税基础为0元，账面价值为0元，期末递延所得税负债余额为0元，应转销期初余额14.88元。

$$递延所得税负债=(65.5-125)\times 25\%=-14.88(元)$$

借：递延所得税负债　　14.88

　贷：所得税费用　　14.88

3. 贷款和应收款项

贷款和应收款项是指在活跃市场中没有报价、回收金额固定或可确定的非衍生性金融资产。

根据企业会计制度的规定，企业对应收款项采用备抵法核算坏账损失，坏账准备的计提方法和计提比例由企业自行确定。而在税务处理方面，对于金融企业贷款所提取的减值准备、风险准备等准备金的税前扣除比例，在国务院财政、税务主管部门的规定条件和标准范围内的，才允许税前扣除；否则，一律不得扣除。对于非金融企业计提的应收款项的坏账准备、委托贷款减值准备等，一律不得在税前扣除。在账面价值和计税基础不一致的情况下，应进行纳税调整。

[案例4—9]　A公司2014年12月31日应收账款余额为1 000万元，该公司期末对应收账款计提了100万元的坏账准备。

税法规定，该项坏账准备不得在税前扣除。

应收账款的期末账面价值为900万元（=1 000－100），而其计税基础仍为1 000万元，产生可抵扣暂时性差异100万元，调增应纳税所得额100万元。

[解析]

$$2014年度递延所得税资产=100\times 25\%=25(万元)$$

其会计分录为：

借：递延所得税资产　　250 000

　贷：所得税费用　　250 000

4. 企业持有的可供出售的金融资产

可供出售的金融资产是指在初始确认时就被指定为可供出售的非衍生性金融资产。

可供出售的金融资产在初始确认时，相关交易费用计入初始入账金额；在资产负债表日，其公允价值的变动计入其他综合收益；可供出售金融资产发生减值时，即使该金融资产没有终止确认，原直接计入其他综合收益中的因公允价值下降形成的累计损失，也应当予以转出，计入当期损益（资产减值损失）；在处置可供出售的金融资产时，应将取得的价款与该金融资产账面价值之间的差额计入投资损益，同时将原直接计入所有者权益的公允价值变动累计额对应处置部分的金额转出，计入投资损益。

企业持有的可供出售的金融资产计税基础的确定，与以公允价值计量且其变动计入当期损益的金融资产类似，可比照处理。由于可供出售金融资产公允价值的变动计入资本公积，因此该事项所产生的递延所得税资产或递延所得税负债及其变化亦应计入所有者权益，不构成利润表中的递延所得税费用。

［案例 4—10］ A 公司 2014 年 5 月 15 日从二级市场购入股票 100 000 股，每股市价 10 元，手续费 2 000 元；初始确认时，该股票被划分为可供出售的金融资产。A 公司 2014 年 12 月 31 日仍持有该股票，该股票当时的市价为 15 元。A 公司 2015 年 8 月 1 日将该股票售出，售价为每股 12 元，另外支付交易税费 3 600 元。假定不考虑其他因素，请作出相应的会计处理。

［解析］ （1）2014 年 5 月 15 日，购入股票：

借：可供出售金融资产——成本　　1 002 000
　贷：银行存款　　1 002 000

（2）2014 年 12 月 31 日，确认股票价格变动：

借：可供出售金融资产——公允价值变动　　498 000
　贷：其他综合收益　　498 000

纳税调整：按照会计准则的规定，该项金融资产在会计期末应以公允价值计量，其账面价值应为期末公允价值 1 500 000 元；因税法规定资产在持有期间的公允价值变动不计入应纳税所得额，所以该项可供出售金融资产的期末计税基础应维持原取得成本不变，为 1 002 000 元。由于该项交易产生应纳税暂时性差异 498 000 元，应确认递延所得税负债 124 500元（=498 000×25%）。但该可供出售金融资产的变动计入其他综合收益，由此确认的递延所得税负债也计入其他综合收益，不影响所得税费用，也无须作纳税调整。

（3）2015 年 8 月 1 日，出售股票：

借：银行存款　　1 196 400
　　资本公积——其他资本公积　　498 000
　贷：可供出售金融资产——成本　　1 002 000
　　　可供出售金融资产——公允价值变动　　49 8000
　　　投资收益　　194 400

纳税调整：出售后，该项金融资产的计税基础为 0，企业的账面价值为 0，应把确认的递延所得税负债转回，同样不影响所得税费用，也无须作纳税调整。

借：递延所得税负债　　124 500
　贷：其他综合收益　　124 500

4.4.3 存货的会计处理与纳税调整

存货是指企业在日常活动中持有以备出售的产成品或商品、处在生产过程中的在产品、在生产过程或提供劳务过程中耗用的材料、物资等。

企业取得存货，应当按照成本进行计量。存货成本包括采购成本、加工成本和其他成本三个组成部分。

企业在确定发出存货的成本时，可以采用先进先出法、加权平均法和个别计价法。计价方法一经选用，不得随意变更。

根据会计准则的规定，在资产负债表日，存货应当按照成本与可变现净值孰低计量。当存货成本低于可变现净值时，存货按成本计量；当存货成本高于可变现净值时，存货按可变现净值计量，同时按照成本高于可变现净值的差额计提存货跌价准备，计入当期损益。可变现净值是指在日常活动中，存货的估计价值减去至完工时估计将要发生的成本、估计的销售费用以及相关税费后的金额。而根据税法的规定，存货计提的跌价准备是不计入应纳税所得额的。

[案例 4—11] 2013 年 12 月 31 日，A 公司甲商品的账面成本为 100 万元，但由于甲商品的市场价格下跌，预计可变现净值为 90 万元。2014 年 6 月 30 日，甲商品的市场价格有所上升，使得甲商品的预计可变现净值变为 96 万元。2014 年 7 月 10 日，甲商品售出，取得销售收入（不含增值税）102 万元。

[解析] (1) 2013 年 12 月 31 日，由于可变现净值小于账面价值，应计提存货跌价准备 10 万元。

借：资产减值损失——存货减值损失　　100 000

　贷：存货跌价准备　　100 000

纳税调整：2013 年 12 月 31 日，甲商品的账面价值调整为 900 000 元，而其计税基础仍为 1 000 000 元，产生可抵扣暂时性差异 100 000 元，应调增应纳税所得额 100 000 元。

递延所得税资产＝100 000×25%＝25 000(元)

借：递延所得税资产　　25 000

　贷：所得税费用　　25 000

(2) 2014 年 6 月 30 日，由于甲商品的市场价格上升，甲商品的可变现净值有所恢复，应计提的存货跌价准备为 4 万元（＝100－96），则当期应冲减已计提的存货跌价准备 4 万元，因此应转销的存货跌价准备为 6 万元（＝10－4）。

借：存货跌价准备　　60 000

　贷：资产减值损失——存货减值损失　　60 000

纳税调整：2014 年 6 月 30 日，甲商品的账面价值调整为 960 000 元，而其计税基础仍为 1 000 000 元，产生可抵扣暂时性差异 40 000 元，应调减应纳税所得额 60 000 元。

期末递延所得税资产＝40 000×25%＝10 000(元)

期初递延所得税资产＝25 000(元)

递延所得税资产减少 15 000 元：

借：所得税费用　　15 000

　贷：递延所得税资产　　15 000

(3) 2014 年 7 月 10 日，商品售出。

借：银行存款　　1 193 400

　贷：主营业务收入　　1 020 000

　　　应交税费——应交增值税（销项税额）　　173 400

借：主营业务成本　　1 000 000

　　存货跌价准备　　40 000

　贷：库存商品　　1 000 000

　　　资产减值损失——存货减值损失　　40 000

纳税调整：调减应纳税所得额 40 000 元。在资产负债表日，该项资产的账面价值与计税基础均为 0，递延所得税资产余额为 0，因此转销递延所得税资产的期初余额 10 000 元。

$$转销递延所得税资产=40\ 000\times 25\%=10\ 000(元)$$

借：所得税费用　　10 000

　贷：递延所得税资产　　10 000

4.4.4 长期股权投资的会计处理与纳税调整

长期股权投资是指投资方对被投资单位实施控制、重大影响的权益性投资，以及对其合营企业的权益性投资，主要包括：投资方能够对被投资单位实施控制的权益性投资，即对子公司投资；投资方与其他合营方一同对被投资单位实施共同控制且对被投资单位净资产享有权利的权益性投资，即对合营企业投资；投资方对被投资单位具有重大影响的权益性投资，即对联营企业投资。

1. 长期股权投资的初始成本计量

在取得长期股权投资时，应按初始投资成本入账。长期股权投资的初始投资成本应分为企业合并和非企业合并两种情况确定。

(1) 企业合并形成的长期股权投资。

对于企业合并形成的长期股权投资，初始投资成本的确定应按企业合并的类型划分，即按同一控制下企业合并和非同一控制下企业合并确定形成长期股权投资的初始投资成本。由于该形式下的长期股权投资的初始投资成本核算与税法要求一致，因此不需做纳税调整。

第一，同一控制下企业合并形成的长期股权投资。

同一控制下的企业合并，合并方以支付现金、转让非现金资产或承担债务方式作为合并对价的，应当在合并日按照被合并方所有者权益在最终控制方合并财务报表中的账面价值的份额作为长期股权投资的初始投资成本。长期股权投资初始投资成本与支付的现金、转让的非现金资产以及所承担债务账面价值之间的差额，应当调整资本公积（资本溢价或股本溢价）；资本公积（资本溢价或股本溢价）不足冲减的，调整留存收益，即依次冲减盈余公积和留存收益。

合并方以发行权益性证券作为合并对价的，应当在合并日按照被合并方所有者权益在最终控制方合并财务报表中的账面价值的份额作为长期股权投资的初始投资成本。按照发行股份的面值总额作为股本，长期股权投资初始投资成本与所发行股份面值总额之间的差额，应当调整资本公积（资本溢价或股本溢价）；资本公积（资本溢价或股本溢价）不足冲减的，调整留存收益，即依次冲减盈余公积和留存收益。

第二，非同一控制下企业合并形成的长期股权投资。

非同一控制下的企业合并，购买方在购买日应当以企业合并成本作为长期股权投资的初始投资成本。企业合并成本包括购买方付出的资产、发生或承担的负债、发行的权益性工具或债务性工具的公允价值之和。购买方为企业合并发生的审计、法律服务、评估咨询等中介费用以及其他相关的管理费用，应于发生时计入当期损益；购买方作为合并对价发行的权益性工具或债务性工具的交易费用，应当计入权益性工具或债务性工具的初始确认金额。

[案例 4—12] A 公司以土地使用权（原价 10 000 000 元，已累计摊销 2 000 000 元，公允价值为 15 000 000 元）、银行存款 1 000 000 元投资 B 公司，取得 B 公司 50%的股权。A 公司为此投资发生资产评估费用 20 000 元。合并前，A 公司与 B 公司不存在任何关联关系。不考虑相关税费等其他因素的影响。

[解析] 其会计分录为：

借：长期股权投资	16 000 000	
管理费用	20 000	
累计摊销	2 000 000	
贷：无形资产		10 000 000
银行存款		1 020 000
营业外收入		7 000 000

(2) 通过企业合并以外的其他方式取得的长期股权投资。

除企业合并形成的长期股权投资以外，通过其他方式取得的长期股权投资，应当按照下列规定确定其初始投资成本：

第一，以支付现金取得的长期股权投资，应当以实际支付的购买价款作为初始投资成本。初始投资成本包括与取得长期股权投资直接相关的费用、税金及其他必要支出。

第二，以发行权益性证券取得的长期股权投资，应当以发行权益性证券的公允价值作为初始投资成本。

第三，以非货币性资产交换、债务重组等方式取得的长期股权投资，其初始投资成本应按照《企业会计准则第 7 号——非货币性资产交换》和《企业会计准则第 12 号——债务重组》的有关规定确定。

2. 长期股权投资的后续核算

按照会计准则的规定，长期股权投资在持有期间，根据投资方对被投资单位的影响程度进行划分，应当分别采用成本法和权益法进行核算。

(1) 成本法的会计核算与纳税调整。

如果投资方能够对被投资单位实施控制，那么需要采用成本法对长期股权投资进行核算。

第一，成本法的核算。采用成本法核算的长期股权投资应当按照初始投资成本计价。

追加或收回投资应当调整长期股权投资的成本。除取得投资时实际支付的价款或对价中包含的已宣告但尚未发放的现金股利或利润外，投资方应当按照被投资单位宣告分派的现金股利或利润中应享有的部分确认投资收益，不管该利润分配是对取得投资前还是取得投资后被投资单位实现净利润的分配。

投资方在确认被投资单位应分得的现金股利或利润后，应当考虑有关长期投资是否发生减值。在判断该类长期股权投资是否存在减值迹象时，应当关注长期股权投资的账面价值是否大于享有被投资单位净资产（包括相关商誉）账面价值的份额等类似情况。出现类似情况时，应当按照资产减值准则对长期股权投资进行减值测试，可收回金额低于长期股权投资账面价值的，应当计提减值准备。

第二，纳税调整。根据税法规定，长期股权投资以历史成本为计税基础，因此会计上计提长期股权投资减值准备所抵减的初始投资成本应进行计税基础调整。此外，根据《企业所得税法》的规定，企业因权益性投资从被投资方取得的股息、红利等权益性投资收益，除国务院财政、税务主管部门另有规定外，应当按照被投资方作出利润分配决定的日期确认收入的实现。取得的投资收益不限于被投资单位接受投资后产生的累积净利润的分配额。由于该部分投资收益免税①，不影响应纳税所得额，因此根据会计准则规定可以不确认递延所得税资产。

［案例 4—13］ A 公司 2013 年 1 月 1 日以 50 000 000 元取得 B 公司 70%的股份。B 公司 2013 年及 2014 年实现的净利润分别为 5 000 000 元和 8 000 000 元；2013 年及 2014 年分派的利润分别为 2 000 000 元和 6 000 000 元。

［解析］ A 公司的会计分录及涉税调整如下：

2013 年：

2013 年度被投资单位分派的 2 000 000 元利润中，A 公司按持股比例取得 1 400 000 元（=2 000 000×70%），计入投资收益。

借：应收股利　　1 400 000

　贷：投资收益　　1 400 000

纳税调整：长期股权投资的计税基础仍为 50 000 000 元，投资收益（免税收入）增加 1 400 000 元，应在所得税纳税申报表中调整相应项目的金额。

2014 年：

2014 年度被投资单位分派的 6 000 000 元利润中，A 公司按持股比例取得 4 200 000 元（=6 000 000×70%），计入投资收益。

借：应收股利　　4 200 000

　贷：投资收益　　4 200 000

纳税调整：长期股权投资的计税基础仍为 50 000 000 元，投资收益（免税收入）增加 4 200 000 元，应在所得税纳税申报表中调整相应项目的金额。

---

① 根据《企业所得税法》第二十六条的规定，符合条件的居民企业之间的股息、红利等权益性投资收益为免税收入。符合条件的居民企业之间的股息、红利等权益性投资收益，是指居民企业直接投资于其他居民企业取得的投资收益，不包括连续持有居民企业公开发行并上市流通的股票不足 12 个月取得的投资收益。《企业所得税法实施条例》第十七条规定，股息、红利等权益性投资收益，除国务院财政、税务主管部门另有规定外，按照被投资方作出利润分配决定的日期确认收入的实现。

（2）权益法的会计核算与纳税调整。

投资方对被投资单位具有共同控制或重大影响的长期股权投资，即对联营企业和合营企业的长期股权投资，应当采用权益法核算。

投资方取得对联营企业或合营企业的投资以后，对于取得投资时初始投资成本与应享有被投资单位可辨认净资产公允价值份额之间的差额，应区别情况处理：初始投资成本大于取得投资时应享有被投资单位可辨认净资产公允价值份额的，该部分差额是投资方在取得投资过程中通过作价体现出的与所取得股权份额相对应的商誉价值，这种情况下不要求对长期股权投资的成本进行调整；反之，两者之间的差额体现为双方在交易作价过程中转让方的让步，该部分经济利益流入应计入取得投资当期的营业外收入，同时调整增加长期股权投资的账面价值。

在长期股权投资的持有期间，随着被投资单位所有者权益的变动相应调整增加或减少长期股权投资的账面价值，并分别对以下情况进行相应处理：对于因被投资单位实现净利润或发生净亏损而产生的所有者权益的变动，投资方应当按照应享受或应分担的份额，增加或减少长期股权投资的账面价值，同时确认投资损益；对于因被投资单位其他综合收益发生变动而产生的所有者权益的变动，投资方应当按照归属于本企业的部分，相应调整长期股权投资的账面价值，同时增加或减少其他综合收益；对于被投资单位宣告分派的现金股利或利润，投资方按所持股权比例计算应分得的部分，相应减少长期股权投资的账面价值；对于被投资单位除净损益、其他综合收益以及利润分配以外的因素①导致的其他所有者权益变动，投资方应按所持股权比例计算应享有的份额，调整长期股权投资的账面价值，同时计入资本公积（其他资本公积），并在备查簿中予以登记。

税法规定，股息、红利等权益性投资收益按照被投资方作出利润分配决定的日期确认收入的实现，其投资收益的计税金额按照分配决定确定。同时，税法还规定被投资企业发生的经营亏损，由被投资企业按规定结转弥补，投资企业不得调整降低其投资成本，也不得将其确认为投资损失。

［案例4—14］ A公司于2013年1月取得B公司40%的股权，支付价款5 000万元，取得该项股权投资时被投资单位净资产账面价值为15 000万元（假定被投资单位各项可辨认资产、负债的公允价值与其账面价值相同）。A公司派人参与了B公司的生产经营决策，能够对B公司施加重大影响。

［解析］ A公司按持股比例应享有B公司可辨认净资产的公允价值为：

15 000×40%＝6 000（万元）

长期股权投资的初始投资成本5 000万元小于取得投资时应享有被投资单位B公司可辨认净资产公允价值的份额6 000万元，这两者之间的差额1 000万元应调整增加长期股权投资的账面价值，并计入取得投资当期的营业外收入。

其会计分录为：

借：长期股权投资——投资成本　　　　60 000 000

① 被投资单位除净损益、其他综合收益以及利润分配以外的导致所有者权益变动的因素，主要包括被投资单位接受其他股东的资本性投入、被投资单位发行可分离交易的可转债中包含的权益成分、以权益结算的股份支付、其他股东对被投资单位增资导致投资方持股比例变动等。

贷：银行存款　　50 000 000

营业外收入　　10 000 000

纳税调整："营业外收入" 10 000 000 元不构成计税收入，应调减应纳税所得额 10 000 000元。

如果案例 4—14 中取得投资时被投资单位 B 公司净资产的公允价值为 10 000 万元，A 公司按持股比例应享有的份额为 4 000 万元（=10 000×40%），小于长期股权投资的初始投资成本 5 000 万元，这两者之间的差额不调整长期股权投资的账面价值。

其会计分录为：

借：长期股权投资——投资成本　　50 000 000

贷：银行存款　　50 000 000

对于采用权益法核算的长期股权投资，如果企业拟长期持有，则因初始投资成本的调整产生的暂时性差异预计未来期间不会转回，所以对未来期间的所得税没有影响；因确认投资收益产生的暂时性差异，如果在未来期间逐期分回现金股利或利润时免税，也不存在对未来期间所得税的影响；因确认应享有被投资单位其他权益变动而产生的暂时性差异，在长期持有的情况下，预计未来期间也不会转回，因为在准备长期持有的情况下，对于采用权益法核算的长期股权投资账面价值与计税基础之间的差异，投资企业一般不确认相关的所得税影响。如果投资企业将长期股权投资对外出售，则因长期股权投资的账面价值与计税基础不同而产生的暂时性差异，均应确认相关的所得税影响。

沿用案例 4—14 的资料，假定 2013 年度 B 公司实现的净利润为 1 000 万元；2014 年 4 月份 B 公司宣告分派现金股利 500 万元；2014 年 5 月 A 公司收到现金股利 200 万元；2014 年 6 月 A 公司拟转让该项股权投资；2014 年 10 月 A 公司取得转让收入 6 600 万元。

2013 年末，A 公司按股权比例确认应享有的投资收益：

借：长期股权投资——损益调整　　4 000 000

贷：投资收益　　4 000 000

2014 年 4 月，B 公司宣告分派现金股利：

借：应收股利　　2 000 000

贷：长期股权投资——损益调整　　2 000 000

2014 年 5 月，A 公司收到现金股利：

借：银行存款　　2 000 000

贷：应收股利　　2 000 000

在 2014 年 6 月拟出售时确认对所得税的影响：

长期股权投资的账面价值为 6 200 万元（=6 000+400−200），计税基础为 5 000 万元，应调整应纳税所得额1 200万元（=6 200−5 000），递延所得税负债余额为 300 万元（=1 200×25%）。

借：所得税费用　　3 000 000

贷：递延所得税负债　　3 000 000

2014 年 10 月转让该项投资时，会计确认投资收益为 400 万元（=6 600−6 200），税法确认的投资收益为 1 600 万元（=6 600−5 000）。

借：银行存款　　66 000 000

贷：长期股权投资——投资成本　　60 000 000
　　长期股权投资——损益调整　　2 000 000
　　投资收益　　4 000 000

同时转销递延所得税负债期初余额300万元。

借：递延所得税负债　　3 000 000
　贷：所得税费用　　3 000 000

4.4.5 固定资产的会计处理与纳税调整

1. 固定资产的范围

《企业所得税法》所称的固定资产，是指企业为生产产品、提供劳务、出租或者经营管理而持有的、使用时间超过12个月的非货币性资产，包括房屋、建筑物、机器、机械、运输工具以及其他与生产经营活动有关的设备、器具、工具等。

而会计上的固定资产，是指为生产商品、提供劳务、出租或者经营管理而持有的，使用年限超过一个会计年度的资产。税法所界定的固定资产与会计上的固定资产基本相同。

2. 固定资产的计税基础及纳税调整

固定资产的计税基础与会计准则规定的固定资产的计价原则相同。根据《企业所得税法实施条例》第五十八条的规定，固定资产按照以下方法确定计税基础：

第一，外购的固定资产，以购买价款和支付的相关税费为计税基础。这与会计准则的规定一致。

第二，自行建造的固定资产，以竣工结算前发生的支出为计税基础。会计准则规定，自行建造固定资产的入账价值，由建造该项资产达到预定可使用状态前所发生的必要支出构成。

第三，融资租入的固定资产，以租赁合同约定的付款总额和承租人在签订租赁合同过程中发生的相关费用为计税基础；租赁合同未约定付款总额的，以该资产的公允价值和承租人在签订租赁合同过程中发生的相关费用为计税基础。

会计准则规定，在租赁开始日，承租人应当将租赁资产的公允价值与最低租赁付款额现值两者中的较低者作为租入资产的入账价值，将最低租赁付款额作为长期应付款的入账价值，其差额作为未确认融资费用。

第四，盘盈的固定资产，以同类固定资产的重置完全价值为计税基础。

第五，通过捐赠、投资、非货币性资产交换、债务重组等方式取得的固定资产，以该资产的公允价值和支付的相关税费为计税基础。

第六，改建的固定资产，以改建过程中发生的改建支出增加计税基础。

以各种方式取得的固定资产，初始确认时按照会计准则规定确定的入账价值基本上是被税法认可的，即取得固定资产时的账面价值一般等于计税基础。

3. 固定资产的折旧方法、折旧年限及纳税调整

（1）固定资产的折旧方法。《企业所得税法实施条例》第五十九条规定，固定资产按照直线法计算的折旧，准予扣除。

直线法也称平均年限法，是指按固定资产使用年限平均计算折旧的一种方法。采用这种方法计算的每期折旧额均相等，其计算公式为：

年折旧额=(固定资产原值-预计净残值)÷预计使用年限

企业应当自固定资产投入使用月份的次月起计算折旧；停止使用的固定资产，应当自停止使用月份的次月起停止计算折旧。

企业应当根据固定资产的性质和使用情况，合理确定固定资产的预计净残值。固定资产的预计净残值一经确定，不得变更。

《企业所得税法》第三十二条规定，企业的固定资产由于技术进步等原因，确需加速折旧的，可以缩短折旧年限或者采取加速折旧的方法。《企业所得税法实施条例》第九十八条规定，可以采取缩短折旧年限或者加速折旧方法的固定资产，包括：

第一，由于技术进步，产品更新换代较快的固定资产。

第二，常年处于强震动、高腐蚀状态的固定资产。

采取缩短折旧年限方法的，最低折旧年限不得低于税法规定折旧年限的60%；采取加速折旧方法的，可以采取双倍余额递减法或者年数总和法。

会计准则规定，企业应当根据与固定资产有关的经济利益的预期实现方式合理选择折旧方法，如可以按年限平均法计提折旧，也可以按照双倍余额递减法、年数总和法计提折旧。税法规定，除了特殊情况外，基本是按照年限平均法计提折旧。由于折旧方法不同而产生的折旧费用的差异在计算应缴所得税时需要做相应的纳税调整。

根据《国家税务总局关于完善固定资产加速折旧企业所得税政策的通知》(财税[2014] 75号)的规定，对生物药品制造业，专用设备制造业，铁路、船舶、航空航天和其他运输设备制造业，计算机、通信和其他电子设备制造业，仪器仪表制造业，信息传输、软件和信息技术服务业6个行业的企业2014年1月1日后新购进的固定资产，可采用缩短折旧年限或采取加速折旧的方法。

对上述6个行业的小型微利企业2014年1月1日后新购进的研发和生产经营共用的仪器、设备，单位价值不超过100万元的，允许一次性计入当期成本费用，在计算应纳税所得额时扣除，不再分年度计算折旧；单位价值超过100万元的，可缩短折旧年限或采取加速折旧的方法。

> **【小思考】** 完善固定资产加速折旧的政策出台后，企业的折旧方法会有哪些改变？

对所有行业企业2014年1月1日后新购进的专门用于研发的仪器、设备，单位价值不超过100万元的，允许一次性计入当期成本费用，在计算应纳税所得额时扣除，不再分年度计算折旧；单位价值超过100万元的，可缩短折旧年限或采取加速折旧的方法。

对所有行业企业持有的单位价值不超过5 000元的固定资产，允许一次性计入当期成本费用，在计算应纳税所得额时扣除，不再分年度计算折旧。

(2) 固定资产的折旧年限。《企业所得税法实施条例》第六十条规定，除国务院财政、税务主管部门另有规定外，固定资产计算折旧的最低年限如下：

①房屋、建筑物，为20年。

②飞机、火车、轮船、机器、机械和其他生产设备，为10年。

③与生产经营活动有关的器具、工具、家具等，为5年。

④飞机、火车、轮船以外的运输工具，为4年。

⑤电子设备，为3年。

前面规定的折旧年限，只是各项固定资产的最低折旧年限，仅仅是一个基本要求，它并不排除企业对资产采用比最低折旧年限更长的折旧时限。也就是说，企业可以根据固定资产的属性和使用情况，在比《企业所得税法实施条例》第六十条规定的相关资产最低折旧年限更长的时限内计提折旧。

税法规定的固定资产折旧年限与会计准则规定的不同。按照会计准则的规定，企业可以根据其所处的经济环境、技术环境以及其他环境的变化，确定固定资产的使用寿命，并且每年进行复核。如果固定资产的使用寿命预计数与原先估计数有差异，应当调整固定资产的使用寿命。在计算应交所得税时，企业应根据税法规定的年限对会计核算的折旧数额进行纳税调整。

［案例 4—15］ A 企业于 2014 年底以 800 万元购入一台生产用机器设备。按照该固定资产的预计使用情况，A 企业在会计核算时估计其使用寿命为 5 年。按照税法的规定，该设备的最低折旧年限为 10 年。

［解析］ 假设企业采用平均年限法对固定资产计提折旧（不考虑净残值及固定资产减值因素），则该项固定资产的折旧计算、纳税调整及相应会计分录如下：

会计每年计提折旧＝800÷5＝160(万元)

税法每年计提折旧＝800÷10＝80(万元)

产生暂时性差异 80 万元，在计算应交所得税时应做纳税调整。

借：递延所得税资产　　　　200 000（＝800 000×25%）

　贷：所得税费用　　　　200 000

(3) 固定资产预计净残值。企业应当根据固定资产的性质和使用情况，合理确定固定资产的预计净残值；固定资产的预计净残值一经确定，不得变更。预计净残值也称估计残值，是指假定固定资产预计使用寿命已满并处于使用寿命终了时的预期状态，企业从该项资产处置中获得的扣除预计处置费用后的金额。现行会计准则规定，企业应当根据固定资产的性质和使用情况，合理确定固定资产的使用寿命和预计净残值；企业应当在每年年度终了，对固定资产预计净残值进行复核。如果固定资产预计净残值预计数与原先估计数有差异，应当调整预计净残值。如果企业并非根据固定资产的性质和使用情况，而是出于某种避税等非合理商业目的确定预计净残值，将被税务机关调整，并承担相应的法律责任。

4. 固定资产减值准备产生的差异及纳税调整

在企业持有固定资产的期间内，若企业对固定资产计提了减值准备，因税法规定企业计提的减值准备在发生实质性损失前不允许税前扣除，将造成固定资产的账面价值与计税基础的差异。

［案例 4—16］ B 企业某项固定资产在 2014 年底的账面余额为 500 万元，企业估计该项固定资产的可收回金额为 450 万元。

［解析］ 该项固定资产的账面余额大于可收回金额，两者之间的差额应计提 50 万元的固定资产减值准备。

其会计分录为：

借：资产减值损失　　　　500 000

　贷：固定资产减值准备　　　　500 000

固定资产的计税基础与账面价值产生了 50 万元的暂时性差异，应进行纳税调整。

借：递延所得税资产　　125 000（=500 000×25%）

　贷：所得税费用　　125 000

4.4.6 无形资产的会计处理与纳税调整

1. 无形资产的计税基础及摊销

无形资产是指企业为生产产品、提供劳务、出租或者经营管理而持有的、没有实物形态的非货币性长期资产，包括专利权、商标权、著作权、土地使用权、非专利技术、商誉等。《企业所得税法实施条例》第六十六条规定，无形资产按照以下方法确定计税基础：

第一，外购的无形资产，以购买价款和支付的相关税费以及直接归属于使该资产达到预定用途发生的其他支出为计税基础。

第二，自行开发的无形资产，以开发过程中该资产符合资本化条件后至达到预定用途前发生的支出为计税基础。

第三，通过捐赠、投资、非货币性资产交换、债务重组等方式取得的无形资产，以该资产的公允价值和支付的相关税费为计税基础。

2. 无形资产产生的差异及纳税调整

（1）研发形成的无形资产。在无形资产初始确认时，按照会计准则规定确定的入账价值与按照税法规定确定的计税成本之间一般不存在差异。无形资产的差异主要产生于研究开发形成的无形资产以及使用寿命不确定的无形资产。

《企业所得税法实施条例》第九十五条规定，企业为开发新技术、新产品、新工艺发生的研究开发费用，未形成无形资产计入当期损益的，在按照规定据实扣除的基础上，按照研究开发费用的 50%加计扣除；形成无形资产的，按照无形资产成本的 150%摊销。由于加计摊销而形成的差异不确认有关暂时性差异的所得税影响。

［案例 4—17］　A 企业当期发生的研究开发支出中，未形成无形资产的费用支出为 400 万元，形成无形资产的支出为 1 000 万元，即形成的无形资产的账面成本为 1 000 万元。

［解析］　假设该项无形资产的摊销期限为 10 年，则：

第一，未形成无形资产部分的研究开发支出。实际发生支出 400 万元，按照税法规定可以在税前扣除的金额为 600 万元，产生差异 200 万元。会计准则规定，这种情况下所产生的差异属于暂时性差异，但是并不确认相应的递延所得税资产，直接调减应纳税所得额 200 万元。

第二，形成无形资产的成本摊销。无形资产的账面成本为 1 000 万元，其计税成本为 1 500万元；无形资产每年会计摊销金额为 100 万元，按照税法规定可以在税前扣除的摊销金额为 150 万元，每年产生差异 50 万元。会计准则规定，这种情况下所产生的差异，虽然属于暂时性差异，但是并不确认相应的递延所得税资产，每年直接调减应纳税所得额 50 万元。

（2）后续计量与减值准备差异。会计准则规定，企业应根据无形资产的使用寿命情况，区分为使用寿命有限的无形资产与使用寿命不确定的无形资产。对于源自合同性权利或其他法定权利的无形资产，其使用寿命不应超过合同性权利或其他法定权利的期限；没有明确的合同或法律规定的无形资产，企业应当综合各方面的情况来确定其使用寿命。无形资产的摊销方法包括直线法、生产总量法等。《企业所得税法实施条例》第六十七条规定，无形资产按照直线法计算的摊销费用，准予扣除。无形资产的摊销年限不得低于10年。作为投资或者受让的无形资产，有关法律规定或者合同约定了使用年限的，可以按照规定或者约定的使用年限分期摊销。外购商誉的支出，在企业整体转让或者清算时，准予扣除。当税法规定的摊销年限、摊销方法与会计确定的使用寿命及摊销方法不一致时，需要在计算所得税时做纳税调整。

对于使用寿命不确定的无形资产，不要求摊销，但持有期间每年应进行减值测试。税法规定，企业取得的无形资产成本（外购商誉除外）应在一定期限内摊销。对于使用寿命不确定的无形资产，会计处理时不予摊销，但计税时按照税法规定确定的摊销额允许税前扣除，造成该类无形资产账面价值与计税基础的差异。

在对无形资产计提减值准备的情况下，因税法规定计提的无形资产减值准备在转变为实质性损失前不允许税前扣除，即无形资产的计税基础不会随减值准备的提取发生变化，从而造成无形资产的账面价值与计税基础的差异。对由此形成的暂时性差异，在计算所得税时应做纳税调整。

[案例4—18] A企业于2014年1月1日取得某项无形资产，取得成本为1 000万元。取得该项无形资产后，根据各方面情况判断，A企业无法合理预计其使用期限，从而将其作为使用寿命不确定的无形资产。企业在计税时，对该项资产按照10年的期限进行摊销。

[解析] A企业该年度对此项无形资产不进行摊销，按税法规定每年的摊销额为100万元，由此产生暂时性差异100万元。

[案例4—19] A公司2014年底对某商标按照资产减值的原则进行了减值测试，经测试表明，该商标已发生200 000元减值损失。

[解析] 其会计分录为：

借：资产减值损失　　200 000

　贷：无形资产减值准备——商标权　　200 000

纳税调整：无形资产的账面价值与计税基础产生暂时性差异200 000元，在计算所得税时应做纳税调整，调增应纳税所得额200 000元。

借：递延所得税资产　　50 000（200 000×25%）

　贷：所得税费用　　50 000

4.4.7 投资性房地产的会计处理与纳税调整

投资性房地产是指为赚取租金或资本增值，或者两者兼有而持有的房地产。投资性房地产包括已出租的土地使用权、持有并准备增值后转让的土地使用权以及已出租的建筑物。

根据会计准则的规定，投资性房地产的后续计量通常应采用成本模式，只有在满足特定条件的情况下才能采用公允价值模式，即企业有确凿证据表明其投资性房地产的公允价值能够持续可靠取得的，可以采用公允价值模式进行后续计量。采用成本模式进行后续计量的投资性房地产，按期（月）计提折旧或摊销；采用公允价值模式进行后续计量的，不计提折旧或摊销，应当以资产负债表日的公允价值计量。

采用成本模式对企业持有的投资性房地产进行后续计量的，其账面价值与计税基础的确定与固定资产、无形资产相同，不需要做纳税调整；采用公允价值模式对企业持有的投资性房地产进行后续计量的，其计税基础的确定类似于固定资产或无形资产计税基础的确定，需要在计算所得税时做相应的纳税调整。

［案例4—20］ A公司于2014年8月与B公司签订房屋租赁协议，约定将A公司开发的一栋写字楼于开发完成时租给B公司使用，租期10年。当年10月1日，该写字楼完工并开始出租，总造价为1 200万元。2014年12月31日，该写字楼的公允价值为1 300万元。假设企业采用公允价值计量模式。(不考虑房屋的净残值。)

［解析］ 其会计分录为：

(1) 写字楼完工并出租：

借：投资性房地产——成本　　12 000 000

　贷：开发成本　　12 000 000

(2) 12月31日，按照公允价值调整其账面价值，公允价值与原账面价值之间的差额计入当期损益：

借：投资性房地产——公允价值变动　　1 000 000

　贷：公允价值变动损益　　1 000 000

纳税调整：按照税法规定，该写字楼应按20年的折旧年限计提折旧，11月和12月两月共计提折旧10万元（=1 200÷20÷12×2)。至2014年12月31日，该写字楼的计税基础为1 190万元（=1 200－10)，账面价值为1 300万元，产生应纳税暂时性差异110万元（=1 300－1 190)，应调减应纳税所得额110万元。

借：所得税费用　　275 000（1 100 000×25%）

　贷：递延所得税负债　　275 000

4.4.8 非货币性资产交换的会计处理与纳税调整

非货币性交易是指交易双方用非货币性资产进行的交换，这种交换不涉及或只涉及少量的货币性资产（即补价)。非货币性交易分为不涉及补价的非货币性交易和涉及补价的非货币性交易（支付的货币性资产占换入资产公允价值或收到的货币性资产占换出资产公允价值的比例小于25%)。

《企业会计准则第7号——非货币性资产交换》规定，非货币性资产交换换入资产的成本有两种计量基础。第一，非货币性资产交换同时满足下列条件的，应当以公允价值和应支付的相关税费作为换入资产的成本，公允价值与换出资产账面价值的差额计入当期损益：(1) 该项交换具有商业实质；(2) 换入资产或换出资产的公允价值能够可靠地计量。第二，不具有商业实质或交换所涉及资产的公允价值均不能可靠计量的非货币性资产交换，应当按照换出资产的账面价值和应支付的相关税费作为换入资产的成本，无论是否支付补价，均不确认损益。这一政策使企业会计处理方法与税法规定基本趋于一致，减少了企业在所得税涉税处理中有关非货币性交易事项的纳税调整。

1. 以公允价值计量的会计处理

非货币性资产交换具有商业实质且公允价值能够可靠计量的，应当以换出资产的公允价值和应支付的相关税费作为换入资产的成本，除非有确凿证据表明换入资产的公允价值比换出资产的公允价值更加可靠。

在以公允价值计量的情况下，不论是否涉及补价，只要换出资产的公允价值与其账面价值不相同，就一定会涉及损益的确认。第一，换出资产为存货的，应当视同销售处理，按照公允价值确认销售收入，同时结转销售成本。第二，换出资产为固定资产、无形资产的，换出资产公允价值和换出资产账面价值的差额，计入营业外收入或营业外支出。第三，换出资产为长期股权投资、可供出售金融资产的，换出资产公允价值和换出资产账面价值的差额，计入投资收益。

(1) 不涉及补价的。企业换出非货币性资产应做销售处理，确认其计税收入和计税成本；换入非货币性资产的计税成本应按接受的增值税专用发票中注明的价值确认。

[案例 4—21] A 公司和 B 公司均为增值税一般纳税人，10 月份 A 公司与 B 公司发生一笔非货币性交易，双方分别取得了对方开来的增值税专用发票。15 日，A 公司以甲产品交换 B 公司的乙材料。甲产品 200 公斤，账面价值每公斤 20 元，公允价值每公斤 15 元；乙材料 250 公斤，账面价值每公斤 10 元，公允价值每公斤 12 元。假定交换具有商业实质。

[解析] A 公司的会计分录为：

借：原材料——乙材料	3 000	
应交税费——应交增值税（进项税额）	510	
贷：主营业务收入		3 000
应交税费——应交增值税（销项税额）		510
借：主营业务成本	4 000	
贷：库存商品		4 000

B 公司的会计分录为：

借：库存商品	3 000	
应交税费——应交增值税（进项税额）	510	
贷：其他业务收入		3 000
应交税费——应交增值税（销项税额）		510
借：其他业务成本	2 500	
贷：原材料		2 500

税法规定与会计准则相同，因此不需做纳税调整。

(2) 涉及补价的。在以公允价值确定换入资产成本的情况下，发生补价的，支付补价方和收到补价方应当区分情况处理：

第一，支付补价方。应当以换出资产的公允价值加支付的补价和应支付的相关税费，作为换入资产的成本；换入资产成本与换出资产账面价值加支付的补价、应支付的相关税费之和的差额，应当计入当期损益。

第二，收到补价方。应当以换入资产的公允价值（或换出资产的公允价值减去补价）和应支付的相关税费，作为换入资产的成本；换入资产的成本加收到的补价之和与换出资产账面价值加应支付的相关税费之和的差额，应当计入当期损益。

[案例 4—22] A 公司和 B 公司均为增值税一般纳税人，10 月份 A 公司与 B 公司发生一笔非货币性交易，双方分别取得了对方开来的增值税专用发票。25 日，A 公司以其

生产的N产品50件交换B公司丙材料500公斤。N产品的账面价值为每件100元，公允价值为每件140元，含税公允价值为每件163.8元；丙材料的账面价值为每公斤10元，公允价值为每公斤12元，含税公允价值为每件14.04元；B公司另外支付补价1 170元，B公司将换入的N产品作为固定资产使用。

[解析] 对A公司来说，收到的补价占换出资产公允价值的比例为1 170÷8 190=14.29%，小于25%，故属于非货币性交易。A公司换出N产品，视同销售，增值税销项税额为7 000×17%=1 190元。对B公司来说，支付补价占换入资产公允价值的比例为1 170÷8 190=14.29%，小于25%，故属于非货币性交易。由于该项交易具有商业实质，换入换出资产均以公允价值反映。

其会计分录为：

25日，A公司以换出N产品的公允价值为基础确认换入丙材料的入账价值。

借：原材料——丙材料　　6 000
　　应交税费——应交增值税（进项税额）　　1 020
　　银行存款　　1 170
　贷：主营业务收入　　7 000
　　　应交税费——应交增值税（销项税额）　　1 190
借：主营业务成本　　5 000
　贷：库存商品——N产品　　5 000

25日，B公司以换出丙材料的公允价值为基础确认换入N产品的入账价值。

借：固定资产　　7 000
　　应交税费——应交增值税（进项税额）　　1 190
　贷：其他业务收入　　6 000
　　　应交税费——应交增值税（销项税额）　　1 020
　　　银行存款　　1 170
借：其他业务成本　　5 000
　贷：原材料——丙材料　　5 000

由于采用了公允价值计价，会计确认的收益与税法规定一致，不需要进行纳税调整。

2. 以换出资产账面价值计量的会计处理

非货币性资产交换不具有商业实质，或者虽然具有商业实质但换入资产和换出资产的公允价值均不能可靠计量的，应当以换出资产账面价值为基础确定换入资产成本，无论是否支付补价，均不确认损益。

4.4.9 债务重组的会计处理与纳税调整

债务重组是指在债务人发生财务困难的情况下，债权人按照其与债务人达成的协议或法院的裁定作出让步的事项。企业债务重组的方式有：①以资产清偿债务；②将债务转为资本；③修改其他债务条件，如减少债务本金、减少债务利息等，不包括①、②两种方式；④以上三种方式的组合等。债务重组发生的收益和损失，在会计上直接计入当期损益。在资产入账价值方面，引入公允价值作为会计的核算基础，使得税务处理与会计处理趋于一致；在修改债务条件的重组中用现值来计算重组的收益和损失。

企业债务重组符合特殊税务处理条件的：企业债务重组确认的应纳税所得额占该企业当年应纳税所得额50%以上的，可以在5个纳税年度内均匀计入各年度的应纳税所得额；企业发生债权转股权业务，对债务清偿和股权投资两项业务暂不确认有关债务清偿所得或损失，股权投资的计税基础以原债权的计税基础确定。企业的其他相关所得税事项保持不变。

1. 以资产偿还债务方式进行的债务重组

在债务重组中，企业以资产清偿债务的，通常包括以现金清偿债务和以非现金资产清偿债务等方式。以资产清偿债务方式下的会计处理和税务处理一致，企业不需要再进行所得税纳税调整。

(1) 以现金清偿债务。以现金清偿债务的，债务人应当将重组债务的账面价值与实际支付现金之间的差额作为营业外收入，计入当期损益；债权人应当将重组债权的账面余额与收到现金之间的差额，计入当期损益。债权人已对债权计提减值准备的，应当先将该差额冲减减值准备，减值准备不足以冲减的部分，作为营业外支出，计入当期损益。

[案例 4—23] 乙公司一年前购入甲公司价值为234万元的货物，至今货款未付。现因乙公司发生财务困难无法偿还所欠债务，2014年12月1日双方达成债务重组协议，乙公司一次性支付所欠货款150万元，其余货款不再支付。

[解析] 债务人乙公司的会计分录为：

借：应付账款——甲公司	2 340 000	
贷：银行存款		1 500 000
营业外收入——债务重组利得		840 000

债权人甲公司的会计分录为：

借：银行存款	1 500 000	
营业外支出——债务重组损失	840 000	
贷：应收账款——乙公司		2 340 000

会计口径和税收口径一致，从而使债权人和债务人的债务重组业务不需要进行纳税调整。

(2) 以非现金资产清偿债务。以非现金资产清偿债务的，债务人应当将重组债务的账面价值与转让的非现金资产的公允价值之间的差额作为营业外收入，计入当期损益；债权人应当将受让的非现金资产按其公允价值入账，重组债权的账面余额与受让的非现金资产的公允价值之间的差额，比照以现金清偿债务的规定处理。

债务人以库存材料、商品、产品抵偿债务，应视同销售进行核算。

债务人以固定资产抵偿债务，应将固定资产的公允价值与该项固定资产的账面价值和清理费用的差额作为转让固定资产的损益处理。同时，将固定资产的公允价值与应付债务的账面价值的差额作为债务重组利得，计入营业外收入。

债务人以股票、债券等金融资产清偿债务，应将相关金融资产的公允价值与其账面价值的差额作为转让金融资产的利得或损失处理。同时，将相关金融资产的公允价值与重组债务的账面价值的差额，作为债务重组利得，计入营业外收入。

[案例 4—24] A公司由于财务困难，与B公司达成协议，同意A公司以一台设备偿还B公司的债务400 000元。该项设备的账面原价为350 000元，已计提折旧50 000

元，该设备的公允价值为 320 000 元。（假定该固定资产未提取减值损失，暂不考虑增值税。）

[解析]

处置固定资产净收益 = 固定资产公允价值 - 固定资产净值
= 320 000 - (350 000 - 50 000) = 20 000(元)

债务重组利得 = 应付账款的账面余额 - 固定资产的公允价值
= 400 000 - 320 000 = 80 000(元)

A 公司的会计分录为：

借：固定资产清理 300 000
　　累计折旧 50 000
　贷：固定资产 350 000

借：应付账款 400 000
　贷：固定资产清理 320 000
　　　营业外收入——债务重组利得 80 000

借：固定资产清理 20 000
　贷：营业外收入——处置固定资产利得 20 000

B 公司的会计分录为：

借：固定资产 320 000
　　营业外支出——债务重组损失 80 000
　贷：应收账款 400 000

2. 以债务转换为资本方式进行的债务重组

债务人应当将重组债务的账面价值与债权人因放弃债权而享有的股权的公允价值的差额确认为债务重组所得，计入当期应纳税所得额；债权人应当将享有的股权的公允价值确认为该项投资的计税成本。

《企业会计准则第 12 号——债务重组》规定，将债务转换为资本的，债务人应当将债权人放弃债权而享有股份的面值总额确认为股本（或者实收资本），股份的公允价值总额与股本（或者实收资本）之间的差额确认为资本公积，重组债务的账面价值与股份的公允价值总额之间的差额，计入当期损益；债权人应当将享有股份的公允价值确认为对债务人的投资，重组债权的账面余额与股份的公允价值之间的差额，比照以现金清偿债务规定处理。

[案例 4—25]　甲公司是一个上市公司，2014 年 6 月份与乙公司达成债务重组协议，甲公司以其增发的普通股 40 万股抵偿所欠乙公司货款 200 万元，甲公司股票的市价为每股 4.5 元，面值为每股 1 元，不考虑其他税费（符合特殊性税务处理条件）。

[解析]　债务人甲公司的会计分录为：

借：应付账款——乙公司 2 000 000
　贷：股本 400 000
　　　资本公积——股本溢价 1 400 000
　　　营业外收入——债务重组利得 200 000

纳税调整：暂不确认债务清偿所得，应调减应纳税所得额 200 000 元。

债权人乙公司的会计分录为：

借：长期股权投资　　1 800 000

　　营业外支出——债务重组损失　　200 000

　贷：应收账款——甲公司　　2 000 000

纳税调整：暂不确认债务清偿损失，应调增应纳税所得额 200 000 元。

4.5 企业所得税纳税申报表的填制

4.5.1 纳税地点

除税收法律、行政法规另有规定外，居民企业以企业登记注册地为纳税地点；但登记注册地在境外的，以实际管理机构所在地为纳税地点。企业登记注册地是指企业依照国家有关规定登记注册的住所地。

居民企业在中国境内设立不具有法人资格的营业机构的，应当汇总计算并缴纳企业所得税。企业汇总计算并缴纳企业所得税时，实行“统一计算、分级管理、就地预缴、汇总清算、财政调库”的企业所得税征收管理办法。总机构和具有主体生产经营职能的二级分支机构，就地分摊缴纳企业所得税。

非居民企业在中国境内设立机构、场所的，应当就其所设机构、场所取得的来源于中国境内的所得，以及发生在中国境外但与其所设机构、场所有实际联系的所得，以机构、场所所在地为纳税地点。非居民企业在中国境内未设立机构、场所的，或者虽设立机构、场所但取得的所得与其所设机构、场所没有实际联系的，以扣缴义务人所在地为纳税地点。

4.5.2 纳税期限

企业所得税按年计征，分月或者分季预缴，年终汇算清缴，多退少补。

按月或按季预缴的，企业应当自月份或者季度终了之日起 15 日内，向税务机关报送预缴企业所得税纳税申报表，预缴税款。

企业所得税的纳税年度，自公历 1 月 1 日起至 12 月 31 日止。企业在一个纳税年度的中间开业，或者由于合并、关闭等原因终止经营活动，使该纳税年度的实际经营期不足 12 个月的，应当以其实际经营期为一个纳税年度。企业清算时，应当以清算期间作为一个纳税年度。

自年度终了之日起 5 个月内，企业应向税务机关报送年度企业所得税纳税申报表，并汇算清缴，结清应缴应退税款。

企业在年度中间终止经营活动的，应当自实际经营终止之日起60日内，向税务机关办理当期企业所得税汇算清缴。

4.5.3 纳税申报

企业在纳税年度内无论盈利还是亏损，都应当依照《企业所得税法》规定的期限，向税务机关报送预缴企业所得税纳税申报表、年度企业所得税纳税申报表、财务会计报告和税务机关规定应当报送的其他资料。

2014年国家税务总局发布的《中华人民共和国企业所得税年度纳税申报表（A类，2014年版）》第63号公告修订了企业所得税年度纳税申报表。

上述公告的实施时间为2015年1月1日，适用于查账征收的企业所得税纳税人，即实行查账征收的企业所得税纳税人，从2014年度企业所得税汇算清缴开始，适用该申报表。

修订后的申报表共41张：1张基础信息表，1张主表，6张收入费用明细表，15张纳税调整表，1张亏损弥补表，11张税收优惠表，4张境外所得抵免表，2张汇总纳税表。与现行16张表格相比，虽然增加了25张，但由于许多表格是选项，纳税人有此业务的，可以选择填报，没有此业务的，可以不填报。从纳税人试填情况统计、分析，平均每一纳税人填报的表格为12张，与现行申报表16张相比，虽略有下降，但信息量却又大幅度提高。

1. 基础信息表

此表反映纳税人的基本信息，包括名称、注册地、行业、注册资本、从业人数、股东结构、会计政策、存货办法、对外投资情况等，这些信息既可以替代企业备案资料（如资产情况及变化、从业人数，可以判断纳税人是否属于小微企业，小微企业享受优惠政策后，就无须再报送其他资料），又是税务机关进行管理所需要的信息。

2. 主表

主表结构与现行报表相比没有变化，体现企业所得税纳税流程，即在会计利润的基础上，按照税法进行纳税调整，计算应纳税所得额，扣除税收优惠数额，进行境外税收抵免，最后计算应补（退）税款。

3. 收入费用明细表

收入费用明细表主要反映企业按照会计政策所发生的成本、费用情况。这些表格也是企业进行纳税调整的主要数据来源。

4. 纳税调整表

纳税调整是所得税管理的重点和难点，现行申报表中仅有1张纳税调整表，该表的功能就是将纳税人进行纳税调整后的结果进行统计、汇总，没有体现政策和过程，也不反映税收与会计的差异，税务机关很难判断出其合理性及准确性。因此，本次修改后的申报表，将所有的税会差异需要调整的事项，按照收入、成本和资产三大类，设计了15张表格，通过表格的方式进行计算反映，既方便纳税人填报，又便于税务机关纳税评估、分析。

5. 亏损弥补表

该表反映企业发生亏损如何结转的问题，既准确标明了亏损结转年度和限额，又便于税务机关进行管理。

6. 税收优惠表

现行申报表仅设1张优惠表，该表仅把企业所享受的优惠数额进行汇总，没有体现各项优惠条件及计算口径，不利于税务机关审核其合理性和合规性。本次修改后的申报表，将目前我国企业所得税税收优惠项目共39项，按照税基、应纳税所得额、税额扣除等进行分类，设计了11张表格，通过表格的方式计算税收优惠享受情况、过程，既方便纳税人填报，又便于税务机关掌握税收减免信息，核实优惠的合理性，进行优惠效益分析。

【小思考】 企业所得税新纳税申报表和旧纳税申报表的填报有什么不同？

7. 境外所得抵免表

该表反映企业发生的境外所得税如何抵免以及抵免的具体计算问题。

8. 汇总纳税表

该表反映汇总纳税企业的总分机构如何分配税额问题。

企业所得税纳税申报表的格式见表4—2。

表4—2　　中华人民共和国企业所得税年度纳税申报表（A类）　　金额单位：元（列至角分）

行次	类别	项　　目	金　额
1	利润总额计算	一、营业收入（填写A101010\101020\103000）	
2		减：营业成本（填写A102010\102020\103000）	
3		营业税金及附加	
4		销售费用（填写A104000）	
5		管理费用（填写A104000）	
6		财务费用（填写A104000）	
7		资产减值损失	
8		加：公允价值变动收益	
9		投资收益	
10		二、营业利润（1－2－3－4－5－6－7＋8＋9）	
11		加：营业外收入（填写A101010\101020\103000）	
12		减：营业外支出（填写A102010\102020\103000）	
13		三、利润总额（10＋11－12）	
14	应纳税所得额计算	减：境外所得（填写A108010）	
15		加：纳税调整增加额（填写A105000）	
16		减：纳税调整减少额（填写A105000）	
17		减：免税、减计收入及加计扣除（填写A107010）	
18		加：境外应税所得抵减境内亏损（填写A108000）	
19		四、纳税调整后所得（13－14＋15－16－17＋18）	
20		减：所得减免（填写A107020）	
21		减：抵扣应纳税所得额（填写A107030）	
22		减：弥补以前年度亏损（填写A106000）	
23		五、应纳税所得额（19－20－21－22）	

续前表

行次	类别	项　　目	金　额
24	应纳税额计算	税率（25%）	
25		六、应纳所得税税额（23×24）	
26		减：减免所得税税额（填写 A107040）	
27		减：抵免所得税税额（填写 A107050）	
28		七、应纳税额（25－26－27）	
29		加：境外所得应纳所得税税额（填写 A108000）	
30		减：境外所得抵免所得税税额（填写 A108000）	
31		八、实际应纳所得税税额（28＋29－30）	
32		减：本年累计实际已预缴的所得税税额	
33		九、本年应补（退）所得税税额（31－32）	
34		其中：总机构分摊本年应补（退）所得税税额（填写 A109000）	
35		财政集中分配本年应补（退）所得税税额（填写 A109000）	
36		总机构主体生产经营部门分摊本年应补（退）所得税税额（填写 A109000）	
37	附列资料	以前年度多缴的所得税税额在本年抵减额	
38		以前年度应缴未缴在本年入库所得税税额	

纳税申报表填表实例如下：

［案例 4—26］ 甲公司是生产化妆品的增值税一般纳税人，注册资本金为 1 000 万元，生产职工年均 1 000 人，适用税率为 25%，已预缴所得税 100 万元。年终所得税汇算资料如下：

有关收入与税金的项目：

（1）全年实现销售商品收入 6 000 万元（不含税），其中销售折让 1 万元已扣除。

（2）接受乙公司委托为其加工化妆品，取得加工劳务收入 50 万元（不含税）。

（3）企业出租房屋取得租金收入 80 万元（不含税）。

（4）全年存款利息 5 万元，从联营企业分回利润 85 万元，转让有价证券净收益 10 万元。

（5）全年接受捐赠，共取得收入 8 万元。

（6）全年应纳增值税 700 万元。

企业相关成本、费用等项目：

（1）全年应纳消费税 1 504 万元，城市维护建设税 154.28 万元，教育费附加 66.12 万元，地方教育费附加 44.08 万元。

（2）应扣除的成本为 1 800 万元。

（3）销售费用为 1 400 万元，其中，广告费 959.5 万元。税法规定，广告费不超过当年销售收入 15%的部分，准予扣除；超过部分，准予结转以后纳税年度扣除。

（4）利息支出 100 万元。其中，含有从关联企业借款 1 000 万元，按 8%利率支付的借款利息 80 万元，同期银行贷款利率为 5%。税法规定，企业实际支付给关联方的利息支出超过同期银行贷款利率的部分在所得税前不得扣除；对于除金融企业以外的其他企业，其接受关联方债权性投资与其权益性投资的比例不超过 2：1，所以合理的借款总量为 1 000×2=2 000 万元，合理的利息为 1 000×5%=50 万元，则利息超过规定标准 80-50=30 万元，需要进行纳税调整，调增应纳税所得额 30 万元。

（5）管理费用 600 万元。其中，工资薪金 300 万元，工资附加“三费”55.5 万元，折旧费 200 万元，社会保险缴款 47.5 万元，差旅费 2 万元，业务招待费 35 万元，新产品开发费 60 万元。

业务招待费列支标准为 35×60%=21 万元（小于 30.65 万元，即 6 130×5‰），超过标准部分的 14 万元不得扣除。新产品开发费用 60 万元，按税法规定不仅 60 万元可在所得税前全额扣除，而且还可加计 60 万元的 50%，即 30 万元。

（6）全年计入成本、费用汇总的实发工资总额 1 100 万元，并按照规定的比例计算提取、列支了三项经费，可以据实列支。

（7）企业 8 月发生意外事故，库存原料损失 30 万元，保险公司赔款 10 万元。经过主管税务机关核定，净损失 25.1 万元［=30×(1+17%)-10］，可在所得税前扣除。

（8）通过教育部门向农村义务教育捐款 5 万元，直接向某老年服务机构捐款 3 万元。税法规定，前者可以在所得税前扣除，后者不能在所得税前扣除。

（9）向供货商支付违约金 3 万元，接受工商局罚款 1 万元。税法规定，前者可以在所得税前扣除，后者不能在所得税前扣除。

（10）未包括在管理费用中的房产税、车船税、土地使用税、印花税共 50 万元。

［解析］　（1）营业收入包括销售商品收入、加工劳务收入和租金收入，共计 6 130 万元。

（2）投资收益包括分回的税后利润和转让有价证券净收益，共计 95 万元。

（3）接收捐赠收入 8 万元应属于营业外收入。

（4）营业成本填写应扣除的成本 1 800 万元。

（5）营业税金及附加应包括消费税 1 504 万元、城市维护建设税 154.28 万元、教育费附加 66.12 万元、地方教育费附加 44.08 万元，共计 1 768.48 万元。

（6）销售费用应填列 1 400 万元。

（7）管理费用应将未包括在管理费用中的房产税、车船税、土地使用税、印花税加上，共计 650 万元。

（8）全年存款利息应抵减财务费用，故财务费用为 95 万元（=100-5）。

（9）营业外支出包括库存原材料的净损失、捐款、违约金和罚款，共计 37.1 万元。

（10）纳税调整项目增加额数据为：广告费用调增 40 万元（959.5-6 130×15%），利息支出调增 30 万元，业务招待费调增 14 万元，捐赠支出调增 3 万元，罚款调增 1 万元，合计 88 万元。

（11）免税、减计收入及加计扣除数据为：研究开发费附加扣除额 30 万元；分回利润 85 万元。

下面结合本案例，以填列中华人民共和国企业所得税年度纳税申报表（A 类）为例，作出填列新企业所得税纳税申报表的说明（见表 4—3）。

表 4—3　　中华人民共和国企业所得税年度纳税申报表（A类）　　金额单位：元（列至角分）

行次	类别	项　　目	金　额
1	利润总额计算	一、营业收入（填写 A101010\101020\103000）	61 300 000
2		减：营业成本（填写 A102010\102020\103000）	18 000 000
3		营业税金及附加	17 684 800
4		销售费用（填写 A104000）	14 000 000
5		管理费用（填写 A104000）	6 500 000
6		财务费用（填写 A104000）	950 000
7		资产减值损失	
8		加：公允价值变动收益	
9		投资收益	950 000
10		二、营业利润（1－2－3－4－5－6－7＋8＋9）	5 115 200
11		加：营业外收入（填写 A101010\101020\103000）	80 000
12		减：营业外支出（填写 A102010\102020\103000）	371 000
13		三、利润总额（10＋11－12）	4 824 200
14	应纳税所得额计算	减：境外所得（填写 A108010）	
15		加：纳税调整增加额（填写 A105000）	880 000
16		减：纳税调整减少额（填写 A105000）	
17		减：免税、减计收入及加计扣除（填写 A107010）	1 150 000
18		加：境外应税所得抵减境内亏损（填写 A108000）	
19		四、纳税调整后所得（13－14＋15－16－17＋18）	4 554 200
20		减：所得减免（填写 A107020）	
21		减：抵扣应纳税所得额（填写 A107030）	
22		减：弥补以前年度亏损（填写 A106000）	
23		五、应纳税所得额（19－20－21－22）	4 554 200
24	应纳税额计算	税率（25%）	
25		六、应纳所得税税额（23×24）	1 138 550
26		减：减免所得税税额（填写 A107040）	
27		减：抵免所得税税额（填写 A107050）	
28		七、应纳税额（25－26－27）	1 138 550
29		加：境外所得应纳所得税税额（填写 A108000）	
30		减：境外所得抵免所得税税额（填写 A108000）	
31		八、实际应纳所得税税额（28＋29－30）	1 138 550
32		减：本年累计实际已预缴的所得税税额	1 000 000

续前表

行次	类别	项　　目	金　额
33	应纳税额计算	九、本年应补（退）所得税税额（31－32）	138 550
34		其中：总机构分摊本年应补（退）所得税税额（填写 A109000）	138 550
35		财政集中分配本年应补（退）所得税税额（填写 A109000）	
36		总机构主体生产经营部门分摊本年应补（退）所得税税额（填写 A109000）	
37	附列资料	以前年度多缴的所得税税额在本年抵减额	
38		以前年度应缴未缴在本年入库所得税税额	

［本章小结］

企业所得税的会计核算包括递延所得税资产的确认和计量、递延所得税负债的确认和计量、所得税费用的确认及计量，以及企业所得税纳税申报表的填制等。

关键术语

资产负债观　　收入费用观　　资产负债表债务法
暂时性差异　　应纳税暂时性差异　　可抵扣暂时性差异
递延所得税负债　　递延所得税资产　　计税基础

思考题

1. 企业所得税有哪些特点？
2. 什么是资产负债观？什么是收入费用观？
3. 我国采用资产负债表债务法的原因是什么？
4. 什么是暂时性差异？分为哪几类？试举例说明。
5. 递延所得税资产和递延所得税负债如何进行确认与计量？

第5章 个人所得税的会计核算

［学习提示］ 个人所得税是现行所得税体系中的主体税种，本章详细讲解了个人所得税各应税项目会计科目的设置及使用方法，并通过例题来帮助理解和掌握。通过本章的学习，应掌握个人所得税的有关会计核算及纳税申报表的填制。

5.1 个人所得税概述

5.1.1 纳税人

个人所得税的纳税人是指在中国境内有住所，或者虽无住所但在境内居住满一年的个人，以及无住所又不居住或居住不满一年但从中国境内取得所得的个人。

1. 居民纳税人与非居民纳税人的判定标准

(1) 住所标准。住所通常是指公民长期生活和活动的主要场所。住所分为永久性住所和习惯性住所两类。我国税法将在中国境内有住所的个人界定为："因户籍、家庭、经济利益关系而在中国境内习惯性居住的个人。"可见，我国目前采用的住所标准实际上是习惯性住所标准。采用这一标准，就把外籍人员以及港、澳、台同胞与在境内居住的中国公民区别开来。

(2) 居住时间标准。居住时间是指个人在一国境内实际居住的日数。各国判断居民身份的居住时间不尽一致。我国规定的时间是一个纳税年度内在中国境内居住满 365 日，即以居住满一年为时间标准，达到这个标准的个人就是居民纳税人。在居住期间内临时离境的，即在一个纳税年度中一次离境不超过 30 日或者多次离境累计不超过 90 日的，不扣减日数，连续计算。

2. 扣缴义务人

我国个人所得税实行支付所得的单位代扣代缴和个人申报纳税相结合的征收管理制度。税法规定，凡支付应纳税所得的单位或个人，都是个人所得税的扣缴义务人。扣缴义务人在向纳税人支付各项应纳税所得（个体工商户的生产经营所得除外）时，必须履行代扣代缴税款的义务。

【即学即用】 依据个人所得税法的相关规定，下列在中国境内无住所的人员中，属于中国居民纳税人的有（　　）。

A. 外籍个人甲 2013 年 3 月 1 日入境，2014 年 4 月 1 日离境，其间一次临时离境 20 天

B. 外籍个人乙 2013 年 4 月 1 日入境，2014 年 5 月 1 日离境，其间两次临时离境各 25 天

C. 外籍个人丙 2013 年 1 月 1 日入境，2014 年 1 月 1 日离境，其间一次临时离境 35 天

D. 外籍个人丁 2013 年 1 月 1 日入境，2014 年 2 月 1 日离境，其间两次临时离境各 25 天

E. 外籍个人戊 2013 年 1 月 1 日入境，2014 年 2 月 1 日离境，其间一次临时离境 20 天

答案：DE。

5.1.2 征税对象

（1）工资、薪金所得。

（2）个体工商户的生产经营所得。

（3）对企事业单位的承包经营、承租经营所得。

（4）劳务报酬所得。

（5）稿酬所得。

（6）特许权使用费所得。

（7）利息、股息、红利所得。

（8）财产租赁所得。

（9）财产转让所得。

（10）偶然所得。

（11）其他所得。

5.1.3 税率

个人所得税分别就不同个人所得项目规定了超额累进税率和比例税率两种形式。

1. 工资、薪金所得

工资、薪金所得适用 3%～45%的七级超额累进税率（见表 5—1）。

表 5—1　　工资、薪金所得适用税率表

级数	全月应纳税所得额	税率（%）	速算扣除数（元）
1	不超过 1 500 元的部分	3	0
2	超过 1 500 元至 4 500 元的部分	10	105

续前表

级数	全月应纳税所得额	税率（%）	速算扣除数
3	超过 4 500 元至 9 000 元的部分	20	555
4	超过 9 000 元至 35 000 元的部分	25	1 005
5	超过 35 000 元至 55 000 元的部分	30	2 755
6	超过 55 000 元至 80 000 元的部分	35	5 505
7	超过 80 000 元的部分	45	13 505

2. 个体工商户的生产、经营所得和对企事业单位的承包经营、承租经营所得

个体工商户的生产、经营所得和对企事业单位的承包经营、承租经营所得，适用5%～35%的五级超额累进税率（见表5—2）。

表5—2　个体工商户的生产、经营所得和对企事业单位的承包经营、承租经营所得等适用税率表

级数	全年应纳税所得额	税率（%）	速算扣除数（元）
1	不超过 15 000 元的部分	5	0
2	超过 15 000 元至 30 000 元的部分	10	750
3	超过 30 000 元至 60 000 元的部分	20	3 750
4	超过 60 000 元至 100 000 元的部分	30	9 750
5	超过 100 000 元的部分	35	14 750

【即学即用】　王先生所在的合伙企业的月收入为13 000元，请问王先生适用的所得税税率应为（　　）。

A. 5%　　B. 10%　　C. 20%　　D. 30%

答案：A。

3. 稿酬所得等

稿酬所得，劳务报酬所得，特许权使用费所得，财产租赁所得，财产转让所得，利息、股息、红利所得，偶然所得和其他所得，适用20%的比例税率。

4. 减征和加成征税规定

《中华人民共和国所得税法》（以下简称《个人所得税法》）为了体现国家政策，有效调节收入，对有关所得项目予以减征或加成征税。

（1）减征规定。对稿酬所得，规定在适用20%的税率时，按应纳税额减征30%，即只征收70%的税额。

（2）加成征税规定。对劳务报酬所得一次收入畸高的，规定在适用20%税率的基础上，实行加成征税办法，实际上是一种特殊的、延伸的三级超额累进税率（见表5—3）。

表5—3　劳务报酬所得适用税率表

级数	每次应纳税所得额	税率（%）	速算扣除数（元）
1	不超过 20 000 元的部分	20	0
2	超过 20 000 元至 50 000 元的部分	30	2 000
3	超过 50 000 元的部分	40	7 000

5.1.4 应纳税额的计算

5.1.4.1 工资、薪金所得的计税方法

1. 应纳税所得额

工资、薪金所得实行按月计征办法。因此，工资、薪金所得以个人每月收入额固定减除 3 500 元费用后的余额为应纳税所得额。其计算公式为：

应纳税所得额 = 每月收入额 - 3 500

2. 减除费用的规定

（1）附加减除费用。《个人所得税法》对工资、薪金所得规定的普遍适用的减除费用标准是每月 3 500 元。但是，对在中国境内无住所而在中国境内取得工资、薪金所得的纳税义务人和在中国境内有住所而在中国境外取得工资、薪金所得的纳税义务人，根据其平均收入水平、生活水平以及汇率变化情况，国务院规定附加减除费用为 1 300 元。其个人应纳税所得额的计算公式为：

应纳税所得额 = 每月收入额 - 3 500 - 1 300

附加减除费用所适用的具体范围是：

①在中国境内的外商投资企业和外国企业中工作并取得工资、薪金所得的外籍人员。

②在中国境内企事业单位、社会团体、国家机关中工作并取得工资、薪金所得的外籍专家。

③在中国境内有住所而在中国境外任职或者受雇并取得工资、薪金所得的个人。

④财政部确定的取得工资、薪金所得的其他人员。

此外，附加减除费用也适用于华侨和香港、澳门、台湾同胞。

（2）雇佣和派遣单位分别支付工资、薪金的费用扣除。在外商投资企业、外国企业和外国驻华机构工作的中方人员取得的工资、薪金收入，凡是由雇佣单位和派遣单位分别支付的，支付单位应扣缴应纳的个人所得税，以纳税人每月全部工资、薪金收入减除规定费用后的余额为应纳税所得额。为了有利于征管，采取由支付者一方减除费用的方法，即只有雇佣单位在支付工资、薪金时，按税法规定减除费用，计算、扣缴税款；派遣单位支付的工资、薪金不再减除费用，以支付全额直接确定适用税率，计算、扣缴税款。

（3）个人一次取得各种奖金的费用扣除。对个人取得的全年一次性奖金，如果在发放年终一次性奖金的月份，当月工资、薪金所得低于税法规定的费用扣除额（3 500 元），应将全年一次性奖金减除“雇员当月工资、薪金所得与费用扣除额的差额”后的差额作为应纳税所得额；如果发放年终一次性奖金的当月工资、薪金所得高于（或等于）3 500 元，则不再扣除费用，将奖金全额作为应纳税所得额。对雇员取得除全年一次性奖金以外的奖金，如半年奖、季度奖、加班奖、先进奖、考勤奖等，与当月工资、薪金收入合并计算纳税，不再单独减除费用。

【小思考】 年终奖和其他奖金的计税方法有什么区别？

3. 应纳税额的计算方法

（1）一般工资、薪金所得应纳个人所得税的计算。工资、

薪金所得适用七级超额累进税率，按每月收入定额扣除3 500元或4 800元，就其余额作为应纳税所得额，按适用税率计算应纳税额。其计算公式为：

应纳税额＝应纳税所得额×适用税率－速算扣除数

或

应纳税额＝(每月收入额－3 500或4 800)×适用税率－速算扣除数

（2）个人取得一次性奖金的应纳个人所得税的计算。全年一次性奖金是指行政机关、企事业单位等扣缴义务人根据其全年经济效益和对雇员全年工作业绩的综合考核情况，向雇员发放的一次性奖金。上述一次性奖金也包括年终加薪、实行年薪制和绩效工资办法的单位根据考核情况兑现的年薪和绩效工资。

纳税人取得的全年一次性奖金，单独作为一个月工资、薪金所得计算纳税，并按以下计税办法，由扣缴义务人发放时代扣代缴：

①先将雇员当月取得的全年一次性奖金除以12个月，按其商数确定适用税率和速算扣除数。

如果在发放年终一次性奖金的当月，雇员的工资、薪金所得低于税法规定的费用扣除额，应将全年一次性奖金减除“雇员当月工资、薪金所得与费用扣除额的差额”后的余额，按上述办法确定全年一次性奖金的适用税率和速算扣除数。

②将雇员个人当月取得的全年一次性奖金，按本条第①项确定的适用税率和速算扣除数计算征税，计算公式如下：

其一，如果雇员当月工资、薪金所得高于（或等于）税法规定的费用扣除额，适用公式为：

应纳税额＝雇员当月取得的全年一次性奖金×适用税率－速算扣除数

其二，如果雇员当月工资、薪金所得低于税法规定的费用扣除额，适用公式为：

应纳税额＝(雇员当月取得的全年一次性奖金－雇员当月工资、薪金所得与费用扣除额的差额)×适用税率－速算扣除数

③在一个纳税年度内，对每一个纳税人，该计税办法只允许采用一次。

5.1.4.2 个体工商户生产经营所得的计税方法

1. 应纳税所得额

对于实行查账征收的个体工商户，其生产经营所得或应纳税所得额是每一纳税年度的收入总额，减除成本、费用以及损失后的余额。这是采用会计核算办法归集或计算得出的应纳税所得额。计算公式为：

应纳税所得额＝收入总额－(成本＋费用＋损失)

（1）准予扣除的项目。在计算应纳税所得额时，准予从收入总额中扣除的项目包括成本、费用、损失。

（2）准予在所得税前列支的其他项目及列支标准。

①自 2011 年 9 月 1 日起，个体工商户业主、个人独资企业和合伙企业自然人投资者的生产经营所得依法计征个人所得税时，个体工商户业主、个人独资企业和合伙企业自然人投资者本人的费用扣除标准统一确定为 42 000 元/年，即 3 500 元/月。业主或自然人投资者的工资不得在税前扣除。

②向从业人员实际支付的合理工资、薪金支出，允许在税前据实扣除。

③个体工商户生产经营活动中，应当分别核算生产经营费用和个人、家庭费用。对于生产经营与个人、家庭生活混用难以分清的费用，其 40%视为与生产经营有关的费用，准予扣除。

④ 实际发生的工会经费、职工福利费、职工教育经费分别在工资总额 2%、14%、2.5%的标准内据实扣除。

⑤每一纳税年度发生的广告和业务宣传费不超过当年销售（营业）收入 15%的部分，可据实扣除；超过部分可无限期向以后的纳税年度结转扣除。

⑥每一纳税年度发生的与其生产经营业务直接相关的业务招待费，按发生额的 60%据实扣除，但最高不得超过当年销售（营业）收入的 0.5%。

2. 应纳税额的计算方法

应纳税额＝应纳税所得额×适用税率－速算扣除数

【即学即用】 李某 2016 年承包某加工厂，根据协议变更登记为个体工商户，2016 年加工厂取得收入总额 70 万元，准予扣除的成本、费用及相关支出合计 63 万元（不含生计费），其中含李某每月从加工厂领取的工资 2 700 元。李某 2016 年个人所得税应纳税所得额为（　　）万元。

A. 6.04　　B. 6.64　　C. 7.24　　D. 7.84

答案：A。

5.1.4.3 对企事业单位的承包经营、承租经营所得的计税方法

1. 应纳税所得额

对企事业单位的承包经营、承租经营所得，以每一纳税年度的收入总额减除必要费用后的余额为应纳税所得额。其计算公式为：

应纳税所得额＝纳税年度收入总额－必要费用

2. 应纳税额的计算方法

应纳税额＝应纳税所得额×适用税率－速算扣除数

5.1.4.4 劳务报酬所得的计税方法

1. 应纳税所得额

劳务报酬所得以个人每次取得的收入，定额或定率减除规定费用后的余额为应纳税所得额。每次收入不超过 4 000 元的，定额减除费用 800 元；每次收入在 4 000 元以上的，定率减除 20%的费用。

2. 应纳税额的计算方法

劳务报酬所得适用20%的比例税率，其应纳税额的计算公式为：

应纳税额=应纳税所得额×适用税率

如果纳税人的每次应税劳务报酬所得的应纳税所得额超过20 000元，应实行加成征税。其计算公式为：

应纳税额=应纳税所得额×适用税率-速算扣除数

【即学即用】 2016年10月，王先生在北京五所高校进行了巡回演讲，每场演讲收入1万元，请问王先生的演讲收入该如何缴税？

［解析］ 因为王先生的演讲在一个月内连续发生，应按照劳务报酬收入合并缴纳个人所得税。

5.1.4.5 稿酬所得的计税方法

1. 应纳税所得额

稿酬所得以个人每次取得的收入，定额或定率减除规定费用后的余额为应纳税所得额。每次收入不超过4 000元的，定额减除费用800元；每次收入在4 000元以上的，定率减除20%的费用。费用扣除的计算方法与劳务报酬相同。

2. 应纳税额的计算方法

应纳税额=应纳税所得额×适用税率×(1-30%)

5.1.4.6 特许权使用费所得的计税方法

1. 应纳税所得额

特许权使用费所得以个人每次取得的收入，定额或定率减除规定费用后的余额为应纳税所得额。每次收入不超过4 000元的，定额减除费用800元；每次收入在4 000元以上的，定率减除20%的费用。费用扣除的计算方法与劳务报酬所得相同。其中，每次收入是指一项特许权一次转让所取得的收入。

2. 应纳税额的计算方法

应纳税额=应纳税所得额×适用税率

5.1.4.7 利息、股息、红利所得的计税方法

1. 应纳税所得额

利息、股息、红利所得以个人每次取得的收入额为应纳税所得额，不得从收入额中扣除任何费用。

2. 应纳税额的计算方法

应纳税额=应纳税所得额(每次收入额)×适用税率

【即学即用】 王先生因持有股票而得到的年终分红为 10 万元，王先生需要按照(　　)项目征收个人所得税。

A. 工资、薪金所得　　B. 个体工商户的生产、经营所得

C. 劳务报酬所得　　D. 利息、股息、红利所得

答案：D。

5.1.4.8 财产租赁所得的计税方法

1. 应纳税所得额

财产租赁所得一般以个人每次取得的收入，定额或定率减除规定费用后的余额为应纳税所得额。每次收入不超过 4 000 元的，定额减除费用 800 元；每次收入在 4 000 元以上的，定率减除 20%的费用。财产租赁所得以一个月内取得的收入为一次。

在确定财产租赁的应纳税所得额时，纳税人在出租财产过程中缴纳的税金和教育费附加，可持完税（缴款）凭证，从其财产租赁收入中扣除。准予扣除的项目除了规定费用和有关税费外，还准予扣除能够提供有效、准确凭证，证明由纳税人负担的该出租财产实际开支的修缮费用。允许扣除的修缮费用，以每次 800 元为限。一次扣除不完的，准予在下一次继续扣除，直到扣完为止。应纳税所得额的计算公式为：

每次（月）收入不超过 4 000 元的：

应纳税所得额＝每次(月)收入额－准予扣除项目－修缮费用(以 800 元为限)－800

每次（月）收入超过 4 000 元的：

应纳税所得额＝[每次(月)收入额－准予扣除项目－修缮费用(以 800 元为限)]×(1－20%)

2. 应纳税额的计算方法

应纳税额＝应纳税所得额×适用税率

5.1.4.9 财产转让所得的计税方法

1. 应纳税所得额

财产转让所得以个人每次转让财产取得的收入额减除财产原值和合理费用后的余额为应纳税所得额。

2. 应纳税额的计算方法

应纳税额＝应纳税所得额×适用税率

5.1.4.10 偶然所得的计税方法

1. 应纳税所得额

偶然所得以个人每次取得的收入额为应纳税所得额，不扣除任何费用。除有特殊规定外，每次收入额就是应纳税所得额，以每次取得该项收入为一次。

2. 应纳税额的计算方法

应纳税额＝应纳税所得额(每次收入额)×适用税率

5.1.5 申报和缴纳

我国个人所得税采取源泉扣缴税款和自行申报纳税两种纳税方法。

除特殊情况外，纳税人应在取得应纳税所得的次月 15 日内向主管税务机关申报所得并缴纳税款。

5.2 个人所得税的会计核算

5.2.1 扣缴义务人代扣代缴个人所得税的会计核算

个人所得税的扣缴，必须由支付单位在支付所得时进行。可见，企业代扣税款是企业以代理人的身份代理国家向个人征收税金，然后上缴国家，代扣税金与实际上缴之间有一段时间的间隔期，故企业代扣的个人所得税必须通过“应交税费——应交代扣个人所得税”明细科目核算。企业支付所得、代扣税款时，记入该科目贷方，待实际上交税金时再记入该科目的借方。

企业为职工代扣代缴个人所得税有两种情况：第一，职工自己承担个人所得税，企业负有扣缴义务；第二，企业既承担税款，又负有扣缴义务。但需要注意的是，企业为雇员负担的个人所得税款，不得在税前扣除，属于纳税调整项目。

具体账务处理如下：

1. 支付工资、薪金所得时代扣代缴税款的账务处理

[案例 5—1] 某公司张经理 2014 年 11 月取得应税工资收入 4 500 元，其应纳的个人所得税税额是多少？并作出相应的会计分录。

[解析]

全月应纳税所得额＝4 500－3 500＝1 000(元)

应纳税额＝1 000×3%＝30(元)

会计处理如下：

实际发放工资时：

借：应付职工薪酬——工资	4 500	
贷：应交税费——应交代扣个人所得税		30
库存现金		4 470

缴纳税金时：

借：应交税费——应交代扣个人所得税　　30

　贷：银行存款　　30

［案例5—2］　某企业董事李某受雇于该企业，2016年12月取得董事费收入5 000元，应税工资、薪金收入4 000元，以上金额均为已由企业负担个人所得税后的净收入。计算李某12月应纳的个人所得税并作出相应的会计分录。

［解析］　李某12月应纳的个人所得税税额计算如下：

含税收入＝(5 000＋4 000－3 500×20%－555)/(1－20%)＝9 681.25(元)

应纳税所得额＝(5 000＋4 000－3 500－555)/(1－20%)＝6 181.25(元)

应纳税额＝6 181.25×20%－555＝681.25(元)

或

应纳税额＝9 681.25－9 000＝681.25(元)

其会计分录为：

企业计提工资和个人所得税时：

借：管理费用　　9 681.25

　贷：应付职工薪酬——工资　　9 000

　　　应交税费——应交代扣个人所得税　　681.25

企业在向李某支付工资时：

借：应付职工薪酬——工资　　9 000

　贷：银行存款　　9 000

实际缴纳税款时：

借：应交税费——应交代扣个人所得税　　681.25

　贷：银行存款　　681.25

［案例5—3］　某企业高级经理人王某每月的工资收入为5 000元。由于王某在2016年的工作中业绩突出，该企业股东大会决定发放税后年终奖100 000元作为对王某的奖励。2016年12月30日，王某收到了企业发放的奖金。计算王某12月应纳的个人所得税并作出相应的会计分录。

［解析］

扣缴王某当月工资收入的应纳税额＝(5 000－3 500)×3%＝45(元)

企业负担税款的计算：

含税的年终奖收入＝(100 000－1 005)/(1－25%)＝131 993.33(元)

根据131 993.33/12＝10 999.44，查表得知，适用的税率为25%，速算扣除数为1 005。

应纳税额＝131 993.33×25%－1 005＝31 993.33(元)

企业的会计分录为：

计提工资、奖金和个人所得税时：

借：管理费用　　136 993.33

　贷：应付职工薪酬——工资　　104 955

　　应交税费——应交代扣个人所得税　　32 038.33（31 993.33+45）

支付工资与年终奖时：

借：应付职工薪酬——工资　　104 955（5 000−45+100 000）

　贷：银行存款　　104 955

缴纳税款时：

借：应交税款——应交代扣个人所得税　　32 038.33

　贷：银行存款　　32 038.33

2. 支付劳务报酬所得、财产租赁所得、财产转让所得时应代扣代缴税款的账务处理

[案例 5—4]　某企业因一项设计任务，支付给外单位李工程师设计费 3 800 元。计算支付其设计费时应代扣的个人所得税并作出相应的会计分录。

[解析]

$$应纳税额=(3\,800-800)\times 20\%=600(元)$$

企业的会计分录为：

借：管理费用（或待摊费用）　　3 800

　贷：应交税费——应交代扣个人所得税　　600

　　库存现金　　3 200

企业上缴税金时：

借：应交税费——应交代扣个人所得税　　600

　贷：银行存款　　600

[案例 5—5]　郑某将其使用的某项机器设备转让给甲企业，售价为 35 000 元。在转让过程中，郑某承担的相关费用为 3 000 元。该机器设备的原值为 20 000 元。计算应代扣郑某的个人所得税并作出相应的会计分录。

[解析]

$$企业应代扣郑某的个人所得税=(35\,000-20\,000-3\,000)\times 20\%=2\,400(元)$$

企业的会计分录为：

取得该机器设备时：

借：固定资产　　35 000

　贷：银行存款　　32 600

　　应交税费——应交代扣个人所得税　　2 400

支付税金时：

借：应交税费——应交代扣个人所得税　　2 400

　贷：银行存款　　2 400

3. 支付稿酬所得时应代扣代缴税款的账务处理

[案例 5—6] 某报社本月支付给一作家稿酬费用 3 000 元。计算应代扣的个人所得税并作出相应的会计分录。

[解析] 该报社在支付其稿费时应代扣的个人所得税税款为：

$$应纳税额=(3\,000-800)\times 20\%\times(1-30\%)=308(元)$$

报社的会计分录为：

在支付该作家稿费时：

借：主营业务成本等 3 000

贷：应交税费——应交代扣个人所得税 308

库存现金 2 692

报社上缴税金时：

借：应交税费——应交代扣个人所得税 308

贷：银行存款 308

4. 支付利息、股息、红利所得时应代扣代缴税款的账务处理

[案例 5—7] 张某 2016 年 1 月 1 日购买了甲企业发行的三年期企业债券，面值为 5 000元，票面利率为 5%，甲企业于每年年末支付利息。2016 年 12 月 31 日，甲企业支付了当年利息 250 元（=5 000×5%）。计算应代扣的个人所得税并作出相应的会计分录。

[解析]

$$甲企业应代扣代缴的个人所得税=250\times 20\%=50(元)$$

甲企业的会计分录为：

在支付利息时的账务处理为：

借：财务费用 250

贷：应交税费——应交代扣个人所得税 50

库存现金 200

甲企业上缴税金时：

借：应交税费——应交代扣个人所得税 50

贷：银行存款 50

5.2.2 建账建制的个体工商户及个人独资企业、合伙企业的投资者应缴个人所得税的账务处理

1. 建账建制的个体工商户应缴个人所得税的账务处理

可以通过“应交税费——应交个人所得税”科目和“留存收益”或“以前年度损益调整”科目核算。

[案例 5—8] 某个体工商户经营服装批发业务，自 2014 年 9 月 1 日开业经营以来，该年度内（9—12 月）累计已实现应纳税所得额 12 000 元，已预缴所得税 500 元。该个体

工商户于2015年1月进行汇算清缴。计算汇算清缴应补缴的个人所得税并作出相应的会计分录。

［解析］

应纳所得税税额＝12 000×5%＝600(元)

应补缴2014年度所得税税款＝600－500＝100(元)

其会计分录为：

借：以前年度损益调整　　100

　贷：应交税费——应交个人所得税　　100

实际缴纳时：

借：应交税费——应交个人所得税　　100

　贷：银行存款　　100

2. 实行查账征收的个人独资企业、合伙企业投资者个人所得税的账务处理

［案例5—9］ 某建筑装饰厂是实行查账征收的个人独资企业，共有8名职工（含投资人刘三）。该企业2016年实现营业收入120万元，其他业务收入3万元，当年营业成本78万元，营业税金及附加7万元，管理费用8万元，销售费用4万元，财务费用5万元，营业外支出2万元，营业利润19万元。该企业当年发生的具体经济业务如下：

(1) 发放工资总额30.5万元，其中，投资者本人5万元。

(2) 按照当年实际发放工资总额的2%、14%、2.5%计提工会经费、职工福利费、职工教育经费，分别为6 100元、42 700元、7 625元。

(3) 全年列支业务招待费10 050元。

(4) 全年列支广告费23 000元、业务宣传费6 000元。

(5) 直接向某小学捐赠6 000元。

(6) 计提坏账准备1 000元。

(7) 该企业1—3季度已预缴投资者个人所得税52 000元，全年代扣代缴从业人员个人所得税2 000元。

根据上述资料，2016年汇算清缴时，刘三应补缴多少个人所得税？请作出相关会计分录。年末，若企业向地方税务机关申请退还个人所得税手续费，可得到的手续费为多少？

［解析］

允许扣除的投资者生计费用＝3 500×12＝42 000(元)

应调增应纳税所得额＝50 000－42 000＝8 000(元)

业务招待费列支限额＝(1 200 000＋30 000)×0.5%

＝6 150(元)>6 030(元)(10 050×60%)

应调增应纳税所得额＝10 050－6 030＝4 020(元)

广告费和业务宣传费列支限额＝(1 200 000＋30 000)×15%

＝184 500(元)>29 000(元)

广告费和业务宣传费不需调整，可据实扣除。

企业直接捐赠的6 000元不得税前扣除。

企业计提的准备金1 000元不得税前扣除。

综上所述：

该企业2016年

应纳税所得额＝190 000＋8 000＋4 020＋6 000＋1 000＝209 020(元)

应纳税额＝209 020×35%－14 750＝58 407(元)

刘三汇算清缴应补税款＝58 407－52 000＝6 407(元)

按规定，只就代扣代缴从业人员个人所得税税额的2%申请退还手续费，所以年末企业申请退还手续费的数额应为：

2 000×2%＝40(元)

该企业的会计分录为：

代扣投资者个人所得税时：

借：留存收益　　58 407

　贷：应交税费——应交个人所得税　　58 407

上缴个人所得税时：

借：应交税费——应交个人所得税　　6 407

　贷：银行存款　　6 407

5.3 个人所得税纳税申报表的填制

个人所得税纳税申报表主要设置9种，分别为：(1) 个人所得税基础信息表（A表）；(2) 个人所得税基础信息表（B表）；(3) 扣缴个人所得税报告表；(4) 特定行业个人所得税年度申报表；(5) 个人所得税自行纳税申报表（A表）；(6) 个人所得税自行纳税申报表（B表）；(7) 个人所得税生产经营所得纳税申报表（A表）；(8) 个人所得税生产经营所得纳税申报表（B表）；(9) 个人所得税生产经营所得纳税申报表（C表）。

个人所得税自行纳税申报表（A表）（见表5—4）适用于从中国境内两处或者两处以上取得工资、薪金所得的，取得应纳税所得、没有扣缴义务人的，以及国务院规定的其他情形的个人所得税申报。纳税人在办理申报时，须同时附报个人所得税基础信息表(B表)。

纳税人在填报“从中国境内两处或者两处以上取得工资、薪金所得”时，第1～4列需分行列示各任职受雇单位发放的工资、薪金，同时，另起一行在第4列“收入额”栏填写上述工资、薪金的合计数，并在此行填写第5～22列。

[案例5—10]　某集团的注册会计师张某每月从集团总公司获得工资、薪金收入10 000元。张某在2016年9月被安排到该集团下的一个子公司任职。除了集团总公司发给张某工资外，其每月也从子公司获得工资5 000元。

［解析］ 2016 年 9 月，张某从总公司取得的收入应缴纳的个人所得税为：

应纳税额 = 10 000×25％－1 005 = 1 495(元)

2016 年 9 月，张某从子公司取得的收入应缴纳的个人所得税为：

应纳税额 = (5 000－3 500)×3％ = 45(元)

根据《个人所得税法》规定，个人当月取得的工资、薪金收入应合并纳税。所以，合并后张某应缴纳的税款为：

应纳税所得额 = 10 000 + 5 000－3 500 = 11 500(元)
应纳税额 = 11 500×25％－1 005 = 1 870(元)
应补缴税款 = 1 870－1 495－45 = 330(元)

纳税申报表的填制详见表 5—4。

［本章小结］

个人所得税的会计核算包括扣缴义务人代扣代缴个人所得税的会计核算，个体工商户及个人独资企业、合伙企业的投资者应缴个人所得税的会计核算以及个人所得税纳税申报表的填制。

关键术语

居民纳税人	非居民纳税人	工资、薪金所得
劳务报酬所得	财产转让所得	财产租赁所得
利息、股息、红利所得	特许权使用费所得	偶然所得
稿酬所得	代扣代缴税款	

思考题

1. 纳税人代扣代缴工资、薪金的个人所得税款应如何计算？如何进行会计处理？
2. 纳税人代扣代缴劳务报酬的个人所得税款应如何计算？如何进行会计处理？

表 5—4

个人所得税自行纳税申报表（A 表）

税款所属期：自 2016 年 9 月 1 日至 2016 年 9 月 30 日　　　　金额单位：人民币元（列至角分）

姓名	张某	国籍（地区）				身份证件类型				身份证件号码											
自行申报情形	□从中国境内两处或者两处以上取得工资、薪金所得											□没有扣缴义务人						□其他情形			
任职受雇单位名称	所得期间	所得项目	收入额	免税所得	税前扣除项目								减除费用	准予扣除的捐赠额	应纳税所得额	税率（%）	速算扣除数	应纳税额	减免税额	已缴税额	应补（退）税额
					基本养老保险费	基本医疗保险费	失业保险费	住房公积金	财产原值	允许扣除的税费	其他	合计									
1	2	3	4	5	6	7	8	9	10	11	12	13	14	15	16	17	18	19	20	21	22
总公司		工资薪金	10 000																		
子公司		工资薪金	5 000																		
			15 000										3 500		11 500	25	1 005	1 870		1 540	330

谨声明：此表是根据《中华人民共和国个人所得税法》及其实施条例和国家相关法律法规规定填写的，是真实的、完整的、可靠的。

纳税人签字：　　　　年　　月　　日

代理机构（人）公章： 经办人： 经办人执业证件号码：	主管税务机关受理专用章： 受理人：
代理申报日期：　　年　　月　　日	受理日期：　　年　　月　　日

第6章 土地增值税及其他税种的会计核算

［学习提示］　本章重点研究土地增值税、关税、资源税、印花税以及其他税种的会计核算问题。学习本章后，要求掌握土地增值税及其他税种的会计核算方法、税制基本要素的规定、应纳税额的计算和会计账务处理。

6.1　土地增值税的会计核算

土地增值税是对转让国有土地使用权、地上建筑物及附着物并取得收入的单位和个人，就其转让房地产所取得的增值额征收的一种税。

6.1.1　土地增值税概述

1. 征税范围及纳税人

（1）征税范围。土地增值税的征税范围包括所有有偿转让国有土地使用权、地上建筑物及其附着物并取得增值收入的行为，或者说，对转让国有土地使用权和出售房地产的行为征税。这里所说的"国有土地"，是指按国家法律规定属于国家所有的土地。"地上建筑物"是指建于土地上的一切建筑物，包括地上、地下的各种附属设施。"附着物"是指附着于土地上的不能移动或一经移动就遭损坏的物品。

（2）纳税人。土地增值税的纳税人是指转让国有土地使用权、地上建筑物及其附着物并取得收入的单位和个人。也就是说，无论是法人还是自然人，无论是外资企业还是内资企业，无论是中国公民还是外籍个人，只要有偿转让房地产，就是土地增值税的纳税人。

【知识要点提醒】

国有土地使用权的转让属于土地买卖的二级市场，属于土地增值税的征税范围；国有土地使用权的出让属于土地买卖的一级市场，国家作为土地使用权出让的出让方，凭借土地的所有权向土地使用者收取土地的租金，出让的目的是实行国有土地的有偿使用制度，合理开发、利用、经营土地。因此，土地使用权的出让不属于土地增值税的征税范围。

2. 土地增值税税率

土地增值税实行四级超率累进税率：

（1）土地增值额未超过扣除项目金额50%的部分，税率为30%。

（2）土地增值额超过扣除项目金额50%、未超过扣除项目金额100%的部分，税率为40%。

（3）土地增值额超过扣除项目金额100%、未超过扣除项目金额200%的部分，税率为50%。

（4）土地增值额超过扣除项目金额200%的部分，税率为60%。

这四级超率累进税率每级“增值额未超过准予扣除项目金额”的比例，均包括本比例数。

土地增值税超率累进税率如表6—1所示。

表6—1　土地增值税超率累进税率

级次	增值额占扣除项目金额比例	税率（%）	速算扣除率（%）
1	50%（含以下）	30	0
2	50%～100%（含）的部分	40	5
3	100%～200%（含）的部分	50	15
4	200%以上的部分	60	35

3. 土地增值税的计算

土地增值税的计算公式为：

应纳土地增值税税额＝增值额×适用税率－准予扣除项目金额×速算扣除率

其中，增值额的计算公式为：

增值额＝收入总额－准予扣除项目金额

（1）收入总额的确定。

收入总额是指纳税人转让房地产取得的全部收入，包括货币收入、实物收入和其他收入。其中，货币收入是指纳税人转让房地产取得的现金、银行存款、支票、本票、汇票等信用票据和国库券、金融债券、企业债券、股票等有价证券。这类收入的实质是转让方因转让土地使用权、房屋产权而向取得方收取的价款。实物收入是指纳税人转让房地产取得的各种实物形态的收入，如钢材、水泥等建材，房屋，土地不动产，等等。实物收入的价值不易确定，一般需通过估价进行确定。其他收入是指纳税人转让房地产取得的无形资产收入或具有财产价值的权利，如专利权、商标权、著作权、专有技术使用权、土地使用权、商誉权等。这类收入的价值确定需要通过专门的评估。

【小思考】 土地增值税纳税人转让房地产取得的应税收入应如何计量？

（2）准予扣除项目金额。土地增值税并不是直接对转让房地产取得的收入征税，而是对转让房地产的收入总额减除国家规定的各项准予扣除项目金额后的余额计算征税。

税法准予纳税人从转让收入总额中减除的扣除项目金额包括：

①取得土地使用权时支付的金额，即纳税人为取得土地所有权所支付的地价款和按国家统一规定缴纳的有关费用。

②房地产开发成本，指纳税人开发项目实际发生的成本，包括土地征用及拆迁补偿费、前期工程费、建筑安装工程费、基础设施费、公共配套设施费和开发间接费用等。

③房地产开发费用，是指与房地产开发项目有关的销售费用、管理费用、财务费用。

④与转让房地产有关的税金，是指转让房地产时已缴纳的城市维护建设税等。纳税人在转让房地产时缴纳的教育费附加可视同税金予以扣除。[①]

⑤其他扣除项目，从事房地产开发的纳税人可以按照上述第①项、第②项金额之和加计20%扣除。

⑥旧房及建筑物的评估价格，是指在转让已使用的房屋及建筑物时，由政府批准设立的房地产评估机构评定的重置成本价乘以成新率后的价格。

（3）土地增值税的计算。

［案例6—1］ 某市企业（非房地产开发企业）2016年度的有关资料如下：

（1）1月，企业从政府取得A地80亩土地的使用权，支付土地出让金600万元。当月，将其中40亩土地使用权作价550万元作为投资，与另一企业建立合资企业E（非房地产企业）。

（2）3月，将上述剩余40亩土地的使用权直接转让给附近的一家工厂，取得不含税转让收入400万元，缴纳除增值税以外的各项税费22.2万元。

计算本年该企业应缴纳的土地增值税。

［解析］ （1）1月，企业以土地（房地产）作价入股对外投资或作为联营条件的，按规定暂免征收土地增值税。因此，该笔业务不予计征土地增值税。

（2）3月，转让土地使用权，取得收入400万元。

允许扣除的税金＝22.2(万元)

扣除项目金额合计＝300＋22.2＝322.2(万元)

增值额＝400－322.2＝77.8(万元)

---

① 财税［2016］43号规定，土地增值税纳税人转让房地产取得的收入为不含增值税收入。土地增值税扣除项目涉及的增值税进项税额，允许在销项税额中计算抵扣的，不计入扣除项目，不允许在销项税额中计算抵扣的，可以计入扣除项目。

增值率 = 77.8 ÷ 322.2 × 100% = 24.15%

应纳土地增值税 = 77.8 × 30% = 23.34(万元)

6.1.2 土地增值税的会计核算

企业为核算土地增值税，应在“应交税费”科目下设“应交土地增值税”明细科目。该科目贷方反映企业应缴纳的土地增值税，借方反映企业实际缴纳的土地增值税；余额在贷方，反映应交未交的土地增值税。

1. 房地产企业的土地增值税的会计处理

房地产企业是指主要经营房地产买卖业务的企业。对这类企业来说，土地增值税是为取得当期营业收入而支付的费用。因此，土地增值税的会计处理与消费税的会计处理相同，即在计提土地增值税时，借记“营业税金及附加”科目，贷记“应交税费——应交土地增值税”科目。实际上缴时，借记“应交税费——应交土地增值税”科目，贷记“银行存款”等科目。

兼营房地产业务的企业，是指虽然经营房地产业务，但不是以此为主，而是兼营或者附带经营房地产业务的企业。这类企业因转让房地产而缴纳土地增值税的会计处理与前述房地产企业缴纳土地增值税的会计处理一致。

[案例 6—2] 某房地产开发公司开发建造了商品住宅楼一批，在工程未全部竣工结算前已预售一批商品房，按规定预缴土地增值税 1 000 万元。工程全部竣工结算后，该批商品住宅的全部不含税销售收入共计 12 000 万元。公司为取得土地使用权支付的金额为 900 万元，开发土地、建房和配套设施支付 2 800 万元，开发费用计 400 万元，转让房地产的有关税金为 40 万元（不含增值税）。计算其应缴土地增值税、应补缴（或退回）税款，并作出相应的会计分录（暂不考虑其他相关税费）。

[解析] 其会计分录为：

(1) 房地产未全部竣工办理结算前，预缴土地增值税时：

借：应交税费——应交土地增值税　　10 000 000

　贷：银行存款　　10 000 000

(2) 工程竣工结算后，计提应缴土地增值税时：

准予扣除项目金额 = 900 + 2 800 + 400 + 40 + (900 + 2 800) × 20% = 4 880(万元)

增值额 = 12 000 − 4 880 = 7 120(万元)

增值率 = 7 120 ÷ 4 880 = 145.90%

适用的土地增值税税率为 50%，速算扣除系数为 15%：

应纳税额 = 7 120 × 50% − 4 880 × 15% = 3 560 − 732 = 2 828(万元)

借：营业税金及附加　　28 280 000

　贷：应交税费——应交土地增值税　　28 280 000

（3）补缴土地增值税时：

应补税款＝2 828－1 000＝1 828（万元）

借：应交税费——应交土地增值税　　18 280 000
　贷：银行存款　　18 280 000

2. 非房地产企业转让或销售房地产缴纳土地增值税的会计处理

非房地产企业转让或销售房地产应根据具体情况分别计入相关科目：

（1）企业转让国有土地使用权连同地上已完工交付使用的建筑物及附着物，在“固定资产”、“固定资产清理”等有关科目中反映。转让时，借记“固定资产清理”、“累计折旧”等科目，贷记“固定资产”科目。取得转让收入时，借记“银行存款”科目，贷记“固定资产清理”科目。计算土地增值税时，借记“固定资产清理”科目，贷记“应交税费——应交土地增值税”科目。上缴税金时，借记“应交税费——应交土地增值税”科目，贷记“银行存款”科目。

（2）企业转让国有土地使用权连同地上未竣工的建筑物及附着物，其会计分录如下：

借：银行存款等
　　营业外支出（借方差额）
　贷：在建工程
　　　应交税费——应交增值税（销项税额）
　　　　　　　——应交土地增值税
　　　营业外收入（贷方差额）

缴纳土地增值税时，借记“应交税费——应交土地增值税”科目，贷记“银行存款”科目。

［案例 6—3］　2016 年 6 月，某企业转让一处房产的土地使用权及地上房产的产权，房产于 2013 年 5 月购置并投入使用，根据有关凭证确认企业为取得该房产支付的成本为 4 200万元，转让房产取得的含税收入为 6 300 万元，房产累计折旧为 504 万元。该房产经认定的重置成本为 5 000 万元，成新率为 70%。计算应缴纳的土地增值税，并作出相应的会计分录（该企业在增值税的计算上选择简易计税方法，城市维护建设税、教育费附加及印花税等其他相关税费暂不考虑）。

［解析］　计算应缴纳的增值税：

应纳增值税＝(6 300－4 200)÷(1＋5%)×5%＝100（万元）

计算应缴纳的土地增值税：

土地增值额＝(6 300－100)－5 000×70%＝2 700（万元）
增值率＝2 700÷(5 000×70%)＝77.14%

适用的土地增值税税率为 40%，速算扣除系数为 5%：

应纳土地增值税＝2 700×40%－(5 000×70%)×5%＝905（万元）

其会计分录为：

转让房地产时：

借：固定资产清理　　36 960 000

　　累计折旧　　5 040 000

　贷：固定资产　　42 000 000

收到转让收入时：

借：银行存款　　63 000 000

　贷：固定资产清理　　62 000 000

　　　应交税费——应交增值税（简易征收）　　1 000 000

计提土地增值税时：

借：固定资产清理　　9 050 000

　贷：应交税费——应交土地增值税　　9 050 000

上缴税费时：

借：应交税费——应交土地增值税　　9 050 000

　贷：银行存款　　9 050 000

结转固定资产清理损益时：

借：固定资产清理　　15 990 000（=62 000 000－36 960 000－9 050 000）

　贷：营业外收入　　15 990 000

6.1.3 土地增值税的征收管理纳税地点

1. 纳税地点

土地增值税的纳税人应向房地产所在地主管税务机关办理纳税申报，并在税务机关核定的期限内缴纳土地增值税。其中，房地产所在地是指房地产的坐落地。纳税人转让的房地产坐落在两个或两个以上地区的，应按房地产所在地分别申报纳税。

在实际工作中，纳税地点的确定又可分为以下两种情况：

(1) 纳税人是法人的。当转让的房地产坐落地与其机构所在地或经营所在地一致时，则在办理税务登记的原管辖税务机关申报纳税即可；当转让的房地产坐落地与其机构所在地或经营所在地不一致时，则应在房地产坐落地所属的税务机关申报纳税。

(2) 纳税人是自然人的。当转让的房地产坐落地与其居住所在地一致时，则在居住所在地税务机关申报纳税；当转让的房地产坐落地与其居住所在地不一致时，在办理过户手续所在地的税务机关申报纳税。

2. 纳税申报

土地增值税的纳税人应在转让房地产合同签订后的 7 日内，到房地产所在地主管税务机关办理纳税申报，并向税务机关提交房屋及建筑物产权证书，土地使用权证书，土地转让、房产买卖合同，房地产评估报告，以及其他与转让房地产有关的资料。

纳税人因经常发生房地产转让而难以在每次转让后申报的，可以向纳税所在地的地方税务机关备案，选择定期申报方式，即按月或按各省、自治区、直辖市和计划单列市地方税务局规定的期限申报缴纳土地增值税。定期申报方式确定后，一年之内不得变更。

此外，根据《中华人民共和国土地增值税暂行条例实施细则》关于“纳税人在项目全部竣工结算前转让房地产取得的收入……可以预征土地增值税……具体办法由各省、自治区、直辖市地方税务局根据当地情况制定”的规定，对于纳税人预售房地产所取得的收入，凡当地税务机关规定预征土地增值税的，纳税人应当到主管税务机关办理纳税申请，并按规定比例预交，待办理决算后，多退少补；凡当地税务机关规定不预征土地增值税的，也应在取得收入时先到税务机关登记或备案。

6.1.4 土地增值税纳税申报表的填制

案例6—2中房地产开发公司的纳税申报表填制如表6—2所示。

表6—2　　土地增值税纳税申报表（一）

（从事房地产开发的纳税人适用）

税款所属时间：　　年　月　日　　　　填表日期：　　年　月　日

纳税人编码：　　　金额单位：人民币元（列至角分）　　　面积单位：平方米

纳税人名称		项目名称			项目地址		
业别		经济性质		纳税人地址		邮政编码	
开户银行		银行账号		主管部门		电话	

项　目		行次	金　额
一、转让房地产收入总额　1＝2＋3		1	120 000 000
其中	货币收入	2	120 000 000
	实物收入及其他收入	3	0
二、扣除项目金额合计　4＝5＋6＋13＋16＋20		4	48 800 000
1. 取得土地使用权所支付的金额		5	9 000 000
2. 房地产开发成本　6＝7＋8＋9＋10＋11＋12		6	28 000 000
其中	土地征用及拆迁补偿费	7	
	前期工程费	8	
	建筑安装工程费	9	
	基础设施费	10	
	公共配套设施费	11	
	开发间接费用	12	
3. 房地产开发费用　13＝14＋15		13	4 000 000
其中	利息支出	14	
	其他房地产开发费用	15	

4. 与转让房地产有关的税金等　16＝17＋18＋19	16	400 000
其中　增值税	17	
其中　城市维护建设税	18	
其中　教育费附加	19	
5. 财政部规定的其他扣除项目	20	7 400 000
三、增值额　21＝1－4	21	71 200 000
四、增值额与扣除项目金额之比　22＝21÷4	22	145.90%
五、适用税率	23	50%
六、速算扣除系数	24	15%
七、应交土地增值税税额　25＝21×23－4×24	25	28 280 000
八、已缴土地增值税税额	26	10 000 000
九、应补（退）土地增值税税额 27＝25－26	27	18 280 000

<table>
<tr><td>授权代理人</td><td colspan="4">（如果你已委托代理申报人，请填写下列资料）
为代理一切税务事宜，现授权——（地址）为本纳税人的代理申报人，任何与本报表有关的来往文件都可寄予此人。
授权人签字：________</td><td colspan="4">我声明：此纳税申报表是根据《中华人民共和国土地增值税暂行条例》及其实施细则的规定填报的。我确信它是真实的、可靠的、完整的。
声明人签字：________</td></tr>
<tr><td>纳税人签章</td><td></td><td>法人签章</td><td></td><td colspan="2">经办人员（代理申报人）签章</td><td></td><td>备注</td><td></td></tr>
<tr><td colspan="9">（以下部分由主管税务机关负责填写）</td></tr>
<tr><td>主管税务机关收到日期</td><td></td><td>接收人</td><td></td><td>审核日期</td><td></td><td>税务审核人员签章</td><td colspan="2"></td></tr>
<tr><td>审核记录</td><td colspan="4"></td><td>主管税务机关盖章</td><td colspan="3"></td></tr>
</table>

6.2　关税的会计核算

6.2.1　关税概述

1. 关税的基本概念

关税是由海关依法对进出境的货物、物品征收的一种税。其中，“境”是指关境，通常又称海关境域或者关税领域，是国家海关法全面实施的领域。国境是一国政府以国家边界为限，全面行使主权的境域。关境是海关征收关税的领域。在一般情况下，国境与关境

【小思考】 我国为什么只对少数产品征收出口关税？

是一致的，国境就是关境，关境就是国境。但是，有时两者也会有一定的区别，比如存在自由港或自由贸易区时，关境就会小于国境；如果几个国家组成关税同盟，成员国之间的贸易无须缴纳关税，此时的关境便大于国境，如欧洲联盟。现在征收出口关税的国家已经很少了，因此一般情况下所说的关税指进口关税。我国的关税绝大部分是指进口关税，国家仅对少数资源性产品及易于竞相杀价、盲目出口、需要规范出口秩序的半制成品征收出口关税。

根据《中华人民共和国海关法》（以下简称《海关法》）以及《中华人民共和国进出口关税条例》的规定，进口货物的收货人、出口货物的发货人、进境物品的所有人，为关税的纳税义务人。

2. 关税计税依据的确认

我国对进口商品基本上都实行从价税，关税的计税依据是完税价格。《海关法》第五十五条规定：进出口货物的完税价格，由海关以该货物的成交价格为基础审查确定。成交价格不能确定时，完税价格由海关依法估定。进出境物品的完税价格由海关依法确定。同时，从1997年7月1日起，我国对部分产品实行从量税、复合税和滑准税。

3. 关税应纳税额的计算

（1）从价计税法。

关税税额＝应税进（出）口货物数量×单位完税价格×税率

（2）从量计税法。

关税税额＝应税进（出）口货物数量×单位货物税额

（3）复合计税法。

关税税额＝应税进（出）口货物数量×单位货物税额＋应税进（出）口货物数量×单位完税价格×税率

（4）滑准计税法。

关税税额＝应税进（出）口货物数量×单位完税价格×滑准税税率

上述公式中适用的关税税率可从《中华人民共和国海关进出口税则》中直接查找，因此，应纳关税税额的计算关键是完税价格的确定。

（1）对于进口货物，其完税价格由海关以该货物的成交价格为基础审查确定，并且应当包括货物运抵中华人民共和国境内输入地点起卸前的运输及其相关费用、保险费。由买方负担的除购货佣金以外的佣金和经纪费、与该货物视为一体的容器费用、包装材料费用和包装劳务费用也应当计入完税价格。如果进口货物的成交价格不符合规定成交价格条件或者成交价格不能确定，海关经了解有关情况，并且与纳税义务人进行价格磋商后，依次以相同货物成交价格估价方法、类似货物成交价格估价方法、倒扣价格估价方法、计算价格估价方法及其他合理方法审查确定该货物的完税价格。纳税义务人向海关提供有关资料后，可以提出申请，颠倒倒扣价格估价方法和计算价格估价方法的适用次序。

（2）对于出口货物，其完税价格由海关以该货物的成交价格为基础审查确定，并且应当包括货物运至中华人民共和国境内输出地点装载前的运输及其相关费用、保险费，但是其中包含的出口关税税额，应当予以扣除。此外，在货物价款中单独列明的货物运至中华人民共和国境内输出地点装载后的运输及其相关费用、保险费也不应计入出口货物的完税价格。如果出口货物的成交价格不能确定，海关经了解有关情况，并且与纳税义务人进行价格磋商后，依次以下列价格审查确定该货物的完税价格：

①同时或者大约同时向同一国家或者地区出口的相同货物的成交价格；

②同时或者大约同时向同一国家或者地区出口的类似货物的成交价格；

③根据境内生产相同或者类似货物的成本、利润和一般费用（包括直接费用和间接费用）、境内发生的运输及其相关费用、保险费计算所得的价格；

④按照合理方法估定的价格。

【即学即用】 下列各项中，应当计入进口货物关税完税价格的有（　　）。

A. 由买方负担的与进口货物视为一体的容器费用

B. 由买方负担的购货佣金

C. 由买方负担的境外包装劳务费用

D. 由买方负担的境外包装材料费用

E. 货物运抵境内输入地点之后发生的运输费用

答案：ACD。

6.2.2 关税的会计核算

关税的会计核算通过在“应交税费”科目下设置“应交进口关税”和“应交出口关税”二级科目进行。“应交税费——应交进口关税”和“应交税费——应交出口关税”科目贷方核算应当缴纳的关税金额，借方核算已经缴纳的关税金额，期末余额在贷方表示尚未缴纳的关税金额，在借方反映多缴纳的关税金额。

1. 工业企业关税的会计核算

（1）进口关税的会计核算。工业企业通过外贸企业代理或直接从国外进口原材料，应支付的进口关税不通过“应交税费”账户核算，而是将其与进口原材料的价款、国外运费保费、国内费用一并直接计入进口原材料的采购成本，借记“在途物资”、“材料采购”科目，贷记“银行存款”、“应付账款”等科目。

企业根据同外商签订的加工装配和补偿贸易合同引进的国外设备，应支付的进口关税按规定以企业专用拨款等支付。支付时，借记“在建工程”科目，贷记“银行存款”等科目。

[案例6—4] 深圳某建筑材料厂进口钢条一批，经计算，应缴纳进口关税150 000元。

其会计分录为：

企业缴纳关税时：

借：在途物资　　150 000

　贷：银行存款　　150 000

（2）出口关税的会计核算。工业企业在核算出口关税时，应直接在“营业税金及附加”科目中核算企业出口产品应缴纳的关税，并在期末将发生的关税转入“本年利润”科目。

[案例6—5] 某工业企业出口一批应税产品，经海关审定的出口关税为58 000元，企业已在出口时如数缴纳。

其会计分录为：

企业缴纳关税时：

借：营业税金及附加　58 000
　贷：银行存款　58 000

期末，企业结转上缴关税时：

借：本年利润　58 000
　贷：营业税金及附加　58 000

2. 商业企业关税的会计核算

商业企业关税的会计核算是按照进出口商品经营方式的不同分别处理的，即按照自营和代理两种不同经营方式采用不同的核算方法。

自营进出口业务关税的会计核算：

(1) 自营进口业务关税的核算。商业企业自营进口业务关税的会计核算需要通过“在途物资——进口关税”和“应交税费——应交进口关税”等科目进行。“在途物资——进口关税”科目反映企业进口商品应缴纳的关税，并分摊到该批商品的经营成本中。“应交税费——应交进口关税”科目的贷方记录企业应缴纳的进口商品关税，借方记录已上缴的关税，贷方余额反映应交未缴的关税，也可不通过“应交税费——应交进口关税”科目，而是直接贷记“银行存款”科目。

[案例6—6] 某商业企业从国外进口一批货物，经海关审定的进口关税税额为112 000元。企业如数上缴。

企业实际缴纳关税时：

借：应交税费——应交进口关税　112 000
　贷：银行存款　112 000

(2) 自营出口业务关税的核算。商业企业自营出口业务关税的会计核算需运用的科目有“营业税金及附加”和“应交税费——应交出口关税”。计算应缴出口关税时，借记“营业税金及附加”科目，贷记“应交税费——应交出口关税”科目。实际缴纳税金时，借记“应交税费——应交出口关税”科目，贷记“银行存款”科目。

[案例6—7] 某商业企业自营出口一批商品，经海关审定的出口关税为28 000元，企业以银行存款支付。

其会计分录为：

计算应缴关税时：

借：营业税金及附加　28 000
　贷：应交税费——应交出口关税　28 000

实际缴纳时：

借：应交税费——应交出口关税　28 000
　贷：银行存款　28 000

代理进出口业务关税的会计核算：

商业企业（外贸企业）代理进出口业务所缴纳的关税实际上是替委托方代垫代付的，

在日后与委托方结算时还需收回。为此，商业企业要运用“应收账款”、“应付账款”或“预收账款”等科目进行核算。

[案例6—8] 某外贸公司代理A厂出口一批货物，出口离岸价格为880 000元，出口货物适用的关税税率为10%，协议收取手续费5%。

其会计分录为：

计算出口关税时：

$$应缴出口关税=880\,000\div(1+10\%)\times10\%=80\,000(元)$$

借：应收账款——A厂（出口关税）　80 000
　贷：应交税费——应交出口关税　80 000

收到出口货物货款时（同时支付出口关税）：

借：银行存款（或外汇存款）　880 000
　贷：应付账款——A厂（货款）　880 000

借：应交税费——应交出口关税　80 000
　贷：银行存款（或外汇存款）　80 000

向A厂支付代销货款时：

借：应付账款——A厂（货款）　880 000
　贷：银行存款　760 000
　　其他业务收入——手续费　40 000
　　应收账款——A厂（出口关税）　80 000

6.3 资源税的会计核算

6.3.1 资源税概述

1. 资源税的征税范围

资源税是对在中华人民共和国领域及管辖海域从事应税矿产品开采、生产盐和取用水的单位和个人课征的一种税。现行资源税的征税范围限于矿产品、盐资源和水资源。资源税的纳税义务人是在中华人民共和国领域及管辖海域开采应税矿产品或者生产盐的单位和个人，以及利用取水工程或者设施直接从江河、湖泊（含水库）和地下取用地表水、地下水的单位和个人。水资源税征税试点于2016年7月1日在河北省开展。①

《中华人民共和国资源税暂行条例》（以下简称《资源税暂行条例》）规定，收购未税矿产品的单位（包括个体户）是资源税的扣缴义务人。规定资源税扣缴义务人的目的是对零星、分散、不定期开采的行为加强征收管理，避免漏税。对零星、分散开采的未税矿产

① 《财政部国家税务总局水利部关于印发〈水资源税改革试点暂行办法〉的通知》（财税［2016］55号）。

品由扣缴义务人在收购矿产品时代扣代缴资源税。

2. 资源税的税目与税率

资源税采用从量定额和从价定率的办法征收，实施“普遍征收，级差调节”的征收原则。资源税的税目、税额分为七大类，在税目下又设有若干个子目（见表6—3）。税目与子目是根据资源税应税产品和纳税人开采资源的行业特点设置的：

(1) 原油，是指开采的天然原油，人造石油不征税。

(2) 天然气，是指专门开采的天然气和与原油同时开采的天然气，煤矿生产的天然气暂不征税。

(3) 煤炭，是指原煤和以未税原煤加工的洗选煤。

(4) 金属矿，包括铁矿、金矿、铜矿、铝土矿、铅锌矿、镍矿以及未列举名称的其他金属矿产品。

(5) 非金属矿，包括石墨、硅藻土、高岭土、萤石、石灰石、硫铁矿、磷矿、氯化钾、硫酸钾、煤层（成）气、粘土、砂石以及未列举名称的其他非金属矿产品。

(6) 盐，是指氯化钠初级产品，包括固体盐（海盐原盐、湖盐原盐和井矿盐）和液体盐（卤水）。其中，液体盐是指氯化钠含量达到一定浓度的溶液，是用于生产碱和其他产品的原料。海盐是指海水晒制的盐，不包括提取地下卤水晒制的盐。

(7) 水，包括地表水和地下水。其中，地表水是陆地表面上动态水和静态水的总称，包括江、河、湖泊（含水库）、雪山融水等水资源。地下水是埋藏在地表以下的各种形式的水资源。

为促进共伴生矿的综合利用，2016年5月9日财政部、国家税务总局联合下发《财政部 国家税务总局关于资源税改革具体政策问题的通知》（财税〔2016〕54号），规定自2016年7月1日起纳税人开采销售共伴生矿，共伴生矿与主矿产品销售额分开核算的，对共伴生矿暂不计征资源税；没有分开核算的，共伴生矿按主矿产品的税目和适用税率计征资源税。财政部、国家税务总局另有规定的，从其规定。

表6—3　　资源税的税目税率表

税目		征税对象	税率
一、原油			销售额的5%～10%（实际适用税率为6%）
二、天然气			销售额的5%～10%（实际适用税率为6%）
三、煤炭			销售额的2%～10%
四、金属矿	铁矿	精矿	1%～6%
	金矿	金锭	1%～4%
	铜矿	精矿	2%～8%
	铝土矿	原矿	3%～9%
	铅锌矿	精矿	2%～6%
	镍矿	精矿	2%～6%
	锡矿	精矿	2%～6%
	未列举名称的其他金属矿产品	原矿或精矿	税率不超过20%

续前表

税目		征税对象	税率
五、非金属矿	石墨	精矿	3%～10%
	硅藻土	精矿	1%～6%
	高岭土	原矿	1%～6%
	萤石	精矿	1%～6%
	石灰石	原矿	1%～6%
	硫铁矿	精矿	1%～6%
	磷矿	原矿	3%～8%
	氯化钾	精矿	3%～8%
	硫酸钾	精矿	6%～12%
	煤层（成）气	原矿	1%～2%
	粘土、砂石	原矿	每吨或立方米 0.1 元～5 元
	未列举名称的其他非金属矿产品	原矿或精矿	从量税率每吨或立方米不超过 30 元，从价税率不超过 20%
六、盐	井矿盐	氯化钠初级产品	1%～6%
	湖盐	氯化钠初级产品	1%～6%
	提取地下卤水晒制的盐	氯化钠初级产品	3%～15%
	海盐	氯化钠初级产品	1%～5%
七、水	水力发电和火力发电贯流式以外的取用水	地表水	平均不低于每立方米 0.4 元
		地表水	平均不低于每立方米 1.5 元
	水力发电和火力发电贯流式取用水	地表水	每千瓦时 0.005 元
		地表水	

为公平原矿与精矿之间的税负，对同一种应税产品，征税对象为精矿的，纳税人销售原矿时，应将原矿销售额换算为精矿销售额缴纳资源税；征税对象为原矿的，纳税人销售自采原矿加工的精矿时，应将精矿销售额折算为原矿销售额缴纳资源税。换算比或折算率原则上应通过原矿售价、精矿售价和选矿比计算，也可通过原矿销售额、加工环节平均成本和利润计算。

金矿以标准金锭为征税对象，纳税人销售金原矿、金精矿的，应比照上述规定将其销售额换算为金锭销售额缴纳资源税。

换算比或折算率应按简便可行、公平合理的原则，由省级财税部门确定，并报财政部、国家税务总局备案。

3. 资源税的计税依据

根据2011年9月21日国务院第173次常务会议通过的《国务院关于修改〈中华人民共和国资源税暂行条例〉的决定》，资源税应分为从价定率征收和从量定额征收。目前，实行从价定率计征资源税的应税产品包括原油、天然气和煤炭。

（1）从价定率征收的计税依据。

实行从价定率征收的，以销售额作为资源税的计税依据。销售额是指纳税人销售应税产品向购买方收取的全部价款和价外费用，但不包括收取的增值税销项税额和运杂费。

运杂费是指应税产品从坑口或洗选（加工）地到车站、码头或购买方指定地点的运输费用、建设基金以及随运销产生的装卸、仓储、港杂费用。运杂费应与销售额分别核算，凡未取得相应凭据或不能与销售额分别核算的，应当一并计征资源税。

（2）从量定额征收的计税依据。

实行从量定额征收的，以销售或取用数量作为资源税的计税依据。销售数量包括纳税人开采或者生产应税产品的实际销售数量和视同销售的自用数量。

在实际生产经营活动中，有些情况需做特殊考虑。对此，税法的规定如下：

（1）纳税人开采或者生产应税产品，自用于连续生产应税产品的，不缴纳资源税；自用于其他方面的，视同销售，应按规定缴纳资源税。

（2）纳税人开采或者生产不同税目应税产品的，应当分别核算不同税目应税产品的销售额或者销售数量；未分别核算或者不能准确提供不同税目应税产品的销售额或者销售数量的，从高适用税率。

（3）纳税人的减税、免税项目，应当单独核算销售额或者销售数量；未单独核算或者不能准确提供销售额或者销售数量的，不予减税或者免税。

（4）纳税人在2016年7月1日前开采原矿或以自采原矿加工精矿，在2016年7月1日后销售的，按规定缴纳资源税；2016年7月1日前签订的销售应税产品的合同，在2016年7月1日后收讫销售款项或者取得索取销售款项凭据的，按规定缴纳资源税；在2016年7月1日后销售的精矿（或金锭），其所用原矿（或金精矿）如已按从量定额的计征方式缴纳了资源税，并与应税精矿（或金锭）分别核算的，不再缴纳资源税；2016年7月1日前已按原矿销量缴纳过资源税的尾矿、废渣、废水、废石、废气等实行再利用，从中提取的矿产品，不再缴纳资源税。

有下列情形之一的，减征或者免征资源税：

（1）开采原油过程中用于加热、修井的原油，免税。

（2）对油田范围内运输稠油过程中用于加热的原油、天然气免征资源税。

（3）对规定限额内的农业生产取用水，免征水资源税。

（4）对取用污水处理回用水、再生水等非常规水源，免征水资源税。

（5）对依法在建筑物下、铁路下、水体下通过充填开采方式采出的矿产资源，资源税减征50%。充填开采是指随着回采工作面的推进，向采空区或离层带等空间充填废石、尾矿、废渣、建筑废料以及专用充填合格材料等采出矿产品的开采方法。

（6）对实际开采年限在15年以上的衰竭期矿山开采的矿产资源，资源税减征30%。衰竭期矿山是指剩余可采储量下降到原设计可采储量的20%（含）以下或剩余服务年限不超过5年的矿山，以开采企业下属的单个矿山为单位确定。

(7) 纳税人开采或者生产应税产品过程中，因意外事故或者自然灾害等原因遭受重大损失的，由省、自治区、直辖市人民政府酌情决定减税或者免税。

(8) 对鼓励利用的低品位矿、废石、尾矿、废渣、废水、废气等提取的矿产品，由省级人民政府根据实际情况确定是否给予减税或免税。

(9) 财政部、国家税务总局规定的其他减税、免税项目。

4. 资源税应纳税额的计算

实行从价定率征收资源税的应税产品，根据其销售额和规定的适用税率计算应纳税额，具体计算公式为：

应纳税额＝销售额×适用税率

水资源税实行从量计征，应纳税额的计算公式为：

应纳税额＝取水口所在地税额标准×实际取用水量

水力发电和火力发电贯流式取用水量按照实际发电量确定：

代扣代缴应纳税额＝收购未税矿产品的数量×适用的单位税额

6.3.2 资源税的会计核算

按照税法规定，企业因开采或销售应税产品而缴纳的资源税应计入企业生产经营成本费用，因此在会计处理中应通过成本费用类账户进行核算。同时，又因为资源税应纳税额在计算上存在不同情况，故在账务处理上应用的具体科目也不同。

1. 直接销售应税产品的会计核算

企业计提直接销售的应税产品的应交资源税时，借记“营业税金及附加”科目，贷记“应交税费——应交资源税”科目；实际缴纳资源税时，借记“ 应交税费——应交资源税”科目，贷记“银行存款”等科目。

[案例 6—9] 某油田 2 月份生产原油 100 万吨，当月已对外销售 80 万吨，每吨不含税售价为 1.5 万元，货款已收到。计算该油田当月增值税销项税额和应纳资源税，并做相应的会计处理。

[解析]

增值税销项税额＝80×15 000×17％＝204 000(万元)

应纳资源税＝80×15 000×6％＝72 000(万元)

借：银行存款	14 040 000 000	
贷：主营业务收入		12 000 000 000
应交税费——应交增值税（销项税额）		2 040 000 000
借：营业税金及附加	720 000 000	
贷：应交税费——应交资源税		720 000 000

2. 纳税人自产自用应税产品的会计核算

纳税人自产自用应税产品应将移送使用量确认为课税数量，计税时借记“生产成本”、

“制造费用”等科目，贷记“应交税费——应交资源税”科目；实际缴纳资源税时，借记“应交税费——应交资源税”科目，贷记“银行存款”等科目。

［案例 6—10］ 某铜矿山 1 月份对外销售铜矿石原矿，取得不含增值税收入 150 000 元，将 50 000 元用于加工生产铜精矿，所生产的铜精矿已于当月全部销售，取得不含增值税收入 75 000 元。该铜矿石适用的税率为 6%，计算该铜矿山当月应纳资源税税额，并做相应的会计处理。（原矿与精矿之间的换算比为 1∶1.5。）

［解析］

应纳资源税＝150 000×1.5×6%＋50 000×1.5×6%
＝13 500＋4 500＝18 000（元）

借：营业税金及附加　　13 500
　贷：应交税费——应交资源税　　13 500
借：生产成本　　4 500
　贷：应交税费——应交资源税　　4 500
借：应交税费——应交资源税　　18 000
　贷：银行存款　　18 000

3. 收购未税矿产品的会计核算

资源税扣缴义务人在收购未税矿产品时，应按矿产品的收购款加上代扣代缴的资源税款，借记“在途物资”科目，按支付的收购款贷记“银行存款”科目，按代扣代缴的资源税贷记“应交税费——应交资源税”科目；实际缴纳资源税时，借记“应交税费——应交资源税”科目，贷记“银行存款”等科目。

［案例 6—11］ 某企业收购未税铁矿石 230 吨，支付收购款 1.84 万元，代扣资源税税金 460 元。（暂不考虑增值税。）

其会计分录为：

借：在途物资　　18 860
　贷：银行存款　　18 400
　　　应交税费——应交资源税　　460

代缴资源税时：

借：应交税费——应交资源税　　460
　贷：银行存款　　460

6.4 印花税的会计核算

6.4.1 印花税概述

印花税是对经济活动和经济交往中书立、领受、使用的应税经济凭证所征收的一种税。

1. 印花税的纳税人

在中华人民共和国境内书立、领受、使用《中华人民共和国印花税暂行条例》（以下简称《印花税暂行条例》）所列举凭证的单位和个人，都是印花税的纳税人，应当按照规定缴纳印花税。按照征税项目划分，印花税纳税人具体包括立合同人、立据人、立账簿人、领受人、使用人以及各类电子应税凭证的签订人。

2. 印花税的征税范围

根据《印花税暂行条例》的规定，印花税的征税范围包括：

（1）经济合同以及具有合同性质的凭证。其中，经济合同是指根据《中华人民共和国合同法》和其他有关合同法规订立的合同；具有合同性质的凭证是指具有合同效力的协议、契约、合约、单据、确认书及其他各种名称的凭证。税法列举的应税合同包括购销合同、加工承揽合同、建设工程勘察设计合同、建设工程承包合同、财产租赁合同、货物运输合同、仓储保管合同、借款合同、财产保险合同、技术合同或者具有合同性质的凭证。

（2）产权转移书据，是指因单位和个人产权的买卖、继承、赠与、交换、分割等所立的书据，包括财产所有权和版权、商标专用权、专利权、专有技术使用权等转移书据。

（3）营业账簿，是指单位或者个人记载生产经营活动的财务会计核算账簿，包括日记账簿和各明细分类账簿。营业账簿可分为记载资金的账簿和其他账簿。所谓记载资金的账簿是指反映生产经营单位资本金额增减变化的账簿；其他账簿是指除前述账簿以外的账簿，包括日记账簿和各明细分类账簿。

（4）权利、许可证照，包括政府部门颁发的房屋产权证、工商营业执照、商标注册证、专利证、土地使用证等。

（5）经财政部确定征税的其他凭证。

对于在我国境外书立、领受但在我国境内使用的凭证，在中国境内具有法律效力，受中国法律保护，也属于印花税的征收范围。

【即学即用】 下列各项中，按照产权转移书据缴纳印花税的是（　　）。

A. 土地使用权出让合同

B. 土地使用权转让合同

C. 商品房销售合同

D. 专利申请权转让合同

答案：ABC。

3. 印花税的税率

印花税税率有两种形式，即比例税率和定额税率。

（1）比例税率。在印花税的13个税目中，各类合同以及具有合同性质的凭证、产权转移书据以及营业账簿中记载资金的账簿，适用比例税率。

印花税的比例税率分为4个档次，分别是0.05‰，0.3‰、0.5‰和1‰。

适用0.05‰税率的为“借款合同”。

适用0.3‰税率的为“购销合同”、“建筑安装工程承包合同”和“技术合同”。

适用0.5‰税率的为“加工承揽合同”、“建筑工程勘察设计合同”、“货物运输合同”、“产权转移书据”和营业账簿税目中记载资金的账簿。

适用1‰税率的为“财产租赁合同”、“仓储保管合同”和“财产保险合同”。

（2）定额税率。在印花税的13个税目中，专利、许可证照和营业账簿税目中的其他账簿适用定额税率，均为按件贴花，税额为5元。这样规定主要是考虑到上述应税凭证比较特殊，有的是无法计算金额的凭证，如专利、许可证照；有的是虽记载有金额，但以其作为计税依据明显不合理的凭证，如其他账簿。采用定额税率，既便于纳税人缴纳，又便于税务机关征管。

4. 印花税的计税依据

对于适用比例税率的应税凭证，其印花税计税依据为其所记载的计税金额；对于适用定额税率的应税凭证，其印花税计税依据为应税凭证件数。具体规定为：

（1）购销合同的计税依据为合同记载的购销金额。

（2）加工承揽合同的计税依据为加工或承揽收入的金额。

（3）建设工程勘察设计合同的计税依据为收取的费用。

（4）建筑安装工程承包合同的计税依据为承包金额。

（5）财产租赁合同的计税依据为租赁金额；经计算，税额不足1元的，按1元贴花。

（6）货物运输合同的计税依据为取得的运输费金额，不包括所运货物的金额、装卸费和保险费等。

（7）仓储保管合同的计税依据为收取的仓储保管费用。

（8）借款合同的计税依据为借款金额。

（9）财产保险合同的计税依据为支付（收取）的保险费，不包括所保财产的金额。

（10）技术合同的计税依据为合同所载的价款、报酬或使用费。

（11）产权转移书据的计税依据为所载金额。

（12）营业账簿税目中记载资金的账簿的计税依据为“实收资本”和“资本公积”两项的合计金额。其他账簿的计税依据为应税凭证件数。

（13）权利、许可证照的计税依据为应税凭证件数。

【小思考】 借款合同中，印花税的计税依据包括利息吗？

5. 印花税应纳税额的计算

印花税按应税凭证的不同，分别采用比例税率和定额税率两种形式，其应纳税额的计算相应地适用不同公式。

适用比例税率的应税凭证：

应纳税额 = 应税凭证计税金额 × 适用税率

适用定额税率的应税凭证：

应纳税额 = 应税凭证件数 × 定额税率(5元)

6.4.2 印花税的会计核算

印花税的会计处理与该税种特殊的缴纳方式相关。按照税法的规定，印花税采用在纳税人书立、领受或使用应税凭证时自行计算应交税额，自行到税务机关购买税票，自行贴花并自行注销的“三自”方式完成纳税义务。纳税人的会计处理可根据一次领购税票数额的大小，采用不同的方式。一次购买税票数额不大的，可直接计入管理费用，在购买印花税票时，借记“管理费用”科目，贷记“银行存款”科目。一次购买印花税票或缴纳印花税数额较大的，可通过“预付账款”科目处理。实际购买税票时，借记“预付账款”科目，贷记“银行存款”科目。每次摊销时，借记“管理费用”科目，贷记“预付账款”科目。

[案例6—12] 某企业某月一次购买印花税票500元，其中54元用于当月签订的购销合同（2份）；另有40元贴于本企业营业账簿（其他账簿8本）。

其会计分录为：

购买税票时：

借：预付账款 500

贷：银行存款 500

在合同上与营业账簿上贴花时：

借：管理费用 94

贷：预付账款 94

6.5 车辆购置税的会计核算

6.5.1 车辆购置税概述

1. 车辆购置税纳税人及征税范围

车辆购置税是以在中国境内购置规定车辆为课税对象、在特定的环节向车辆购置者征收的一种税。

在中华人民共和国境内购买《中华人民共和国车辆购置税暂行条例》（以下简称《车辆购置税暂行条例》）规定车辆的单位和个人，为车辆购置税的纳税人。所谓“购置”包括购买、进口、自产、受赠、获奖或者以其他方式取得并自用应税车辆的行为。

【小思考】 购买二手车自用需要缴纳车辆购置税吗？

车辆购置税的征收范围包括汽车、摩托车、电车、挂车和农用运输车。

2. 车辆购置税的税率与计税依据

（1）税率。车辆购置税的税率为10％。

（2）计税依据。

①纳税人购买自用的应税车辆的计税依据为纳税人购买应税车辆而支付给销售者的全部价款和价外费用，不包括增值税销项税款。

②纳税人进口自用的应税车辆以组成计税价格为计税依据，组成计税价格的计算公式为：

组成计税价格＝关税完税价格＋关税＋消费税

③纳税人自产、受赠、获奖或者以其他方式取得并自用的应税车辆的计税依据，凡不能或不能准确提供车辆价格的，由主管税务机关依国家税务总局核定的相应类型的应税车辆的最低计税价格确定。

纳税人购买自用或者进口自用的应税车辆，申报的计税价格低于同类型应税车辆的最低计税价格，又无正当理由的，按照最低计税价格征收车辆购置税。

最低计税价格由国家税务总局依据全国市场的平均销售价格确定。

纳税人以外汇结算应税车辆价款的，按照申报纳税之日中国人民银行公布的人民币基准汇价，折合成人民币计算应纳税额。

【即学即用】 下列各项中，属于车辆购置税应税行为的有（　　）。

A. 购买使用行为　B. 获奖使用行为　C. 进口使用行为　D. 受赠使用行为

答案：ABCD。

3. 车辆购置税应纳税额的计算

车辆购置税实行从价定率的办法计算应纳税额，其应纳税额的计算公式为：

$$应纳税额=计税依据\times 税率$$

6.5.2 车辆购置税的会计核算

为了规范相关会计核算，在《车辆购置税暂行条例》正式颁布后，财政部对车辆购置税的会计处理作出如下规定：

（1）企业购置（包括购买、进口、自产、受赠、获奖或者以其他方式取得并自用）应税车辆，按规定缴纳车辆购置税，借记“固定资产”等科目，贷记“银行存款”科目。

（2）企业购置的减税、免税车辆改制后用途发生变化的，按规定应补缴车辆购置税，借记“固定资产”科目，贷记“银行存款”科目。

［案例6—13］ 某企业当期进口轿车一辆，海关到岸价格为50 000美元（当日美元与人民币的外汇牌价为1∶6.15，进口关税税率为25%，消费税税率为12%，增值税税率为17%）。另外，该企业在国内购置一辆轿车，含税价款为200 000元。计算企业应缴纳的车辆购置税，并做会计处理。（暂不考虑增值税和消费税的会计处理。）

［解析］

$$进口轿车计税价格=\frac{6.15\times 50\,000+6.15\times 50\,000\times 25\%}{1-12\%}$$

$$=\frac{307\,500+76\,875}{1-12\%}=436\,789.77(元)$$

$$进口轿车应纳车辆购置税=436\,789.77\times 10\%=43\,678.98(元)$$

$$国内购车计税价格=200\,000\div(1+17\%)=170\,940.17(元)$$

$$国内购车应纳车辆购置税=170\,940.17\times 10\%=17\,094.02(元)$$

缴纳车辆购置税时：

借：固定资产——轿车　　60 773

　贷：银行存款　　60 773

6.6 房产税的会计核算

6.6.1 房产税概述

房产税是以房屋为课税对象，以房屋的计税余值或租金收入为计税依据，向房屋产权所有人征收的一种财产税。

1. 房产税的征税范围和纳税人

房产税的征税范围为城市、县城、建制镇和工矿区的房产。所谓“房产”是以房屋形态表现的财产，房屋是指有屋面和围护结构（有墙或两边有柱），能够遮风挡雨，可供人们在其中生产、工作、学习、娱乐、居住或储藏物资的场所。

房产税以征税范围内的房屋产权所有人为纳税人。具体来说，房产税的纳税人为：

（1）产权属于国家所有的，由经营管理的单位缴纳。

（2）产权属于集体和个人所有的，由集体单位和个人缴纳。

（3）产权出典的，由承典人缴纳。

（4）产权所有人、承典人不在房产所在地的，或产权未确定及租典纠纷未解决的，由房产代管人或者使用人缴纳。

（5）融资租赁的房产，由承租人自融资租赁合同约定开始日的次月起依照房产余值缴纳房产税；合同未约定开始日的，由承租人自合同签订的次月起依照房产余值缴纳房产税。

（6）纳税单位和个人无租使用房产管理部门、免税单位及纳税单位房产的，应由使用人代为缴纳房产税。

（7）自2009年1月1日起，外商投资企业、外国企业和组织以及外籍个人，依照《中华人民共和国房产税暂行条例》缴纳房产税。

【即学即用】 以下属于房产税纳税人的是（　　）。

A. 房屋的出典人

B. 拥有农村房产的农民

C. 允许他人无租使用房产的房管部门

D. 产权不明的房屋使用人

答案：D。

2. 房产税的计税依据

房产税的计税依据是房产的计税价值或房产的租金收入。按照房产计税价值征税的，称为从价计征；按照房产租金收入征税的，称为从租计征。

（1）房产计税价值的确定。房产的计税价值是房产税计税余值。所谓房产税计税余值是指房产原值一次减除10%～30%损耗价值后的余值。在确定计税余值时，房产原值的具体减除比例，由省、自治区、直辖市人民政府在税法规定的减除幅度内自行确定。

房产原值是指纳税人按照会计制度规定，在会计账簿“固定资产”科目中记载的房屋原价。会计账簿中记载有房屋原价的，将房屋原价按规定减除一定比例后作为房产余值计征房产税；没有记载房屋原价的，按照上述原则，参照同类房屋确定房产原值，计征房产税。

房产原值应包括与房屋不可分割的各种附属设备或一般不单独计算价值的配套设施。纳税人对原有房屋进行改建、扩建的，要相应增加房屋的原值。

（2）房产租金收入的确定。房产的租金收入是指房屋产权所有人出租房产使用权所得的报酬，包括货币收入和实物收入。

3. 房产税的税率

房产税采用比例税率。依据房产计税价值计征的，税率为1.2%；依据租金收入计征的，税率为12%。自2008年3月1日起，对个人出租住房，不区分用途，按4%的税率征收房产税。

4. 房产税应纳税额的计算

从价计征是按房产的原值减除一定比例后的余值计征，其计算公式为：

应纳税额＝应税房产原值×(1－扣除比例)×1.2%

从租计征是按房产的租金收入计征，其计算公式为：

应纳税额＝租金收入×12%(或4%)

[案例6—14] 某企业拥有自有房屋40栋，其中30栋为经营用房，房产原值为2 200万元，所在省规定允许按减除30%后的余值计税；10栋房屋出租给某公司作经营用房，年租金收入为100万元（不含税）。计算该企业应纳的房产税。

[解析]

自用房产应纳税额＝2 200×(1－30%)×1.2%＝18.48(万元)

租金收入应纳税额＝100×12%＝12(万元)

全年应纳房产税税额＝18.48＋12＝30.48(万元)

【知识要点提醒】

对出租房产，租赁双方签订的租赁合同约定有免收租金期限的，免收租金期间由产权所有人按照房产原值缴纳房产税。

6.6.2 房产税的会计核算

对于经营自用的房屋，纳税人期末按规定计算当期应缴的房产税时，借记“管理费用”科目，贷记“应交税费——应交房产税”科目；申报缴纳房产税时，借记“应交税费——应交房产税”科目，贷记“银行存款”科目。

对于出租的房屋，纳税人按规定计算应缴的房产税时，借记“营业税金及附加”科目，贷记“应交税费——应交房产税”科目；缴纳房产税时，借记“应交税费——应交房产税”科目，贷记“银行存款”科目。

[案例 6—15] 某企业 2016 年底拥有经营性房产 50 000 平方米，“固定资产——房屋”账面原值为 3 500 万元（税务机关核定的计税余值扣除比例为 30%）。其中，用于对外出租的房屋 6 000 平方米，房产原值为 420 万元，每月收取租金 25 000 元（不含增值税）。当地税务机关核定房产税每年征收一次。计算该企业当年应缴房产税金额，并做会计分录。

[解析] 自用房屋应纳的房产税：

$$(3\,500-420)\times(1-30\%)\times1.2\%\times10\,000=258\,720(\text{元})$$

房租收入应纳的房产税：

$$25\,000\times12\times12\%=36\,000(\text{元})$$

应纳房产税总额：

$$258\,720+36\,000=294\,720(\text{元})$$

其会计分录为：

计提应纳房产税时：

借：管理费用　　258 720
　　营业税金及附加　　36 000
　贷：应交税费——应交房产税　　294 720

缴纳房产税时：

借：应交税费——应交房产税　　294 720
　贷：银行存款　　294 720

6.7 车船税的会计核算

6.7.1 车船税概述

车船税是对在我国境内拥有的车辆、船舶，按其种类、数量和吨位实行定额征收的一种税。

1. 车船税的纳税义务人及征税范围

车船税的纳税义务人，是指在中华人民共和国境内，拥有《中华人民共和国车船税法》（以下简称《车船税法》）规定的车辆、船舶的所有人或者管理人。

车船税的征税范围是指在中华人民共和国境内符合《车船税法》所附《车船税税目税额表》规定的车辆、船舶。

2. 车船税的税目和税率

车船税实行定额税率。车船税的适用税额，依照《车船税法》所附的《车船税税目税额表》执行（见表6—4）。

表6—4　车船税税目税额表

	目录	计税单位	年基准税额（元）	备注
乘用车按发动机气缸容量（排气量）分档	1.0升（含）以下	每辆	60～360	核定载客人数9人（含）以下
	1.0升以上至1.6升（含）		360～660	
	1.6升以上至2.0升（含）		660～960	
	2.0升以上至2.5升（含）		960～1 620	
	2.5升以上至3.0升（含）		1 620～2 460	
	3.0升以上至4.0升（含）		2 460～3 600	
	4.0升以上		3 600～5 400	
商用车	客车	每辆	480～1 440	核定载客人数9人（包括电车）
	货车	整备质量每吨	16～120	1. 包括半挂牵引车、挂车、客货两用汽车、三轮汽车和低速载货汽车等 2. 挂车按照货车税额的50%计算
其他车辆	专用作业车	整备质量每吨	16～120	不包括拖拉机
	轮式专用机械车	整备质量每吨	16～120	
摩托车		每辆	36～180	
船舶	机动船舶	净吨位每吨	3～6	拖船、非机动驳船分别按照机动船舶税额的50%计算；游艇的税额另行规定
	游艇	艇身长度每米	600～2 000	

3. 车船税应纳税额的计算

车船税按车船的种类确定计税依据，以所确定的计税依据和规定的单位税额计算应纳税额。

（1）乘用车、客车、摩托车的应纳税额为：

应纳税额＝应纳税车辆数量×适用单位税额

（2）货车、挂车、其他车辆（专用作业车）、其他车辆（轮式专用机械车）的应纳税额为：

应纳税额=整备质量×适用单位税额

（3）机动船舶的应纳税额为：

应纳税额=净吨位数×适用单位税额（拖船、非机动驳船分别按照机动船舶税额的50%计算）

（4）游艇的应纳税额为：

应纳税额=艇身长度×适用单位税额

购置的新车船，购置当年的应纳税额自纳税义务发生的当月起按月计算。计算公式为：

应纳税额=（年应纳税额÷12）×应纳税月份数

已缴纳车船税的车船在同一纳税年度内办理转让过户的，不另外纳税，也不退税。

［案例6—16］ 风帆航运公司共有机动船15艘，净吨位均为600吨，核定的年单位税额为4元/吨。此外，该公司还拥有各种车辆42辆。其中，货车35辆，每辆整备质量为8吨，核定的年单位税额为50元/吨；46座以上大客车3辆，核定的年单位税额为500元/辆；摩托车4辆，核定的年单位税额为100元/辆。计算该航运公司应纳的车船税。

［解析］ （1）机动船15艘，分别按净吨位计算应纳税额：

应纳税额=600×15×4=36 000（元）

（2）载货车，按整备质量吨位计算应纳税额：

应纳税额=8×35×50=14 000（元）

（3）客车，按车辆辆数计算应纳税额：

应纳税额=500×3=1 500（元）

（4）摩托车，按车辆辆数计算应纳税额：

应纳税额=4×100=400（元）

（5）该航运公司应缴纳的车船税总计：

36 000+14 000+1 500+400=51 900（元）

6.7.2 车船税的会计核算

1. 车船税的会计科目设置

为核算企业应缴纳的车船税，企业应在“应交税费”科目下设置“应交车船税”明细科目。该科目的借方发生额反映企业已缴纳的车船税，贷方发生额反映企业应缴纳的车船税；期末贷方余额反映企业应缴未缴的车船税。

2. 车船税的会计处理

月末，企业计算出应缴纳的车船税时：

借：管理费用

  贷：应交税费——应交车船税

如果企业分期缴纳，且每期缴纳的税额较大时，需按期分摊成本。按规定计算出应纳税款时：

借：预付账款

  贷：应交税费——应交车船税

以后按期分摊时：

借：管理费用

  贷：预付账款

企业实际缴纳税款时：

借：应交税费——应交车船税

  贷：银行存款

[案例6—17] 以案例6—16为例，假设当地政府规定车船税按季缴纳，则该公司全年应纳税额为51 900元，月应纳税额为51 900/12＝4 325元。请做相应的会计分录。

[解析] 其会计分录为：

1月末，企业计算出应缴纳的车船税时：

借：管理费用　　4 325

  贷：应交税费——应交车船税　　4 325

2月、3月的会计分录同上。

4月初，企业实际缴纳车船税（4 325×3＝12 975元）时：

借：应交税费——应交车船税　　12 975

  贷：银行存款　　12 975

6.8 耕地占用税的会计核算

6.8.1 耕地占用税概述

耕地占用税是国家对占用耕地建房或者从事其他非农业建设的单位和个人，就其实际占用的耕地面积一次性征收的一种税。开征耕地占用税的主要目的是为了合理利用土地资源，加强土地管理，保护农用耕地。

1. 纳税人和征税范围

（1）耕地占用税的纳税人。

耕地占用税的纳税人是指占有耕地建房或者从事非农业建设的单位和个人。

（2）耕地占用税的征税范围。

耕地占用税的征税对象是指建房或者从事其他非农业生产建设所占用的国家所有和集体所有的耕地。

此外，耕地占用税的征税范围还包括以下两种情况：

①占用园地建房或者从事非农业建设的，视同占用耕地征收耕地占用税。

【小思考】 占用鱼塘需要缴纳耕地占用税吗？

②占用林地、牧草地、农田水利地、养殖水面以及渔业水域滩涂等其他农用地建房或者从事非农业建设的，比照占用耕地征收耕地占用税。

2. 耕地占用税的税率

耕地占用税实行地区差别定额税率，即按各地区人均耕地面积的数量确定每平方米适用的税额。《中华人民共和国耕地占用税暂行条例》规定了耕地占用税税额的幅度范围（见表6—5）。

国务院财政、税务主管部门根据人均耕地面积和经济发展情况确定各省、自治区、直辖市的平均税额（见表6—6）。各地适用的具体税额，由各省、自治区、直辖市人民政府在法定的税额幅度内，比照核定的平均税额，根据各地具体情况确定。经济特区、经济技术开发区和经济发达、人均耕地特别少的地区，可以适当提高适用税额；但是，提高的部分最高不得超过上述规定税额的50％。

表6—5　　耕地占用税税额

人均耕地面积（以县为单位）	单位税额（元/平方米）
1亩以下（含1亩）	10～50元
1～2亩（含2亩）	8～40元
2～3亩（含3亩）	6～30元
3亩以上	5～25元

表6—6　　各省、自治区、直辖市耕地占用税平均税额

地区	平均税额（元/平方米）
上海	45
北京	40
天津	35
江苏、浙江、福建、广东	30
辽宁、湖北、湖南	25
河北、安徽、江西、山东、河南、重庆、四川	22.5
广西、海南、贵州、云南、陕西	20
山西、吉林、黑龙江	17.5
内蒙古、西藏、甘肃、青海、宁夏、新疆	12.5

3. 耕地占用税的计算与缴纳

（1）耕地占用税的计算。耕地占用税的计税依据是企业实际占用的耕地面积。其计算公式为：

应纳税额＝实际占用耕地面积×适用定额税率

［案例6—18］ 某企业征用耕地2万平方米，其中，5 000平方米用于免税项目的建设。该地区耕地占用税的适用税额为5元/平方米。计算该企业应缴纳的耕地占用税。

［解析］

实际占用的应税耕地面积＝20 000－5 000＝15 000(平方米)

应纳税额＝15 000×5＝75 000(元)

（2）耕地占用税的缴纳。耕地占用税由地方税务机关负责征收，采用从量定额、一次课征制。获准占用耕地的单位或者个人应当在收到土地管理部门的通知之日起30日内缴纳耕地占用税。

纳税人临时占用耕地，应当依照规定缴纳耕地占用税。纳税人在批准临时占用耕地的期限内恢复所占用耕地原状的，全额退还已经缴纳的耕地占用税。

【小思考】 耕地占用税为什么采用地区差别定额税率？

6.8.2 耕地占用税的会计核算

1. 耕地占用税的会计科目设置

耕地占用税是企业占用耕地建房或从事其他非农业建设时依法缴纳的税款，这部分税款应计入企业购建的固定资产价值。耕地占用税不通过“应交税费”科目核算。

2. 耕地占用税的会计核算

（1）计算应缴纳的耕地占用税时：

借：在建工程

　贷：银行存款

（2）工程竣工后汇算清缴时，如果预缴的税款少于应缴的税款：

借：在建工程

　贷：银行存款

（3）当有多缴的预缴税款退回时：

借：银行存款

　贷：在建工程

［案例6—19］ 某市一家公司新占用2 000平方米耕地用于厂房建设，所占耕地适用的定额税率为20元/平方米。计算该公司应缴纳的耕地占用税，并做会计分录。

［解析］

应缴纳的耕地占用税＝2 000×20＝40 000(元)

其会计分录为：

借：在建工程　　40 000

贷：银行存款 40 000

6.9 契税的会计核算

6.9.1 契税概述

契税是以所有权发生转移的不动产为征税对象，向产权承受人征收的一种财产税。征收契税有利于通过法律形式确定房产的产权关系，也有利于增加地方财政收入。

1. 契税的征税对象及纳税义务人

（1）征税对象。

契税的征税对象是在我国境内转移的土地、房屋权属，具体包括国有土地使用权出让、土地使用权的转让（包括出售、赠与和交换）、房屋买卖、房屋赠与和房屋交换。

采用下列特殊方式转移土地、房屋产权的，也视同土地使用权转让、房屋买卖或者房屋赠与征收契税：

①以土地、房屋权属作价投资、入股；

②以土地、房屋权属抵债；

③以获奖方式承受土地、房屋权属；

④以预购方式或者预付集资建房款方式承受土地、房屋权属。

（2）契税的纳税义务人。

契税的纳税义务人是指在我国境内转移土地、房屋权属，承受的单位和个人。土地、房屋权属是指土地使用权和房屋所有权。

【即学即用】 居民甲拖欠居民乙债务无力偿还，2016年以房产抵偿债务，居民乙因此取得该房产的产权并支付给居民甲差价款10万元。甲、乙双方应由谁来缴纳契税？

［解析］ 以房抵债视同房屋买卖，应由产权承受人按房屋现值缴纳契税，所以应由乙缴纳。

2. 契税的税率和计税依据

契税实行3%～5%的幅度税率，具体税率由省、自治区、直辖市人民政府根据本地区实际情况，在规定的幅度范围内确定。

契税的计税依据为不动产的价格。由于土地、房屋权属转移方式不同，定价方法不同，因而具体计税依据视不同情况而定。

（1）国有土地使用权出让、土地使用权出售、房屋买卖，以成交价格为计税依据。

（2）土地使用权赠与、房屋赠与，由征收机关参照土地使用权出售、房屋买卖的市场价格核定。

（3）土地使用权交换、房屋交换，为所交换的土地使用权、房屋的价格差额。

3. 契税的计算与缴纳

（1）契税的计算。

契税应纳税额的计算公式为：

应纳税额＝计税依据×适用税率

土地使用权、房屋交换时，当交换价格相等时，免征契税；当交换价格不等时，由多交付货币、实物、无形资产或者其他经济利益的一方缴纳契税。

［案例 6—20］ 居民甲将一栋私有房屋出售给居民乙，房屋的成交价格为 20 万元（不含增值税，下同）。此外，甲将一处两居室住房与居民丙交换成两处一居室住房，并支付换房差价款 5 万元。计算甲、乙两人应纳的契税。（当地适用税率为 5%。）

［解析］ 房屋买卖时，契税的纳税人为房屋权属的承受人，故乙应缴纳的契税为：

200 000×5%＝10 000（元）

房屋交换时价格相等的，免征契税；交换价格不等时，由多交付货币、实物、无形资产或者其他经济利益的一方缴纳契税。因此，甲应缴纳的契税为：

50 000×5%＝2 500（元）

（2）契税的缴纳。纳税人签订土地、房屋权属转移合同的当天，或者取得其他具有土地、房屋权属转移合同性质凭证的当天，为契税的纳税义务发生时间。纳税人应当自纳税义务发生之日起 10 日内，向土地、房屋所在地的契税征收机关办理纳税申报，并在契税征收机关核定的期限内缴纳税款。

6.9.2 契税的会计核算

契税的应纳税款通过“应交税费——应交契税”科目进行核算。该科目的借方发生额反映实际已缴纳税款，贷方发生额反映应缴纳的契税；期末余额在贷方，反映应缴未缴的契税。

企业在取得房产所有权、按规定计算应纳契税税额时，应借记“固定资产”、“在建工程”、“无形资产”等科目，贷记“应交税费——应交契税”科目；实际缴纳契税时，借记“应交税费——应交契税”科目，贷记“银行存款”等科目。

［案例 6—21］ 2016 年 6 月，某企业接受捐赠房产一幢，并取得了相应的合法凭证，房屋按市场售价计算应为 555 万元。计算企业应缴纳的契税（当地政府规定的契税税率为 5%），并作出相关的会计分录。

［解析］ （1）赠与行为，税率为 5%，应纳税额为：

5 550 000÷（1＋11%）×5%＝250 000（元）

其会计分录为：

借：固定资产	5 250 000
应交税费——应交增值税（进项税额）	330 000
应交税费——待抵扣进项税额	220 000

贷：营业外收入　　5 550 000

　　应交税费——应交契税　　250 000

（2）实际缴纳契税时：

借：应交税费——应交契税　　250 000

　贷：银行存款　　250 000

［本章小结］

其他税种的核算包括土地增值税的会计核算、关税的会计核算、资源税的会计核算、印花税的会计核算、车辆购置税的会计核算、房产税的会计核算、车船税的会计核算、耕地占用税的会计核算、契税的会计核算。

关键术语

土地增值税	房地产企业	非房地产企业	关税	资源税
印花税	车辆购置税	房产税	应纳税额	契税
关税完税价格	印花税应税凭证	房产税计税余值		

思考题

1. 土地增值税的准予扣除项目金额如何确定？
2. 土地增值税如何计算？
3. 计征关税时，进出口货物的完税价格如何确定？
4. 如何进行资源税的会计核算？
5. 如何进行印花税的会计核算？
6. 车辆购置税如何计算？

第7章 税收筹划的基础和方法

［学习提示］ 本章主要介绍税收筹划的基本理论和基本方法。通过本章的学习，学生应掌握税收筹划的概念，了解税收筹划产生的原因、税收筹划的种类以及税收筹划的工作步骤等税收筹划的基本理论，熟悉纳税人的筹划、计税依据的筹划、税率的筹划、优惠政策的筹划等税收筹划的基本方法，为进一步学习税收筹划操作技巧、提升税收筹划实务操作能力奠定基础。

7.1 税收筹划的概念

7.1.1 税收筹划的概念

从历史上看，税收筹划活动由来已久，尤其是在西方发达国家，它们对税收筹划的研究日趋深入，对税收筹划的概念也有不尽相同的描述。下面是几种颇具代表性的观点。

荷兰国际财政文献局编写的《国际税收词典》对税收筹划是这样描述的：税收筹划是指纳税人通过对经营活动或对个人事务活动的安排，以达到缴纳最低税收之目的。

印度税务专家 N. J. 雅萨斯威在《个人投资和税收筹划》一书中认为，税收筹划是指纳税人通过财务活动的安排，充分利用税收法规所提供的包括减免税在内的一切优惠，从而获得最大的税收利益。

美国南加利福尼亚州立大学 W. B. 梅格斯博士在与他人合著的、已出版多版的《会计学》中对税收筹划做了如下阐述：人们合理而又合法地安排自己的经营活动，使之缴纳可能最低的税收。他们使用的方法可被称为税收筹划……少纳税和递延缴纳税款是税收筹划的目标所在。另外，他还说，在纳税发生之前，系统性地对企业的经营或投资行为作出事先安排，以达到尽量少缴所得税的目的，这个过程就是税收筹划。税收筹划主要是选择企业的组织形式和资本结构、投资采用租用还是购入的方式，以及交易的时间等。

近年来，我国学术界也开始对税收筹划进行研究。有的学者认为，“税务筹划是纳税人依据所涉及的现行税法（不限一地一国），遵循税收国际惯例，在遵守税法的前提下，运用纳税人的权利，根据税法中的‘允许’、‘不允许’以及‘非不允许’的项目、内容等，对企业组建、经营、投资、筹资等活动进行的旨在减轻税负、有利于财务目标实现的谋划与对策”①。还有的学者认为，“税收筹划应包括一切采用合法和非违法手段进行的纳税方面的策划和有利于纳税人的财务安排，主要包括节税筹划、避税筹划、转退筹划和实现涉税零风险”②。“税收筹划指纳税人在税法规定许可的范围内，通过对投资、经营、理财活动事前进行筹划和安排，尽可能地节约税收成本的理财活动。它包括投资税收筹划、经营税收筹划和分配税收筹划。”③“税收筹划是指纳税人在取得税收法律制度支持和税务机关认可的前提下，运用科学的技术方法，通过参与经营策划，使经济活动能够沿着最低税负方向和延期纳税结果运行的一系列谋划活动。它是企业经营管理策划的重要组成部分，是立足于取得税收利益的经营管理策划。”④

综上所述，笔者认为，税收筹划是指在纳税行为发生之前，在税法允许的范围内，通过对纳税主体的经营活动或投资行为等涉税事项作出事先安排，以达到少缴税和递延缴纳税款的一系列谋划活动。

【知识要点提醒】

税收筹划发生在纳税行为之前，且必须遵守税法的规定。

税收筹划早已被美国法庭所认可。例如，在著名的1947年法庭判决书中，法官勒尼德·汉德（Learned Hand）陈述道（类似的陈述也出现在其他国家的官方文件中）⑤：

法庭一再重申，（纳税人）出于尽可能将税负降到最低的目的而安排活动并无不当。所有纳税义务人都有权这样做，无论贫富，没有人应当承担多于法律要求的社会义务；税收是强制的征收，而不是自愿的捐献。以道德的名义要求缴纳更多的税收仅仅是形而上学的说教之词。

[税收委员会诉纽曼案，159F. 2d8489CA－2，1947]⑥

① 盖地：《税务筹划》，北京，高等教育出版社，2003。

② 张中秀：《税收筹划宝典（第2版）》，北京，机械工业出版社，2002。

③ 倪俊喜：《税收筹划学》，天津，天津大学出版社，2007。

④ 王树锋：《税收筹划》，上海，立信会计出版社，2007。

⑤ 参见迈伦·斯科尔斯等：《税收与企业战略》，北京，中国财政经济出版社，2004。

⑥ 这一段引文是法庭诉讼的标准范本。关于法庭诉讼引用证据的格式的更详细资料，参见 Pope，Anderson and Kremer，*Prentice Hall's Federal Taxation 2002*：*Individual*，Chapter 15，especially p. 1722，2001。

7.1.2 税收筹划的特点

7.1.2.1 合法性

税收筹划的合法性是指税收筹划必须在税收法律许可的范围内进行。这里的合法性具有两层含义：一是遵守税法；二是不违反税法。任何违反法律规定、逃避纳税责任的行为都不属于税收筹划的范围。在有多种纳税方案可供选择时，纳税人作出采用较低税负方案的决策是纳税人的正当权利。用道德的名义要求纳税人选择高税负，不是税收法律的本意。

【知识要点提醒】

税收筹划的合法性是其区别于偷税、逃税等行为的基本特点。

7.1.2.2 事先性

税收筹划的事先性是指税收筹划是在纳税义务发生之前对涉税事项所做的规划和安排。在经济活动中，纳税义务通常具有滞后性。企业在交易行为发生之后才产生货物和劳务税纳税义务，在收益实现或分配之后才产生所得税纳税义务，在财产取得之后才产生财产税纳税义务等，这就为纳税人在纳税义务发生之前进行事先筹划提供了可能性。如果纳税义务已经发生，纳税人再通过种种手段减少应纳税款，则被认定是违法行为。

7.1.2.3 风险性

由于税收筹划是在纳税义务发生之前进行的，这就使未来的结果带有一定的不确定性：有可能由于国家宏观经济形势的变化，纳税人的经营行为未取得预期的效果；也有可能由于国家税收政策的调整，使得本来最优的方案变成次优方案。另外，纳税人在筹划时由于对税收政策理解不透（税法在某些条款上的模糊性）等还面临违法及纳税调整的风险等。

7.1.3 税收筹划与避税的区别

1. 避税的定义

避税是纳税人在熟知法律及其规章制度的基础上，在不触犯税收法律的前提下，通过对筹资活动、投资活动、经营活动等一系列涉税行为的安排，达到规避或减轻税负目的的活动。避税的最大特点是非违法性，它包括利用合法手段，如各种特定税收条款或税法中缺乏的某些条款（即税法漏洞），引起应税义务的减少。①

从法律角度分析，避税分为顺法意识避税和逆法意识避税两种类型。顺法意识避税也称积极性避税，指顺应税法的立法意图，不会影响或削弱税法的法律地位，也不会影响或削弱税收的职能作用。例如，纳税人利用税收的起征点避税或设立高新技术产业适用低税

① *Royal Commission on Taxation*, 1966, p.538.

率以规避高税率等。再如，在对烟酒实行高税率政策的背景下，纳税人通过减少烟酒的消费量以达到少纳税的目的，这是一种顺法意识的避税行为，与国家的税收政策导向一致。逆法意识避税也称消极性避税，是与税法的立法意图相违背的，甚至是利用税法漏洞进行的规避税负行为。例如，纳税人通过转让定价手段把高税率子公司的利润转移到低税率子公司的行为等。

【小思考】 逆法意识避税是否属于违法行为？

应用避税最广泛的领域是国际税收领域，避税者利用各国税收管辖权的差异及不同国家或地区税收制度的差异，采用避税港及转让定价等各种手段，以达到减轻税负之目的。国际避税会导致避税者所在国的税收收入减少，其原因是一部分税收转化为避税者的超额利润，一部分税收转化为低税率国或地区的税收收入，即引起税收收入在国家或地区间的转移。鉴于此，世界上任何国家或地区都有损失和受益两种可能。对于受益大于损失的国家或地区，就可能不但不反对避税，而且还给国际避税提供种种方便，这也造成了世界各国政府对避税的态度不尽一致，有些国家采取了比较宽松的态度，而有些国家则有严格的反避税条款，对避税行为采取各种防范措施。因此，某一项避税行为是否违法，各国之间存在很大的不同。所以，纳税人在进行避税行为选择时，首先要弄清楚该国对这项行为是否有反避税条款，一旦存在相应的反避税条款，则这种避税行为便构成违法行为，要承担相应的法律责任。

2. 税收筹划与避税的区别

税收筹划所做的筹划行为与国家税法的立法意图是一致的，它充分利用国家的各种税收优惠政策以及不同涉税行为的税法规定，通过事先的筹划安排，以达到减轻税负之目的。由于税收筹划以遵守税法规定为前提，故具有合法性；由于税收筹划多以选择最优方案的方式来实现税后利益最大化，故又具有合理性。因此，顺法意识的避税行为也属于税收筹划的范围。除此之外，大量的避税行为则是纳税人利用税法规定的疏忽、漏洞，采取一定的技术手段，设法使其经济活动或经济行为绕过或避过法律政策的纳税规定，达到少纳税甚至不纳税的目的。

【即学即用】 下列行为属于违法行为的有（　　）。

A. 偷税　　B. 逃税　　C. 避税　　D. 税收筹划

答案：AB。

7.2 税收筹划产生的原因

7.2.1 税收制度因素

1. 各国税收制度的不同为国际税收筹划提供了空间

由于各国的自然资源禀赋不同，它们的生产力发展水平差异较大，不同国家必将采取不同的税收政策。各国之间税收制度的差异主要表现在以下几个方面：

第一，税种的差异。从世界各国来看，每个国家开征的税收种类不尽相同，并且各个税种在整个税收体系中所处的地位也相差很远。例如，有的国家开征了遗产税和赠与税，并且税率很高，而有的国家却没有开征；有的国家以所得税为主体，尤其是个人所得税在整个税收收入中所占的比重很大，而有的国家以货物和劳务税为主体，个人所得税在该国的税收收入中只占很小的一部分。纳税人可以利用这个差异，把某种涉税活动安排在没有对此行为征税或者税率较低的国家或地区，以避开此类涉税行为所产生的纳税义务。

第二，税基的差异。一般来说，税基包括三种情况：对收入课税的税基为纯收入或总收入；对财产课税的税基为财产的实物量或价值量；对商品与劳务课税的税基是商品货物和劳务额或非商品货物和劳务额。例如，许多国家都开征了增值税，但在增值税税基的规定上，各国却不尽相同。有的国家实行消费型增值税，与生产、销售产品有关的一切购进都允许抵扣，而有的国家则实行生产型增值税，购入的与生产、销售产品有关的原材料、辅助材料、低值易耗品、动力等可以抵扣，而购入的固定资产等则不允许抵扣。纳税人在进行税收筹划时，可以选择税基较窄的国家，以趋轻避重、降低税收负担。

【小思考】 我国现在实行的是哪一类型的增值税？

第三，税率的差异。税率是税收制度中的核心要素。在实行相同税种的国家，由于各国的经济发展不同以及各国所追求的政策目标不一致，各国之间的税率也存在很大的差异。税率低的国家或地区自然成为纳税人进行投资活动和经营活动的首选之地。

第四，税收优惠的差异。为吸引更多的国外资金和先进技术，各国竞相采取了大量的税收优惠政策和措施，有的国家采取了直接减免税政策，有的国家给予了一定程度的税前扣除等，这些税收优惠政策在广度、深度以及优惠方法上存在很大的差别。各种税收优惠政策的直接后果是导致实际税率大大低于名义税率，并使纳税人的实际税收负担大大降低。纳税人可以根据各国税收优惠政策的不同，选择最有利的国家或地区进行投资。

2. 各国税收制度的弹性为纳税人的税收筹划提供了空间

经济活动是复杂多变的，纳税人的经营方式也是多种多样的。就某一国家来说，其税收制度不可能包罗万象，也不可能根据经济形势的变化及时进行调整（税收政策需要保持相对的稳定性），这就要求税收政策具有一定的弹性，以应对复杂多变的经济活动，而这种弹性给纳税人的税收筹划提供了可能。

第一，纳税人身份的可转换性。任何一种税都要对其纳税人给予法律界定，比如根据我国税法的有关规定，不具有独立法人资格的分公司或分支机构不是企业所得税的纳税人，但具备独立法人资格的子公司则属于企业所得税的纳税人。纳税人如果通过事先筹划，使自己避免成为某种税的纳税人或设法使自己成为低税负税种的纳税人，就可以降低应缴税款。

第二，计税依据金额的可调整性。税额的计算关键取决于两个因素：一是课税对象金额；二是适用税率。纳税人在既定税率的前提下，计税依据越小，应纳税额也就越少。税法对不同税种的计税依据都做了严格的规定，但由于税种的性质不同，各税种计税依据的计算复杂程度也不尽相同，越是计算复杂的税种，其计税依据的调整空间也越大。一般来说，所得税的计税依据——应纳税所得额的计算比较复杂，企业经营活动的每一个环节都会影响到企业的应纳税所得额，因此纳税人可以采取多种有利于节税的收入、成本及费用计算方法，以达到节约税款或递延纳税的筹划目标。

第三，税率的差异性。税收规则广泛影响着纳税人的行为决策，是因为它们可以影响行为活动的税后收益率。税收筹划是一种节税活动，因为税收筹划的费用可以税前扣除，所以纳税人的边际税率越高，税收筹划的收益也就越高。因此，税率的高低直接决定了应纳税额的大小。当计税依据一定时，税率越高，税额就越多。税率的形式有比例税率、累进税率和定额税率。一般来说，累进税率特别是全额累进税率对纳税人进行税收筹划的吸引力较大。纳税人可以通过事先安排，尽量使自己的涉税行为适用低税率，以取得节税效果。

第四，税收优惠。税收作为宏观调控的主要手段之一，通常被政府用来鼓励（甚至是刺激）纳税人从事有利于公共利益的各种经济活动。税收鼓励反映了政府意图，它是通过政策导向影响人们的生产与消费偏好来实现的，所以也是国家调控经济的重要杠杆。常见的例子包括给予下列机构或活动的税收优惠，如慈善机构、教育机构、与能源相关的投资、研究与开发活动、农业生产、出口活动及退休金等。为实现社会目标而对各种行为实施的不同税收政策必然会刺激社会个体进行税收筹划活动。税收优惠的范围越广、差别越大、方式越多、内容越丰富，则纳税人税收筹划的活动空间也就越广阔，节税的潜力也就越大。

7.2.2 国家间税收管辖权的差别

税收管辖权是国家管辖权的派生物，是主权国家在征税方面拥有的权利。国际公认的税收管辖权大致可分为两大类：一是根据属地原则确立的收入来源地税收管辖权，亦称地域管辖权。其基本含义是：收入来源国有权对任何国家的居民或公民取得的来源于该国领域内的所得课税。也就是说，一国对非本国居民或公民有权对其来源于境内的所得课税，但不能对其来源于境外的所得课税。二是根据属人原则确立的居民（公民）税收管辖权。其基本含义是：国家有权对居住在其境内的所有居民或具有该国国籍的公民取得的来源于世界范围的所得课税。也就是说，一国有权对其管辖的居民或公民行使税收管辖权，而不论该国居民所从事的经济活动是否发生在本国领域，或该国公民是否居住在境内，对居民或公民来源于世界范围的所得均有课税的权利。

【即学即用】 税收管辖权的类型有（　　）。

A. 居民管辖权　　B. 收入来源地管辖权　　C. 公民管辖权　　D. 双重管辖权

答案：ABC。

每个国家由于国体或政体不同，导致其管理国家的方式和方法有所不同，反映在税收的管理上，各国对税收管辖权的规定往往也不相同。第一，在两个国家实行不同税收管辖权的情况下（比如有的国家行使单一的地域管辖权，有的国家行使单一的居民管辖权），就会带来税收重叠和“税收真空”。第二，在两个国家同时行使地域管辖权的情况下，由于各国确定所得来源的标准不同（比如有的国家根据所得支付地确定，有的国家根据交易或劳务发生地确定），也会带来税收重叠和“税收真空”。第三，在两个国家同时行使居民管辖权的情况下，由于各国确定居民的标准不同（比如有的国家采用住所标准确定，有的国家

【小思考】 我国实行的税收管辖权是什么？

采用时间标准确定，还有的国家采用意愿标准确定等)，也会带来税收重叠和“税收真空”。正是由于各国行使的税收管辖权不同，可能对纳税人的跨国经营或投资活动等形成重复征税或“税收真空”，从而给纳税人的税收筹划带来很大的空间。

7.2.3 自我利益驱动机制

在现代经济社会，企业和个人作为“理性经济人”，必然追求自我利益最大化。现代企业财务管理的目标是企业价值或股东财富最大化，要实现这一目标，企业不仅要受内部管理决策的制约，还要受外部环境的影响。外部环境是企业内部管理决策难以改变的，但企业的财务管理活动可以主动适应其要求及变化。企业经营者在其财务管理中，可以根据税收法规的规定，通过对企业筹资、投资、经营和股利分配等财务活动的安排，使企业避开某些特定条款，尽可能地减轻税收负担。企业经营者也可以利用国家的税收优惠等特殊政策，最大限度地争取税收利益等，以实现企业税后利益最大化这一目标。

企业进行税收筹划，必然会带来成本支出，但如果筹划得好，也会给企业带来巨大的税收利益。假定一个纳税人将10 000元投资于一年期、税前年收益率为10%的企业债券。如果纳税人适用的边际税率为25%，则其税后收益率为7.5% [=10%×(1-25%)]。相应地，假定该纳税人将10 000元投资于税收筹划活动（包括聘请税收专家筹划或通过培训学习获得相关技能后自己进行筹划等），当年实现节税11 000元，其净节税额为1 000元(=11 000-10 000)，税收收益率为10%，考虑到进行税收筹划活动的费用支出可在税前列支，故又可抵税2 500元（=10 000×25%)，则该税收筹划活动的净支出为7 500元(=10 000-2 500)，因此其税后收益率为13.33%。①

7.2.4 货币所具有的时间价值

货币的时间价值是在没有风险和没有通货膨胀条件下的社会平均资金利润率。由于存在竞争，市场经济中各部门投资的利润率趋于平均化，每个企业在投资某个项目时，至少要取得社会平均利润率。正是由于货币具有时间价值，才使纳税人产生了递延纳税的需求。在实际工作中，税收筹划的事项涉及的年度往往不止一年，目前获得5万元的税收利益与5年后获得5万元的税收利益，其价值是不相同的。

7.3 税收筹划的种类

根据不同的划分标准，税收筹划可以分为不同的种类。下面介绍几种主要的分类

① 米尔斯、埃里克森和梅杜（1998）估计，大公司用于税收筹划的每1美元支出平均能够节税4美元。因此，不仅税收筹划是一个巨大的行业，而且投资于税收筹划的回报也十分可观。

方法。

7.3.1 按节税原理进行分类

按节税的基本原理进行分类，税收筹划可分为绝对节税和相对节税。

7.3.1.1 绝对节税

绝对节税是指直接或间接使纳税绝对总额减少。绝对节税的原理很简单：在各种可供选择的纳税方案中，选择缴纳税收最少的方案。绝对节税又分为直接节税和间接节税。

【小思考】 企业采用在前期多计提折旧额的加速折旧法是否会起到绝对节税的效果？

1. 直接节税

直接节税是指直接减少某一个纳税人的税收绝对额的节税。在进行方案比较时，要以不同方案下的净节税额为标准，因为筹划方案可能会使某些税种的应纳税额减少，但同时也可能会使某些税种的应纳税额增加。

[案例 7—1] 某生产加工型企业年不含税销售额在 40 万元左右，每年购进货物所产生的进项税额在 3 万元左右。在增值税纳税人的身份上，该企业有两种方案可供选择：一是申请作为增值税一般纳税人，适用税率为 17%，进项税额可以进行抵扣；二是作为小规模纳税人，适用征收率为 3%，进项税额不能进行抵扣。哪个方案更节税呢？

[解析] 这两种方案下的应纳税额为：

方案一： 应纳增值税税额 = 40×17% − 3 = 3.8(万元)

方案二： 应纳增值税税额 = 40×3% = 1.2(万元)

在上面两种方案中，由于税率的降低，方案二可以节税 5.6 万元 [= 40×(17% − 3%)]，但由于小规模纳税人不能抵扣进项税额，因而增加税负 3 万元，所以净节税效果只有 2.6 万元（= 5.6 − 3）。

2. 间接节税

间接节税是指某纳税人的税收绝对额没有减少，但间接减少了其他关联纳税人的税收绝对额。

[案例 7—2] 假设一个老人有财产 2 000 万元，现有两种遗产继承方案可供选择（假设遗产税税率为 50%）。

方案一：老人将财产遗赠给儿子，儿子再遗赠给孙子。

方案二：老人直接将财产遗赠给孙子。

请问哪个方案更节税？

[解析]

方案一： 共计应纳遗产税 = 2 000×50% + (2 000 − 2 000×50%)×50%

= 1 500(万元)

方案二： 共计应纳遗产税 = 2 000×50% = 1 000(万元)

方案二与方案一相比，虽然老人遗赠时所纳的遗产税相同，均为1 000万元，但由于方案二减少了遗赠环节，所以从家庭角度考虑减少了遗产税500万元。

7.3.1.2 相对节税

相对节税是指一定时期的纳税绝对总额并没有减少，但因各个纳税期纳税额的变化而使税收总额的相对额（即现值）减少。相对节税主要考虑的是货币的时间价值。货币的时间价值是指货币在周转使用中因时间因素而形成的增值，也称资金的时间价值。

［案例7—3］ 假设企业的固定资产折旧既可以采用直线折旧法，也可以采用加速折旧法。在不同的折旧方式下，企业的年度折旧费用不同，进而影响到各年度的利润额以及各年度的所得税税额。需要注意的是，这一影响只是年度之间的分布不同，影响的是相对额，从整个固定资产折旧期来看，并不影响费用、利润及所得税绝对总额。（假定不考虑折旧情况下的利润额均为每年300万元，所得税在年末缴纳。）请计算不同折旧方法对所得税的影响额。

［解析］ 两种不同折旧方法下的年度折旧费用、利润及所得税情况见表7—1。

表7—1　折旧费用、利润、所得税比较　单位：万元

折旧方法	年度	折旧费用	利润	税率	所得税	折现率	所得税现值
直线折旧	1	100	200	25%	50	10%	45.45
	2	100	200		50		41.32
	3	100	200		50		37.57
合计		300	600		150		124.34
加速折旧	1	150	150	25%	37.5	10%	34.09
	2	100	200		50		41.32
	3	50	250		62.5		46.96
合计		300	600		150		122.37

在直线折旧法与加速折旧法的情况下，企业在三年内的应纳所得税总额相同，均为150万元，但考虑到货币的时间价值后，加速折旧法可实现相对节税1.97万元（=124.34－122.37）。

【即学即用】 下列做法中，可以起到绝对节税作用的有（　　）。

A. 通过降低固定资产的维修费用以使其一次性计入费用

B. 降低固定资产残值率以多计提折旧

C. 通过增值税一般纳税人和小规模纳税人的合理选择来节税

D. 合理合并关联纳税人以规避独立核算

答案：BCD。

7.3.2 按筹划区域进行分类

税收筹划按所涉及的区域可分为国内税收筹划和跨国税收筹划。

国内税收筹划是指国内企业在本国范围内，通过对投资、生产、经营等的安排降低企业税收负担的税收筹划行为。国内税收筹划主要立足于国内税制，通过对不同经营方式、组织方式、投资方式所带来的税收差异进行比较，尽可能寻求纳税额最低、税后利益最大化的方案。

跨国税收筹划是指跨国纳税人利用各国之间的税收差异，对跨国经营活动所做的税收筹划安排。随着全球经济一体化进程的深入，跨国经营活动日趋频繁，因此跨国税收筹划已成为跨国纳税人进行跨国经营活动时所考虑的主要问题之一。跨国投资者在进行跨国投资的可行性研究或选择最优投资方案时，通常要把有关国家（或地区）的税负作为确定其资本投向的一个重要考虑因素。另外，各国（地区）政府通常对跨国投资活动给予某些特殊的税收优惠待遇。因此，各国（地区）在征税范围、税率高低以及征管水平上的差异，就有可能为跨国投资者进行国际性的税收筹划提供机会。

7.3.3 按企业经营过程进行分类

按生产、经营过程进行分类，税收筹划可分为企业投资决策中的税收筹划，企业生产、经营过程中的税收筹划，企业成本核算中的税收筹划和企业成果分配中的税收筹划。

企业投资决策中的税收筹划是指企业在投资活动中充分考虑税收的影响，从而选择税负最轻的投资方案的行为。企业为了获得更多的利润，总会不断地扩大再生产，进行投资，而不同的投资方案显然会面临不同的税收待遇。因此，企业就有了对多种投资方案进行选择比较的机会。具体地说，企业投资决策中的税收筹划包括企业组织形式的选择、投资行业和投资地区的选择、投资规模的确定等。

企业生产、经营过程中的税收筹划是指企业在生产、经营过程中充分考虑税收因素，从而选择最有利于自身生产、经营方案的行为。企业生产、经营中的税收筹划主要是通过产品价格的确定，产业结构的决定，生产、经营方式的选择来达到生产、经营效果最理想的状态。在生产、经营过程中，要事先预计各种经营方式所承担的税收负担，再作出生产、经营决策。

企业成本核算中的税收筹划是指企业通过对经济形势的预测及其他因素的综合考虑，选择恰当的会计处理方式，以获得税收利益的行为。在能对税收缴纳产生重要影响的会计方法中，主要有固定资产折旧方法和存货计价方法等。例如，存货计价方法有先进先出法、个别计价法和加权平均法。在物价下降的趋势下，采用先进先出法可使前期耗用存货的成本增大、应纳税所得额减少，从而降低前期应缴税款，实现递延纳税的税收利益。

【小思考】 存货计价方法的选择能否实现绝对节税？

企业成果分配中的税收筹划是指企业在对经营成果进行分配时应充分考虑各种方案的税收影响，选择税负最轻的分配方案的行为，它主要通过合理归属所得年度来进行。合理归属所得年度是指利用合理手段，将所得归属在税率最低的年度里，从而起到减轻税负或延期纳税的作用。

7.3.4 按税种进行分类

按税种进行分类，税收筹划可分为增值税筹划、消费税筹划、企业所得税筹划、个人所得税筹划及其他税种筹划等。在分税种税收筹划中，应针对每一税种的计税特点及特殊的减免税规定，寻求各自的税收筹划空间，进而制订相应的税收筹划方案。比如对于增值税来说，由于该税种的特点是普遍征收、多环节征收，只要产品的最后售价相同，无论中间经过多少环节，该产品所纳的增值税是相同的。因此，关联企业之间转让定价的税收筹划方案只会实现相对节税，而绝对税额是保持不变的。针对消费税选择性征收及一次征收制的特点，通过降低出厂销售环节的价格便可以实现绝对节税。

7.4 税收筹划的原则

7.4.1 税收筹划的原则

7.4.1.1 法律原则

1. 合法性原则

在税收筹划中，必须严格遵守合法性原则，任何违反法律的手段都不属于税收筹划的范畴。税收法律是政府以征税方式取得财政收入的法律规范，用以调整税收征纳双方的征纳关系，形成征纳双方各自的权利和义务，征纳双方都必须遵守。纳税人只有严格按照税法规定充分地履行其义务，享有其权利，才符合合法性原则。

2. 规范性原则

税收筹划方案除了税收问题外，还会涉及财务、会计、金融等各个方面，这就要求税收筹划要遵循各领域、各行业的制度和标准，比如在财务会计方面要遵循财务通则、会计制度等，企业的筹资行为要遵循国家的金融管理制度等。

7.4.1.2 财务原则

1. 财务利益最大化

税收筹划的最主要目的是使纳税人的财务利益最大化。纳税人的财务利益最大化除了要考虑降低税收外，还要考虑使纳税人的综合经济利益最大化；不仅要考虑纳税人现在的财务利益，还要考虑纳税人未来的财务利益；不仅要考虑纳税人的所得增加，还要考虑纳税人的资本增值。在一般情况下，税收负担的减轻意味着纳税人股东权益的增加。但在某些情况下，税负的降低并不会带来纳税人股东权益的最大化。

【知识要点提醒】
税收是众多经营成本中的一种，纳税人在税收筹划活动中还应重视其他经营成本。

2. 稳健性

税收筹划在追求纳税人的财务利益最大化时，还必须注意稳健性原则。一般来说，纳税人的节税收益越大，风险也越大。各种降低税收的方式和方法都有一定的风险，节税收益与税制变化、市场风险、利率风险、债务风险、通货膨胀风险等紧密联系在一起。税收筹划要尽量使风险最小化，要在节税收益与节税风险之间进行必要的权衡，以获取稳健的财务收益。

3. 综合性

在进行税收筹划时，必须站在纳税人整体财务管理目标的高度，综合考虑规划，以使纳税人的整体税负水平最低。在进行一种税的筹划时，还要考虑与之有关的其他税种的税负效应，进行整体规划、综合衡量，力求使整体税负最低。因此，在进行税收筹划时，不能只盯在个别税种的税负高低上，一种税少缴了，另一种税很可能就要多缴，因而要着眼于整体税负的高低。

7.4.1.3 经济原则

1. 便利性

纳税人可选择的节减税收的方式和方法很多，在选择各种节税方案时，应是越容易操作、越简便易懂、未来的不可预测性越易控制的方案越好，凡是能够采用简单方法的，尽量不要采用复杂方法。简单易行的方案同时会节约税收筹划费用，带来税收筹划成本的降低。

2. 节约性

税收筹划无论是聘请外部税务筹划专家还是由内部的财务人员进行，都要有一定的税收筹划费用支出。如果是聘请专家进行税收筹划，则要支付相应的劳务费用。如果由企业内部财务人员进行税收筹划，则要支付购买相关书籍、搜集相关法律资料以及对财务人员进行税收筹划学习培训的费用等。作为企业的财务管理目标之一，应尽可能控制成本费用支出，使税收筹划的成本效益比最小。

7.5 税收筹划的意义及应注意的问题

7.5.1 税收筹划的意义

税收筹划就像一把双刃剑，对纳税人熟知税法，更好地利用、遵守税法有很好的促进作用，同时也有利于税收法律法规的不断完善。

7.5.1.1 维护纳税人的合法权利

追求税后利益最大化是市场经济条件下企业生存与发展的客观要求，纳税人在法律许可的范围内进行税收筹划，有利于维护自身的合法权利。

税收筹划是纳税人的一项基本权利，在法律允许的前提下，纳税人有从事经济活动、获取收益的权利。税收筹划是纳税人对其资产、收益的正当维护，属于纳税人应有的经济权利。

税收筹划除了可以实现节税功能外，还可以防止纳税人陷入税法陷阱。税法陷阱是税法漏洞的对称。税法漏洞的存在，给纳税人提供了避税的机会，而税法陷阱的存在，又让纳税人容易落入看似漏洞、实为陷阱的圈套之中，这也是政府反避税的措施之一。纳税人一旦落入税法陷阱，就要缴纳更多的税款，从而影响纳税人正常的收益。税收筹划可防止纳税人陷入税法陷阱，从而维护其正当权益。

7.5.1.2 促进纳税人依法纳税

税收筹划要求纳税人必须在法律许可的范围内进行涉税事项的事先安排，这就要求纳税人必须熟知税法，并在法律框架范围内行事，以避免税收违法行为的发生，从而促进纳税人依法纳税的自觉性。

税收筹划有助于提高纳税人的纳税意识，抵制偷逃税等违法行为。社会经济发展到一定水平、一定规模后，企业开始重视税收筹划，税收筹划与纳税意识的增强一般具有客观一致性和同步性的关系。税收筹划与纳税意识的这种一致性关系体现在以下几个方面：

第一，税收筹划是企业纳税意识提高到一定阶段的表现，是与经济体制改革发展到一定水平相适应的。只有在税制改革与税收征管改革成效显著的情况下，税收的权威性才能得到实现；否则，如果对偷逃税等违法行为的查处率较低，无疑会助长偷逃税等违法行为。在这种情况下，企业的纳税意识淡薄，不必进行税收筹划就能取得较大的税收利益。

第二，企业纳税意识强与企业进行税收筹划具有共同的要求。税收筹划所安排的经济行为要求合乎税法规定或不违反税法规定，而依法纳税更是企业纳税意识强的应有之义。

第三，依法设立完整、规范的财务会计报表和正确进行会计处理是企业进行税收筹划的基本前提，同时依法建账也是企业依法纳税的基本要求。

7.5.1.3 促进税制的不断完善

税收筹划是在合法或不违法的框架下寻求低税点，低税负的产生除了因国家为了鼓励某一行为所给予的优惠外，还有可能是由税收法规的缺失或不合理造成的。这些不完善的税制往往通过纳税人税收筹划的选择才暴露出来。国家通过对纳税人税收筹划行为的分析和判断，有利于发现税制存在的问题，进而促进税制的不断完善。

税收筹划是纳税人对国家税法及有关税收经济政策的反馈行为，同时也是对政府政策导向的正确性、有效性和国家现行税法完善性的检验。国家可以利用纳税人税收筹划行为反馈的信息，改进有关税收政策并完善现行税法，从而促进国家税制建设向更高层次迈进。

7.5.1.4 促进国家税收政策目标的实现

从某一角度看，企业的税收筹划行为也是企业对国家税法和政府税收政策的反馈行为。如果政府的税收政策导向正确，税收筹划行为将会对社会经济产生良性的、积极的正面作用。在市场经济条件下，追求经济利益最大化是企业经营目标之所在，企业通过税收筹划降低自身的税收支出，从而增大自身的财务利益。只有企业自身具有强烈的节税欲望，国家才可能利用税收杠杆来调节、诱导纳税人的行为，从而实现国家的税收政策目标。例如，国家为了鼓励新产品、新技术、新工艺的研究与开发，在企业所得税中，有对研发费用加计扣除150%的税收优惠的规定。如果企业通过税收筹划成立了研发部门，则该企业在享受国家这一税收优惠政策、节约企业所得税的同时，还实现了国家鼓励企业研发这一税收政策目标。

7.5.2 税收筹划应注意的问题

7.5.2.1 综合考虑交易各方的税收影响

在市场经济条件下，企业作为市场经济中的一个参与者，其利益的得失往往影响其他市场交易者。企业通过税收筹划降低了自己的税收负担，但有可能造成了其他交易方税收负担的上升，从而引发交易成本的提高，进而影响企业自身的经营行为或使交易费用增加，最终降低企业的经营利润。因此，在进行税收筹划时，应设计、选择使其他交易各方税收负担保持不变甚至降低的方案，因为只有这种使其他交易方利益不受损的方案才是切实可行的方案。

【知识要点提醒】

在增值税一般纳税人和小规模纳税人身份的选择中，除了考虑不同身份对自身税负的影响外，还应考虑对下游企业的相关影响。

7.5.2.2 税收仅仅是众多经营成本中的一种

在税收筹划过程中必须考虑到所有成本，要实施某些税收筹划方案，可能会带来极大的商业重组成本。在交易成本①高昂的社会里，税负最小化策略的实施可能会因非税因素而引发大量成本。例如，预期雇主的税率下一期会上升，而雇员的税率保持不变，雇主将雇员的报酬递延到下一期支付能够节约雇主的税收支出。但在这种情况下，公司一旦破产，雇员将处于无法获得支付的风险之下。雇员可能据此要求一个额外的报酬（风险报酬），以补偿其额外承担的风险。因此，税负最小化策略可能并不尽如人意。②

企业税收筹划的目的是减轻税收负担。但是，税收负担的减轻是以企业整体收益增长为前提的，税收负担的减轻并不等于企业总体利益最大化，也就是纳税最少的方案并不一

① 市场中发生的交易成本也称摩擦，这些成本使实施某种特定的税收筹划策略需要付出一定的代价。

② 参见迈伦·斯科尔斯等：《税收与企业战略》，北京，中国财政经济出版社，2004。

定是财务利益最大化的方案。因此，企业在进行税收筹划时，不能只从税收角度考虑，还应结合自身业务的发展，以利润不断增长为最终目标。

7.5.2.3 关注税收法律的变化

税收筹划是在特定的法律背景下进行的，有一定的局限性，随着法律法规的调整与变化，原先不违法甚至合法的行为有可能变为违法行为。

第一，当税法中存在的缺陷被纠正或税法中不明确的地方被明确后，企业相应的税收筹划权利就会转换成纳税义务。比如某种税收由全额累进税率改为比例税率时，利用累进级距的不同税率实施税收筹划的条件就不存在了。

第二，当国家或政府对税法或条例中的某项（些）条款或内容重新解释并更改适用范围时，纳税人原有的权利就可能转变成义务。

7.5.2.4 正视税收筹划的风险性

税收筹划需要在企业涉税行为发生之前作出安排，环境及其他因素的变化给税收筹划带来很多不确定因素，有可能达不到税收筹划所预期的效果。另外，税法中某些比较模糊的地方有可能导致税务当局与纳税人的理解产生分歧，纳税人认为不违法的行为在税务当局看来，有可能被认定为违法行为。因此，任何纳税主体在进行税收筹划时，不但要掌握税收筹划的基本方法，还必须了解征税主体对其税收筹划行为的认定和判断。

7.6 税收筹划的方法

7.6.1 纳税人税收筹划的方法

7.6.1.1 纳税人税收筹划的原理

纳税人进行税收筹划的实质是对纳税人身份的合理界定或转化，使纳税人承担的税收负担尽量减少或降到最小限度，或者是避免成为某税种的纳税人。纳税人进行税收筹划可以合理降低税收负担，并且方法简单、易于操作。

纳税人进行税收筹划的关键是准确把握纳税人的内涵和外延，合理确定纳税人的范围。

7.6.1.2 纳税人税收筹划的方法

纳税人的税收筹划与税收制度有紧密联系，不同的税种有不同的税收筹划方法。总体而言，纳税人进行税收筹划一般包括以下方法。

1. 对纳税人类型的选择

从纳税人类型的角度分析，现阶段我国有多种不同性质的纳税人：个体工商户、个人独资企业、合伙企业和公司制企业等。不同性质的纳税人所适用的税收政策存在很大差异，这给税收筹划提供了广阔空间。

［案例 7—4］ 王某承包经营了一家集体企业。该企业将全部资产租赁给王某使用，王某每年上缴租赁费 100 000 元，每年计提折旧 10 000 元，租赁后的经营成果全部归王某个人所有。2016 年王某生产、经营所得（未扣除折旧）为 200 000 元。王某应该如何利用不同的企业性质进行税收筹划？

方案一：如果王某仍使用原集体企业的营业执照，按税法规定，其经营所得应缴纳企业所得税，而且王某的税后所得还要再按承包、承租经营所得缴纳个人所得税。在不考虑其他调整因素的情况下，该企业的纳税情况如下：

企业所得税＝(200 000－10 000)×25％＝47 500(元)

王某承包经营所得＝200 000－100 000－47 500－10 000＝42 500(元)

王某应缴纳的个人所得税＝(42 500－3 500×12)×5％＝25(元)

王某实际获得的税后利润＝42 500－25＝42 475(元)

方案二：如果王某将原企业的工商登记改变为个体工商户，则其承包经营所得应缴纳个人所得税。在不考虑其他调整因素的情况下，王某的纳税情况如下：

王某应缴纳的个人所得税＝(200 000－100 000－3 500×12)×20％－3 750
＝7 850(元)

王某获得的税后利润＝200 000－100 000－7 850－10 000＝82 150(元)

通过比较，王某采纳方案二可以多获利 39 675 元（＝82 150－42 475)。

2. 不同纳税人之间的转化

由于不同纳税人之间存在税负差异，因而可以采取转变纳税人身份的办法合理节税。

根据税法规定，增值税纳税人分为一般纳税人和小规模纳税人。这两类纳税人在征收增值税时，其计税方法和征管要求不同。一般将年应税销售额超过小规模纳税人标准的个人、非企业性单位以及不经常发生应税行为的单位和个体工商户视同小规模纳税人纳税。年应税销售额未超过标准的，从事货物生产或提供劳务的小规模企业和企业性单位，若账簿健全，能准确核算并提供销项税额、进项税额，并能按规定报送有关税务资料的，经企业申请，税务部门可将其认定为一般纳税人。一般纳税人实行进项税额抵扣制，而小规模纳税人必须按照适用的简易税率①计算增值税，不实行进项税额抵扣制。

【小思考】 小规模纳税人的税负是否高于一般纳税人？

一般情况下，小规模纳税人的税负略重于一般纳税人，其原因是选择一般纳税人可以抵扣进项税额，尤其是当应税销售额增值率较小时，一般纳税人的税负明显低于小规模纳税人。但这也不是绝对的，小规模纳税人的税负不一定在任何情况下都比一般纳税人重，这需要比较两类纳税人的应税销售额增值率与税负平衡点的关系，合理合法地选择税负较轻的纳税人身份。关于税负平衡点的计算和具体税收筹划，请参阅本书增值税筹划部分，这里不再赘述。

① 小规模纳税人适用 3％的征收率，并且不得抵扣进项税额。

纳税人之间的转化一般存在多种情况，比如增值税一般纳税人和小规模纳税人之间的转化可以实现节税。

［案例 7—5］ 假设某商业批发企业主要从小规模纳税人处购入服装进行批发，年销售额为 100 万元，其中，可抵扣增值税进项税的购入项目金额为 50 万元，由税务机关代开的增值税专用发票上记载的增值税为 3 万元。请问如何才能降低该企业的增值税负担呢？

［解析］ 按照一般纳税人的认定标准，该企业年销售额超过 80 万元，应被认定为一般纳税人，并缴纳 14 万元（$=100\times17\%-3$）的增值税。但是，如果该企业被认定为小规模纳税人，只需要缴纳 3 万元（$=100\times3\%$）的增值税。因此，该企业可以将原企业分设为两个批发企业，年销售额均控制在 80 万元以下，则当税务机关进行年检时，这两个企业将被重新认定为小规模纳税人，并按照 3%的征收率计算缴纳增值税。通过企业分立实现一般纳税人转化为小规模纳税人，可以节税 11 万元。

3. 避免成为纳税人

纳税人可以通过灵活运作，使得企业不符合某税种纳税人的条件，从而彻底规避税收。例如，在企业内部设立的一些内部组织或附属组织不属于纳税人，不具有独立法人资格的分公司或分支机构也不是企业所得税的纳税人，但具备独立法人资格的子公司则属于企业所得税的纳税人。

［案例 7—6］ 甲公司是一家餐饮店，主要为乙公司提供商业招待服务。甲企业每月的不含税销售额为 500 000 元，发生的总费用为 200 000 元（不含税）。请设计甲公司的节税方案。

［解析］ 在现方案下，甲公司缴纳的增值税为：

$$500\ 000\times6\%=30\ 000(\text{元})$$

如果甲、乙双方进行税收筹划，由乙公司对甲公司进行兼并，那么兼并之后双方之间原本存在的服务行为就变成了企业内部行为，而这种内部行为是不需要缴纳增值税的。因此，甲公司就不再是增值税的纳税人，从而节约了税金 30 000 元。

从另一角度思考，甲公司的企业所得税也会因为兼并而最终消失。此外，乙公司还会减少一部分商业招待费支出，从而乙公司也会因为兼并行为而增加营业净利润。

避免成为纳税人的另一种办法是，通过税收筹划安排，使纳税人发生的经济业务不属于某些税的纳税范围，因而该经济业务就无须纳税。我国税法对纳税范围有明确的界定，在一定条件下合理安排经营活动和纳税事项，避免其进入纳税范围，就可以彻底免除纳税义务。

考虑纳税范围的税收筹划方法是逆向思维，即反其道而行之，目的是找出不属于征税范围的业务内容。例如，税法要求纳税人只有在境内提供劳务才需要缴纳增值税，因此在境内提供劳务是缴纳增值税的必备条件。如果没有在境内提供劳务，则不需要在境内缴纳增值税，从而彻底避免缴纳增值税。

我国现行消费税的征税范围比较窄，仅对 15 类消费品征税。因此，在纳税范围方面可以进行税收筹划，即企业在投资决策时，可避开上述消费品，而选择其他符合国家产业政策且在消费税及所得税方面有优惠政策的产品进行投资。实际上，很多高档消费品并没有纳入消费税的征收范围，在市场前景看好的情况下，企业可以优先考虑选择对这类项目进行投资，以规避消费税。

税法规定，房产税的纳税范围是城市、县城、建制镇和工矿区的房屋，坐落在农村的房屋暂不缴纳房产税。国家将征税的房产范围进一步明确为："房产"是以房屋形态表现的财产。房屋是指有屋面和围护结构（有墙或两边有柱），能够遮风挡雨，可供人们在其中生产、工作、学习、娱乐、居住或储藏物资的场所；独立于房屋之外的建筑物，如围墙、烟囱、水塔、变电塔、油池油柜、酒窖菜窖、酒精池、糖蜜池、室外游泳池、玻璃暖房、砖瓦石灰窑以及各种油气罐等，不属于房产，也不需要缴纳房产税。

［案例 7—7］ 兴华集团在城市边缘兴建一座工业园区，由于城市的扩展，该地区已被列入市区范围。工业园区除厂房、办公用房外，还包括厂区围墙、水塔、变电塔、停车场、露天凉亭、喷泉设施等建筑物，工程造价总计 5 亿元，除厂房、办公用房外的建筑设施总造价为 1.4 亿元。如果 5 亿元工程项目都作为房产，兴华集团从工业园区建成后的次月起就应缴纳房产税，每年缴纳的房产税（假定扣除比例为 30%）为：

$$50\ 000\times(1-30\%)\times1.2\%=420(\text{万元})$$

如何筹划才能降低该公司的房产税负担呢？

［解析］ 兴华集团进行了以下税收筹划：除厂房、办公用房以外的建筑物，如停车场、游泳池等，都建成露天的，并且把这些独立建筑物的造价同厂房、办公用房的造价分开，在会计账簿中单独核算。按照税法的规定，这部分建筑物的造价不计入房产原值，不需要缴纳房产税。这样一来，兴华集团每年可以少缴房产税：

$$14\ 000\times(1-30\%)\times1.2\%=117.6(\text{万元})$$

7.6.2 计税依据税收筹划的方法

7.6.2.1 计税依据筹划的原理

计税依据的筹划是指纳税人通过控制计税依据的方式来减轻税收负担的筹划方法。

计税依据是计税的基础，通常称为税基。在税率一定的情况下，应纳税额的大小与计税依据的大小成正比，即税基越小，纳税人负担的纳税义务越轻。大部分税种都采用计税依据与适用税率的乘积来计算应纳税额。因此，如果能够控制计税依据，也就控制了应纳税额，即应纳税额的控制是通过计税依据的控制来实现的。这就是计税依据的筹划原理。

7.6.2.2 计税依据筹划的方法

计税依据是影响税收负担的直接因素，每种税对计税依据的规定都存在一定差异，所以对计税依据进行筹划，必须考虑不同的税种和税法要求来展开。计税依据的筹划一般从以下三个方面切入：一是控制和安排税基的实现时间；二是合理分解税基；三是税基最小化。

1. 控制和安排税基的实现时间

这种税收筹划方法主要分为三种情况：

（1）税基推迟实现，即税基总量不变，合法推迟税基的实现时间。税基推迟实现可以实现递延纳税。在通货膨胀环境下，税基推迟实现的效果更为明显，能够降低未来支付税款的购买力。

（2）税基均衡实现，即税基总量不变，税基在各个纳税期间均衡实现。在适用累进税率的情况下，还可实现边际税率的最小化，从而大幅降低税负。

（3）税基提前实现，即税基总量不变，税基合法提前实现。在减免税期间，税基提前实现可以享受更多的税收减免额。

【即学即用】 在物价上涨时期，纳税人采用加权平均法作为存货发出计价方法属于哪一种税基的筹划方法？

答案：在物价上涨时期，采用加权平均法相对于先进先出法可更早发挥存货成本的抵税作用，使税基推迟实现。

2. 合理分解税基

合理分解税基就是把税基进行合理分解，使税基从税负较重的形式转化为税负较轻的形式。

［案例 7—8］ 甲咨询培训公司与乙图书公司合作进行电脑知识培训业务，远辉公司主要负责培训授课，培训教材由甲公司编写提供。甲公司的培训收入为 600 万元（不含税收入），乙公司的培训教材收入为 100 万元（不含税收入）。在税收筹划前，甲、乙两公司应缴纳的增值税为多少？（假设甲、乙两公司的进项税额分别为 10 万元和 5 万元。）如何才能降低两公司的税收负担？

［解析］ 现方案下应纳增值税：

甲公司应纳增值税税额＝600×6%－10＝26(万元)

乙公司应纳增值税税额＝100×13%－5＝8(万元)

两公司合计应纳增值税税额＝26＋8＝34(万元)

如果进行税收筹划，甲、乙两公司合并，合计取得不含税销售收入 700 万元，培训服务的同时销售教材的行为属于混合销售行为，应按 6%的税率征收增值税。筹划后的纳税额计算如下：

合并后的公司应纳增值税税额＝700×6%－10－5＝27(万元)

通过甲、乙两公司合并，销售图书就可以适用较低的税率计税。

税收筹划后的方案节税额＝34－27＝7(万元)

3. 税基最小化

税基最小化就是将税基总量合法降低，从而减少应纳税额或者避免多缴税。这是企业所得税、增值税筹划常用的方法。

7.6.3 税率税收筹划的方法

7.6.3.1 税率筹划的原理

税率筹划是指纳税人通过降低适用税率的方式来减轻税收负担的筹划方法。税率是重要的税制要素之一，也是决定纳税人税负高低的主要因素。在计税依据一定的情况下，纳税额与税率呈现正向变化关系，即降低税率就等于降低了税收负担，这就是税率筹划的原理。在一般情况下，税率低，应纳税额少，税后利润就多，但税率低不能保证税后利润一定实现最大化。

不同的税种适用不同的税率，纳税人可以利用课税对象界定上的含糊性进行筹划。即使是同一税种，适用的税率也会因税基或其他假设条件不同而发生相应的变化，纳税人可以通过改变税基分布调整适用的税率，从而达到减轻税收负担的目的。

7.6.3.2 税率筹划的方法

1. 比例税率的筹划

针对同一税种对不同征税对象实行不同的税率政策，分析差距产生的原因及对税后利益的影响，可以寻找实现税后利益最大化的最低税负点或最佳税负点。例如，我国增值税有 17%的基本税率，还有 13%的优惠税率；对小规模纳税人规定的征收率为 3%。对上述比例税率进行筹划，可以寻找最低税负点或最佳税负点。

此外，消费税、个人所得税、企业所得税等税种都存在多种不同的比例税率，可以进一步筹划比例税率，尽量使用较低的税率以节税。

2. 累进税率的筹划

各种形式的累进税率都存在一定的筹划空间，筹划累进税率的主要目标是防止税率的爬升。其中，适用超额累进税率的纳税人对防止税率爬升的需求程度较弱；适用全额累进税率的纳税人对防止税率爬升的需求程度较强；适用超率累进税率的纳税人对防止税率爬升的需求程度与适用超额累进税率的纳税人相同。

我国个人所得税中的“工资、薪金所得”、“劳务报酬所得”等多个项目的所得分别适用不同的超额累进税率。对个人所得税来说，采用税率筹划方法可以取得较好的筹划效果。

[案例 7—9] 某工程设计人员利用业余时间为某项工程设计图纸，同时担任该项工程的顾问，设计图纸花费时间 1 个月，获取报酬 30 000 元。请设计该人员的个人所得税节税方案。

[解析] 如果该设计人员要求建筑单位在其担任工程顾问的期间，将该报酬分 10 个月支付，每月支付 3 000 元，试分析该工程设计人员的税负变化情况。

方案一：一次性支付 30 000 元。

劳务报酬收入按次征税，应纳税所得额超过 20 000～50 000 元的部分，在计算应纳税额后再按照应纳税额加征五成。那么，该设计人员应交个人所得税计算如下：

$$应纳税所得额=30\,000\times(1-20\%)=24\,000(元)$$

$$应纳税额=20\,000\times20\%+4\,000\times30\%=5\,200(元)$$

或者

$$应纳税额=30\,000\times(1-20\%)\times30\%-2\,000=5\,200(元)$$

方案二：分月支付。

应纳税额＝(3 000－800)×20%＝440(元)

10个月共负担税款＝440×10＝4 400(元)

按照分月支付报酬方式，该设计人员的节税额为：

5 200－4 400＝800(元)

在上述案例中，之所以分次纳税可以降低税负，其原因在于：把纳税人的一次收入分多次支付，既可以多扣除费用，又可以免除一次收入畸高的加成征收，从而减轻了税收负担。

7.6.4 优惠政策税收筹划的方法

优惠政策属于一种特殊政策，这种特殊性体现为国家对某些产业或某一领域的税收照顾。优惠政策的筹划可以使纳税人轻松地享受低税负待遇。优惠政策筹划的关键是寻找合适的优惠政策并把它运用在纳税实践中，在一些情况下还表现为创造条件去享受优惠政策，以获得税收负担的降低。

优惠政策多表现为行业性、区域性优惠政策或特定行为、特殊时期的优惠政策，如福利企业的减免税政策，软件企业的税收优惠政策，环保、节能节水项目的税收优惠政策，鼓励科技发展的税收优惠政策等。

例如，《中华人民共和国企业所得税法》第二十七条规定：企业的下列所得，可以免征、减征企业所得税：①从事农、林、牧、渔业项目的所得；②从事国家重点扶持的公共基础设施项目投资经营的所得；③从事符合条件的环境保护、节能节水项目的所得；④符合条件的技术转让所得。

［实例分析］ 八方建设集团公司是一家以建筑施工为主的工程施工企业。自2014年起，八方建设集团公司从传统的商品房建筑装修逐渐转向国家重点扶持的公共基础设施项目的建设施工，主要是港口码头、机场、铁路、公路、水利等项目的工程施工。

《中华人民共和国企业所得税法实施条例》第八十七条规定，企业从事国家重点扶持的公共基础设施项目的投资经营所得，自项目取得第一笔生产、经营收入所属纳税年度起，第一年至第三年免征企业所得税，第四年至第六年减半征收企业所得税。该政策自2008年起全面执行。

按照上述税收政策，八方建设集团公司自2014年起所从事的公共基础设施的建设施工业务收入就可以享受企业所得税“三免三减半”的优惠政策，即2014年、2015年、2016年享受免征所得税，2017年、2018年、2019年减半征收所得税的优惠。这一税收优惠可以为企业节约大笔税款。

［本章小结］

税收筹划是指在纳税行为发生之前，在税法允许的范围内，通过对纳税主体的经营活动或投资行为等涉税事项作出事先安排，以达到少缴税或递延缴纳税款的一系列谋划活动。

税收筹划具有合法性、事先性和风险性的特点。

国家间税收管辖权及各国税收制度的不同以及各种税收制度定义上的可变通性为税收筹划提供了空间。

根据不同的划分标准，税收筹划可以分为不同种类。

税收筹划应遵循法律原则、财务原则和经济原则。

通过税收筹划不但可以实现纳税人财务利益的最大化，还可以提高纳税人的纳税意识，促进税制的不断完善以及国家政策目标的实现等。

在进行税收筹划时，应考虑到税收筹划对交易各方税负的影响，时刻关注税收法律的变化，正视税收筹划风险。

税收筹划方法主要有纳税人的筹划、计税依据的筹划、税率的筹划、优惠政策的筹划等。

纳税人的筹划实质是进行纳税人身份的合理界定或转化，使纳税人承担的税收负担尽量减少或降低到最小限度，或者直接避免成为某税种的纳税人。纳税人的筹划可以合理降低税收负担，而且方法简单、易于操作。

在税率一定的情况下，应纳税额的大小与计税依据的大小成正比，即税基越小，纳税人负担的纳税义务越轻。因此，如果能够控制计税依据，也就控制了应纳税额，这就是计税依据筹划的基本原理。

税率筹划是指纳税人通过降低适用税率的方式来减轻税收负担的筹划方法。在计税依据一定的情况下，纳税额与税率呈现正向变化关系，即降低税率就等于降低了税收负担，这就是税率筹划的原理。在一般情况下，税率低，应纳税额少，税后利润就多，但税率低不能保证税后利润一定实现最大化。

优惠政策属于一种特殊政策，其特殊性体现为国家对某些产业或某一领域的税收照顾。优惠政策的筹划可以使纳税人轻松地享受低税负待遇。优惠政策筹划的关键是寻找合适的优惠政策并把它运用在纳税实践中，在一些情况下还表现为创造条件去享受优惠政策，以获得税收负担的降低。

关键术语

税收筹划　　财务利益最大化　　绝对节税　　相对节税

思考题

1. 为什么有效的税收筹划和税负最小化不同？

2. 为什么税收筹划者不仅要知道某一特定交易对其本身的税收影响，还要知道对其他交易方的税收影响？请举例加以说明。

3. 你认为税后收益总是低于税前收益吗？请举例加以说明。
4. 进行税收筹划时应注意哪些问题？
5. 纳税人的筹划主要从哪些角度切入？
6. 计税依据的筹划有哪些操作方法？请举例加以说明。
7. 比例税率与累进税率有何区别？税收筹划的侧重点有何不同？

第8章 税收筹划实务

［学习提示］ 本章通过对增值税、消费税、企业所得税、个人所得税和土地增值税进行筹划，详细地讲解了筹划要点与筹划方法，并通过案例的形式帮助理解和掌握。通过本章的学习，应掌握各税种税收筹划的基本操作实务。

8.1 增值税的税收筹划

8.1.1 增值税一般纳税人与小规模纳税人身份的筹划

按照我国现行增值税法的规定，增值税纳税人分为一般纳税人和小规模纳税人。这两类纳税人在计税方法、适用税率以及发票使用等方面存在诸多差异。例如，前者适用一般计税方法，以当期销项税额抵扣当期进项税额后的余额为应纳税额；后者适用简易计税方法，不得抵扣进项税额，以其全部销售额乘以征收率为应纳税额。这些差异的存在为增值税纳税人通过选择不同的纳税人身份进行税收筹划提供了可能。

在销售额既定的情况下，小规模纳税人的应缴税款就已经确定了，但一般纳税人的应缴税款还需根据可抵扣的进项税额来确定，即可抵扣的进项税额越大，应缴税款越少；反之，则应缴税款越多。或者说，其增值率越高，应缴税款越多。在一般纳税人与小规模纳税人进行税负比较时，增值率就是一个关键因素。在一个特定的增值率下，增值税一般纳税人与小规模纳税人应缴的税款数额相同，我们把这个特定的增值率称为“无差别平衡点增值率”。当增值率低于此值时，增值税一般纳税人的税负低于小规模纳税人；当增值率高于此值时，增值税一般纳税人的税负高于小规模纳税人。

无差别平衡点增值率的计算可分为含税销售额无差别平衡点增值率的计算与不含税销售额无差别平衡点增值率的计算。

1. 含税销售额无差别平衡点增值率的计算

设 X 为增值率，S 为含税销售额，P 为含税购进额，并假定一般纳税人的适用税率为 17%，小规模纳税人的征收率为 3%。

$$一般纳税人的增值率\ X=\frac{S-P}{S}$$

$$一般纳税人应纳增值税=\frac{S}{1+17\%}\times 17\%-\frac{P}{1+17\%}\times 17\%=S\times\frac{X}{1+17\%}\times 17\%$$

$$小规模纳税人应纳增值税=\frac{S}{1+3\%}\times 3\%$$

两种纳税人的纳税额相等时，即：

$$S\times\frac{X}{1+17\%}\times 17\%=\frac{S}{1+3\%}\times 3\%$$

可得：

$$X=20.05\%$$

当增值率低于无差别平衡点增值率 20.05%时，一般纳税人的税负低于小规模纳税人，即成为一般纳税人可以节税。当增值率高于无差别平衡点增值率 20.05%时，一般纳税人的税负高于小规模纳税人，即成为小规模纳税人可以节税。企业可以按照本企业的实际购销情况，根据以上结论作出选择。

同理，可计算出一般纳税人销售或发生税率为 13%、11%或 6%的商品或应税行为与小规模纳税人销售或发生征收率为 3%或 5%的商品或应税行为的无差别平衡点增值率，如表 8—1 所示。

表 8—1　　无差别平衡点增值率（含税销售额，%）

一般纳税人税率	小规模纳税人征收率	无差别平衡点增值率
17	3	20.05
13	3	25.32
11	3	29.39
6	3	51.46
17	5	32.77
13	5	41.39
11	5	48.05
6	5	84.13

2. 不含税销售额无差别平衡点增值率的计算

设 X 为增值率，S 为不含税销售额，P 为不含税购进额，并假定一般纳税人的适用税率为17%，小规模纳税人的适用税率为3%。

$$一般纳税人的增值率\ X=\frac{S-P}{S}$$

$$一般纳税人应纳增值税=S\times17\%-P\times17\%=S\times X\times17\%$$

$$小规模纳税人应纳增值税=S\times3\%$$

两种纳税人的纳税额相等时，即：

$$S\times X\times17\%=S\times3\%$$

可得：

$$X=17.65\%$$

当增值率低于无差别平衡点增值率17.65%时，一般纳税人的税负低于小规模纳税人，即成为一般纳税人可以节税。当增值率高于无差别平衡点增值率17.65%时，一般纳税人的税负高于小规模纳税人，即成为小规模纳税人可以节税。企业可以按照本企业的实际购销情况，根据以上结论作出选择。

同理，可计算出一般纳税人销售或发生税率为13%、11%或6%的商品或应税行为与小规模纳税人销售或发生征收率为3%或5%的商品或应税行为的无差别平衡点增值率，如表8—2所示。

表8—2　　无差别平衡点增值率（不含税销售额，%）

一般纳税人税率	小规模纳税人征收率	无差别平衡点增值率
17	3	17.65
13	3	23.08
11	3	27.27
6	3	50.00
17	5	29.41
13	5	38.46
11	5	45.45
6	5	83.33

纳税人可以计算本企业产品的增值率，按适用的税率及销售额是否含税查表。若增值率高于无差别平衡点增值率，可以通过企业分立成为小规模纳税人；若增值率低于无差别平衡点增值率，可以通过企业合并成为一般纳税人。

［案例8—1］

增值税纳税人身份的选择（1）

某食品零售企业的年零售含税销售额为150万元，其会计核算制度比较健全，符合一般纳税人条件，适用17%的税率。该企业的年购货金额为80万元（不含税），可取得增值税专用发票。该企业如何进行增值税纳税人身份的筹划？

[解析]

该企业购进食品价税合计 = 80×(1+17%) = 93.6(万元)

销售食品价税合计 = 150(万元)

$$应缴纳增值税 = \frac{150}{1+17\%}\times 17\% - 80\times 17\% = 8.19(万元)$$

$$税后利润 = \frac{150}{1+17\%} - 80 = 48.21(万元)$$

$$增值率(含税) = \frac{150-93.6}{150} = 37.6\%$$

查表 8—1 发现，该企业的增值率较高，超过无差别平衡点增值率 20.05%（含税增值率），所以成为小规模纳税人可比一般纳税人减少增值税税款缴纳。因此，该企业可以分设成两个零售企业，均设为独立核算单位。假定分设后两个企业的年销售额均为 75 万元（含税销售额），都符合小规模纳税人条件，适用 3%的征收率。

此时，有：

两个企业购进食品价税合计 = 80×(1+17%) = 93.6(万元)

两个企业销售食品价税合计 = 150(万元)

$$两个企业应缴纳增值税合计 = \frac{150}{1+3\%}\times 3\% = 4.37(万元)$$

$$分设后两个企业的税后净利润合计 = \frac{150}{1+3\%} - 93.6 = 52.03(万元)$$

通过纳税人身份的转变，该企业的净利润增加了 3.82 万元（= 8.19 − 4.37）。

[案例 8—2]

增值税纳税人身份的选择（2）

甲、乙两个企业均为工业企业小规模纳税人，它们都加工生产机械配件。甲企业的年销售额为 40 万元，年可抵扣购进货物金额 35 万元，乙企业的年销售额为 43 万元，年可抵扣购进货物金额 37.5 万元（以上金额均为不含税金额，可取得增值税专用发票）。由于两个企业的年销售额均达不到一般纳税人标准，税务机关对两个企业均按小规模纳税人的简易方法征税，征收率为 3%。甲企业年应纳增值税 1.2 万元（= 40×3%），乙企业年应纳增值税 1.29 万元（= 43×3%），两个企业每年共应缴纳增值税 2.49 万元（= 1.2 + 1.29）。如何筹划才能降低税负呢？

[解析]　根据无差别平衡点增值率原理，甲企业的增值率（不含税增值率，下同）为 12.5%[= (40 − 35) ÷ 40]，小于无差别平衡点增值率 17.65%（不含税增值率，下同），所以选择作为一般纳税人的税负较轻。乙企业的增值率为 12.79% [= (43 − 37.5) ÷ 43]，同样小于无差别平衡点增值率 17.65%，所以选择作为一般纳税人的税负较轻。因此，若甲、乙两个企业通过合并方式组成一个独立核算的纳税人，合并后的年应税销售额为 83 万元，符合一般纳税人的认定资格。企业合并后，年应纳增值税 1.785 万元 [= (40 + 43)×17% − (35 + 37.5)×17%]，可减轻税负 0.705 万元（= 2.49 − 1.785）。

如果不合并，也可以通过申请成为一般纳税人来减少缴纳税款。

[案例 8—3]

增值税纳税人身份的选择（3）

A 公司从事广告设计服务业，公司全年实现广告设计业务含税收入 400 万元，会议展览业务含税收入 300 万元，即含税总收入 700 万元。会议展览业务可以取得进项发票的材料成本约占收入的 20%，即 60 万元（含税）。计算 A 公司应纳增值税税额并提出税收筹划方案。

[解析]

A 公司的不含税年销售额为 700÷(1+6%)=660.38（万元），达到了一般纳税人标准 500 万元，故 A 公司为增值税一般纳税人。应纳增值税=700÷(1+6%)×6%－60÷(1+17%)×17%=30.90（万元）。

如果 A 公司新注册一家广告公司，将原来的广告设计业务分拆出来由新公司来经营，而会议展览服务仍留在 A 公司，则两家公司都符合小规模纳税人的资格，适用增值税征收率 3%。A 公司应纳增值税=300÷(1+3%)×3%=8.74（万元），新公司应纳增值税=400÷(1+3%)×3%=11.65（万元），共计 20.39 万元，节税 10.51 万元（=30.90－20.39）。

另外，在进行增值税一般纳税人与小规模纳税人身份筹划时，还需要综合考虑税法对一般纳税人的认定要求、企业财务利益最大化要求以及产品的性质和客户的类型等方面，只有全面考虑才能够顺利实现利益最大化目标。

8.1.2 增值税纳税人混合销售行为的税收筹划

按照税法规定，销售货物、提供应税劳务或销售服务、无形资产或不动产应缴纳增值税。但在实际经营中，有时货物和服务项目难以完全分开。因此，税法对涉及增值税混合销售行为的征税方法作出了规定。在这种情况下，企业要选择营业范围并考虑按照销售货物还是销售服务缴纳增值税，以便降低企业的税收负担。混合销售是指企业的同一项销售行为既涉及货物，又涉及服务，而且销售服务的目的是为了销售这批货物，两者之间是紧密相连的从属关系。例如，供电器材厂销售外购的供电设备并负责工程安装，则供电器材厂在这次行为中销售了货物和安装服务。我国税法对混合销售行为的处理有以下规定：从事货物的生产、批发或零售的企业、企业性单位及个体工商户，以及从事货物的生产、批发或者零售为主，并兼营销售服务的单位和个体工商户发生的混合销售行为，按照销售货物缴纳增值税；其他单位和个体工商户的混合销售行为，按照销售服务缴纳增值税。其中，“以从事货物的生产、批发或者零售为主，并兼营销售服务”是指在纳税人每年的货物销售额与服务销售额的合计数中，货物的销售额超过 50%，服务的销售额不到 50%。因此，该供电器材厂的此项混合销售行为应按照 17%的税率征收增值税。增值税一般纳税人以销项税额减去进项税额为应纳税额，因此，在出现混合销售行为时，按销售货物计算缴纳的税负重，还是按销售服务计算缴纳的税负重，完全取决于增值率的高低。所以纳税人可以通过增值率的计算来判断缴纳哪一种税对自己较为有利。

[案例 8—4]

混合销售行为中纳税人身份的选择

某有限责任公司（甲公司）下设两个非独立核算的业务经营部门：供电器材销售部和工程安装施工队。供电器材销售部主要负责销售输电设备等货物，工程安装施工队主要负责输电设备的安装等工程。某年，公司取得不含税销售收入为 2 800 万元，提供安装取得不含税收入为 2 200 万元，购买生产用原材料 2 000 万元，可抵扣的进项税额为 340 万元。公司为一般纳税人，税务部门对其发生的混合销售行为一并征收增值税。该公司服务的销售额未达到总销售额的 50%。如何筹划才能降低税负呢？

[解析] 在现方案下该公司应纳税额的计算如下：

$$增值税销项税额=(2\ 800+2\ 200)\times 17\%=850(万元)$$

$$增值税进项税额=340(万元)$$

$$增值税应纳税额=850-340=510(万元)$$

$$税收负担率=\frac{510}{5\ 000}\times 100\%=10.2\%$$

公司的安装收入比例较高，但没有相应的进项税额可以抵扣。进行税收筹划后，该公司将工程安装施工队单独组建成一个乙公司，独立核算，自行缴纳税款。工程安装收入适用的税率为 11%。税收筹划后，纳税情况如下：

$$甲公司应缴纳增值税=2\ 800\times 17\%-340=136(万元)$$

$$乙公司应缴纳增值税=2\ 200\times 11\%=242(万元)$$

$$合计应纳税额=136+242=378(万元)$$

$$税收负担率=\frac{136+242}{2\ 800+2\ 200}\times 100\%=7.56\%$$

与税收筹划前相比，公司的税收负担率降低了 2.64 个百分点。

8.1.3 销售方式的税收筹划

为适应市场竞争的需要，企业会采用多种不同的产品销售方式，而税法对不同销售方式规定的计税方法是不同的。为此，企业在采用不同方式销售商品时需注意税收待遇的差别对自身税负高低的影响。

1. 折扣销售与销售折扣

(1) 相关规定。折扣销售是指销货方在销售货物或者提供应税劳务、发生应税行为时，因购货方购货数量较大等原因而给予购货方的价格优惠。例如，购买 50 件产品，销售价格折扣 10%；购买 100 件产品，折扣 20%等。由于折扣是在实现销售的同时发生的，因此税法规定：如果销售额和折扣额在同一张发票的“金额”栏中分别注明的，可按折扣后的余额作为销售额计算增值税；如果未在同一张发票“金额”栏中注明折扣额，而仅在发票的“备注”栏中注明折扣额或者将折扣额另开发票的，不论其在财务上如何处理，均不得从销售额中减除折扣额。此外，关于折扣销售的这项规定仅限于现金形式的折扣，如果销货者将自产、委托加工和购买的货物用于实物折扣，则该实物款额不能从货物销售额中减除，该实物应按《增值税暂行条例实施细则》“视同销售货物”中的“赠送他人”计算征收增值税。

销售折扣是指销货方在销售货物、提供应税劳务、发生应税行为后（在赊销的情况下），为了鼓励购货方及早偿还货款而协议许诺给予购货方的一种折扣优惠。例如，10 天内付款，货款折扣 2%；20 天内付款，折扣 1%；30 天内全价付款。销售折扣发生在销货之后，是一种融销售性质与融资性质为一体的行为。销售折扣实际上是一种融资的财务费用，因此销售折扣不得从销售额中减除。

【即学即用】 某服装厂为增值税一般纳税人，向某批发公司销售服装 100 件，每件不含税售价为 500 元。该厂对于销售服装的折扣销售规定为：一次购买 10 件，折扣 10%；一次购买 50 件，折扣 20%；一次购买 100 件，折扣 30%。该服装厂开具的增值税专用发票“金额”栏中分别注明了销售额和折扣额。则该服装厂销售服装的销项税额是(　　)元。

A. 8 500　　B. 7 650　　C. 5 950　　D. 5 650

答案：C。

(2) 筹划思路与方法。第一，企业在使用折扣销售时（折扣额应在“金额”栏中注明，在“备注”栏中注明的，折扣额不得在销售额中减除），切记要把销售额和折扣额开在同一张发票上，这样可以按照折扣后的余额作为销售额计算增值税。根据《国家税务总局关于纳税人折扣折让行为开具红字增值税专用发票问题的通知》（国税函［2006］1279 号）的规定，对纳税人销售货物并向购货方开具增值税专用发票后，由于购货方在一定时期内累计购买货物达到一定数量，或者由于市场价格下降等原因，销货方给予购货方相应的价格优惠或补偿等折扣折让行为，销货方可按现行《增值税专用发票使用规定》的有关规定开具红字增值税专用发票。第二，企业应明确折扣销售与销售折扣的不同，以免将可以扣减的折扣额计算到应缴增值税的销售额中。从企业税负角度考虑，折扣销售方式优于销售折扣方式。如果企业面对的是一个信誉良好的客户，销售货款回收风险较小，那么企业可以考虑通过修改销售合同，将销售折扣方式转换为折扣销售方式。第三，尽量将实物折扣转化为折扣销售。由于实物折扣按规定是要视同销售的，但如果将实物折扣转化为折扣销售，则可为企业减轻税负。例如，某客户购买了 10 件商品，应给予 2 件商品的折扣，在开发票的时候按 12 件商品开具销售数量和金额，然后在同一张发票上的另一行用红字开具折扣 2 件商品的折扣金额。这样，按照税法的规定，折扣的部分在计税时就可以从销售额中扣减了，不需要计算增值税，从而节约了纳税支出。

2. 促销方法

(1) 相关规定。

打折就是前文所说的折扣销售，在此不再赘述。附送礼品应按实际收到的销售额确认收入。

(2) 筹划思路与方法。上述两种方法在企业的销售中可能都会用到，那么哪一种方法最好呢？下面通过一个具体的案例来分析。

[案例 8—5]

销售方式的税收筹划

四川省某服装经销公司在2016年为庆祝建厂10周年，决定在春节期间开展一次促销活动，现有两种方案可供选择：方案一，打8折，即按现价折扣20%销售，原100元商品以80元售出；方案二，赠送购货价值20%的礼品，即购买100元商品，可获得20元礼品。含税购进额为70元。（暂不考虑城市维护建设税和教育费附加，商品的毛利率为30%，以上价格均为含税价格。）请问选择哪个方案呢？

[解析] 在不同促销方案下，公司的税后利润为：

方案一：

$$应纳增值税=\frac{80}{1+17\%}\times 17\%-\frac{70}{1+17\%}\times 17\%=1.45(元)$$

$$企业利润额=\frac{80}{1+17\%}-\frac{70}{1+17\%}=8.55(元)$$

$$应缴企业所得税=8.55\times 25\%=2.14(元)$$

$$税后净利润=8.55-2.14=6.41(元)$$

方案二：

销售100元时应纳增值税①：

$$\frac{100}{1+17\%}\times 17\%-\frac{70}{1+17\%}\times 17\%-\frac{14}{1+17\%}\times 17\%=2.33(元)$$

企业的利润额为②：

$$\frac{100}{1+17\%}-\frac{70}{1+17\%}-\frac{14}{1+17\%}=85.47-59.83-11.97=13.67(元)$$

企业应缴企业所得税为：

$$\left(\frac{100}{1+17\%}-\frac{70}{1+17\%}-\frac{14}{1+17\%}\right)\times 25\%$$
$$=(85.47-59.83-11.97)\times 25\%$$
$$=3.42(元)$$

税后净利润为：

---

① 根据《四川省国家税务局关于买赠行为增值税处理问题的公告》（四川省国家税务局公告2011年第6号）第一条的规定，“买物赠物”方式是指在销售货物的同时赠送同类或其他货物，并且在同一项销售货物行为中完成，赠送货物的价格不高于销售货物收取的金额。对纳税人的该种销售行为，按其实际收到的货款申报缴纳增值税，但应按照《国家税务总局关于确认企业所得税收入若干问题的通知》（国税函〔2008〕875号）第三条的规定，在账务上将实际收到的销售金额，按销售货物和随同销售赠送货物的公允价值的比例来分摊确认其销售收入，同时应将销售货物和随同销售赠送的货物品名、数量以及按各项商品公允价值的比例分摊确认的价格和金额在同一张发票上注明。

买一赠一行为是否视同销售，各地对此的规定不尽相同。

② 根据《国家税务总局关于确认企业所得税收入若干问题的通知》（国税函〔2008〕875号）第三条的规定，企业以买一赠一等方式组合销售本企业商品的，不属于捐赠，应将总的销售金额按各项商品的公允价值的比例来分摊确认各项的销售收入。

13.67－3.42＝10.25（元）

两种方案的相关数据见表8—3。

表8—3 两种方案的相关数据 单位：元

应缴税金	8折销售	附送礼品
增值税	1.45	2.33
企业所得税	2.14	3.42
税后净利润	6.41	10.25

3. 代理销售方式

代理销售有两种不同的方式，这两种方式应缴的税款也不相同：一是收取代理手续费方式，即受托方以代理销售商品的全价与委托方结算，然后收取一定金额的手续费。这对于受托方来讲是一种代理服务收入，应按增值税6%的税率计算缴纳税款。二是视同买断方式，即委托方以较低价格将货物交由受托方代销，受托方加价后向市场销售。这对于受托方来讲是商品销售的一个环节，应按其获得的增值额计算缴纳增值税。这两种不同的代销方式对委托方、受托方的税务处理不同，总体税负也不相同。因此，合理选择代销方式，同时确定合理的代销价格可以达到合法节税的目的。

［**案例8—6**］

代理销售方式的税收筹划①

利群商贸公司用收取手续费的方式为中华制衣厂代销品牌服装，销售单价为1 000元/件，每销售一件收取手续费200元。2016年6月，利群商贸公司共销售服装100件，收取手续费20 000元，以上金额均不含税，请设计节税方案。假定中华制衣厂购进货物的进项税额为7 000元。

［**解析**］ 现方案下，双方的涉税处理如下：

利群商贸公司应缴增值税＝20 000×6%＝1 200（元）

利群商贸公司应缴城市维护建设税及教育费附加＝1 200×（7%＋3%）＝120（元）

中华制衣厂应缴增值税＝1 000×100×17%－7 000－20 000×6%＝8 800（元）

中华制衣厂应缴城市维护建设税及教育费附加＝8 800×（7%＋3%）＝880（元）

两公司共缴纳货物与劳务税以及附加税费＝1 200＋120＋8 800＋880＝11 000（元）

假如利群商贸公司按照视同买断的方式为中华制衣厂代销品牌服装，中华制衣厂以800元/件出售服装给利群商贸公司，利群商贸公司再按1 000元/件对外销售（其他资料不变），则双方的涉税处理应为：

利群商贸公司应缴增值税＝1 000×100×17%－800×100×17%＝3 400（元）

利群商贸公司应缴城市维护建设税及教育费附加＝3 400×（7%＋3%）＝340（元）

中华制衣厂应缴增值税＝800×100×17%－7 000＝6 600（元）

① 参见蔡昌：《最优纳税方案设计》，北京，中国财政经济出版社，2007。

中华制衣厂应缴城市维护建设税及教育费附加 = 6 600×(7% + 3%) = 660(元)

两公司共缴纳货物与劳务税以及附加税费 = 3 400 + 340 + 6 600 + 660 = 11 000(元)

比较上述两种方式，在视同买断方式下，利群商贸公司多缴增值税 2 200 元，多缴城市维护建设税及教育费附加 220 元；而中华制衣厂少缴增值税 2 200 元，多缴城市维护建设税及教育费附加 220 元。但从两公司合计税负角度来看，两种方式下的应纳税费是相等的。

因此，在代理销售业务中受托方选择收取手续费方式可以少缴增值税。如果采用视同买断方式代销，受托方需多缴纳一部分增值税，委托方则可少缴一部分增值税，因此双方可以在协议价格上做一些调整，委托方适当降低价格，以使受托方多缴的增值税在协议价格上得到补偿，最终使双方各自的税负水平趋于合理。

8.1.4 销售价格的税收筹划

销售价格的筹划主要是关联企业之间的转让定价，目的是使企业的总体税负最低。税法规定，关联企业是指与企业有以下关系之一的公司、企业和其他经济组织：在资金、经营、购销等方面，存在直接或间接的拥有或者控制关系；直接或间接地同为第三者拥有或控制；其他利益上相关联的关系。转让定价又称转移定价，是指在经济活动中有经济联系的企业各方（可为两方或多方）为均摊利润或转移利润而在产品交换或买卖过程中，不依照市场买卖规则和市场价格进行交易，而是根据其共同利益或最大限度地维护其收入进行的产品或非产品转让。在这种转让中，产品的转让价格根据双方的意愿，可高于或低于市场上的供求关系决定的价格。利用转让定价对增值税进行税收筹划可以起到递延税款缴纳的作用。

[案例 8—7]

销售价格的税收筹划①

某集团公司下设三个独立核算的企业甲、乙、丙，彼此存在购销关系：甲企业为乙企业提供原材料，乙企业生产的产品是丙企业的半成品，丙企业进一步加工后向市场销售。请比较不同结算价格下的增值税税负。甲、乙、丙三企业的销售情况见表 8—4。

表 8—4　甲、乙、丙三企业的销售情况

企业名称	增值税税率（%）	销售件数（件）	正常市价（元）	转移价格（元）	所得税税率（%）
甲	17	1 000	500	400	25
乙	17	1 000	600	500	25
丙	17	1 000	700	700	25

注：以上价格均为含税价格。

[解析]　假设甲企业的进项税额为 40 000 元，如果三个企业均按正常市场价结算货款，应纳增值税税额为：

① 参见计金标：《税收筹划》，第 6 版，北京，中国人民大学出版社，2016。

$$甲企业应纳增值税=\frac{500}{1+17\%}\times 17\%\times 1\,000-40\,000$$
$$=72\,650-40\,000=32\,650(元)$$

$$乙企业应纳增值税=\frac{600}{1+17\%}\times 17\%\times 1\,000-72\,650$$
$$=87\,179-72\,650=14\,529(元)$$

$$丙企业应纳增值税=\frac{700}{1+17\%}\times 17\%\times 1\,000-87\,179$$
$$=101\,709-87\,179=14\,530(元)$$

$$集团公司合计应纳增值税=32\,650+14\,529+14\,530=61\,709(元)$$

如果三个企业采用转移价格销售，应纳增值税情况如下：

$$甲企业应纳增值税=\frac{400}{1+17\%}\times 17\%\times 1\,000-40\,000$$
$$=58\,120-40\,000=18\,120(元)$$

$$乙企业应纳增值税=\frac{500}{1+17\%}\times 17\%\times 1\,000-58\,120$$
$$=72\,650-58\,120=14\,530(元)$$

$$丙企业应纳增值税=\frac{700}{1+17\%}\times 17\%\times 1\,000-72\,650$$
$$=101\,709-72\,650=29\,059(元)$$

$$集团公司合计应纳增值税=18\,120+14\,530+29\,059=61\,709(元)$$

如果从静态总额看，前后应纳的增值税是完全一样的，但考虑到税款的支付时间，两者的税额便存在差异。由于三个企业的生产有连续性，这使得本应由甲企业当期缴纳的增值税款相对减少 14 530 元（=32 650－18 120），即递延至第二期缴纳（通过乙企业）；乙企业原应缴纳的税款又通过转移价格递延至第三期并由丙企业缴纳。如果考虑到折现因素，则集团公司的整体税负相对下降。

8.1.5 结算方式的税收筹划

企业产品的具体销售形式是多种多样的，但总体上有两种类型：现销方式和赊销方式。现行税制和财务制度对于纳税义务发生时间、销售实现时间的规定是一致的，主要有以下几种情况：采取直接收款方式销售货物的，不论货物是否发出，均为收到销售款项或取得索取销售款项凭据的当天；采取托收承付和委托银行收款方式销售货物的，为发出货物并办妥托收手续的当天；采取赊销和分期收款方式销售货物的，为书面合同约定的收款日期的当天，无书面合同的或者书面合同没有约定收款日期的，为货物发出的当天；采取预收货款方式销售货物的，为货物发出的当天，但生产销售生产工期超过 12 个月的大型机械设备、船舶、飞机等货物的，为收到预收款或者书面合同约定的收款日期的当天；委托其他纳税人代销货物的，为收到代销单位的代销清单或者收到全部或者部分货款的当天，未收到代销清单及货款的，为发出代销货物满 180 天的当天；销售应税劳务的，为提供劳务同时收讫销售款项或取得索取销售款项凭据的当天；发生应税行为的，为发生应税行为并收讫销售款项或者取得索取销售款项凭据的当天；采取预收款方式提供建筑服务、租赁服务的，为收到预收款的当天；从事金融商品转让，为金融商品所有权转移的当天；发生视同销售服务、无形资产或不动产的，其纳税义务发生时间为服务、无形资产转让完成的当天或不动产权属变更的当天。以上销售行为中，先开具发票的，为开具发票的当天。由此可见，不同结算方式的纳税义务发生时间是不同的。企业选择合理的结算方式，不仅可以拖延入账时间，达到延缓税款缴纳、获得资金时间价值的目的，而且可以避免不必要的税收损失。

例如，采取直接收款方式销售货物，意味着在销售货物的时候，如果卖方与购货方办理了货款结算手续，或者为对方开具了增值税专用发票，无论对方是否提货，都要计算缴纳增值税。但是，如果企业在销售货物时改变了结算方式，采用赊销或分期收款的方式，则可在合同约定的收款日期开具增值税专用发票，这样不但可以获得该税款的时间价值，还可以避免税款的损失。同时，由于在分期收款的方式下可以在合同约定的收款日期开具增值税专用发票，与原来的直接收款方式相比，由于购买方没有在收到货物的同时取得增值税专用发票，无法抵扣其进项税额，所以可以促使购买方及时付款。

[案例 8—8]

结算方式的税收筹划

甲企业 9 月 1 日销售机床一台，价值 2 000 万元，产品成本为 1 500 万元，适用 17% 的增值税税率。因为购货企业的资金周转困难，货款无法一次收回。如何签订收款协议才能节税呢？

[解析] 如果按照直接收款方式销售产品，甲企业 9 月份实现的该机床的销项税额为 340 万元；如果甲企业与购货企业达成分期收款的协议，协议中注明 10 个月收回货款，每月 30 日前购货企业支付货款 200 万元，则每个月的销项税额为 34 万元。显然，采用分期收款的方式能使企业实现分期纳税，减轻企业的税收压力，使增值税税负趋于均衡。

8.1.6 进货渠道的税收筹划

由于税法规定以增值税专用发票为抵扣凭证，所以一般纳税人的进货采购渠道不同，可抵扣的比例就不同，从而影响其实际税收负担。一般纳税人采购物品的渠道主要有以下两种：一是选择一般纳税人为供货单位，其可以开具应税项目适用税率的增值税专用发票；二是选择小规模纳税人为供货单位。再按照能否到税务机关申请开具增值税专用发票，可将小规模纳税人进一步划分为能开具增值税专用发票的小规模纳税人（抵扣率为 3%）和只能开具普通发票的小规模纳税人。

由于一般纳税人从小规模纳税人处采购货物、接受应税劳务或购进服务、无形资产或不动产不能进行抵扣或只能抵扣 3%，因此作为供货商的小规模纳税人有时为了留住客户，愿意在价格上给予一定程度的优惠。此时，作为采购方，究竟多大的折扣幅度才能弥补无增值税专用发票抵扣带来的损失呢？这里存在一个价格优惠临界点。

假设从一般纳税人处购进货物、接受应税劳务或购进服务、无形资产或不动产的价格（含税）为 A，从小规模纳税人处购进货物、接受应税劳务或购进服务、无形资产或不动产的价格（含税）为 B。为使两者扣除货物和劳务成本后的税后销售利润相等，可设下列式子：

$$销售额(不含税)-\frac{A}{1+增值税税率}-\left[销售额(不含税)-\frac{A}{1+增值税税率}\right]\times增值税税率\times(城市维护建设税税率+教育费附加征收率)$$

$$销售额(不含税)-\frac{B}{1+征收率}-\left[销售额(不含税)\times增值税税率-\frac{B}{1+征收率}\times征收率\right]\times(城市维护建设税税率+教育费附加征收率)$$

令两式相等，则有：

$$销售额(不含税)-\frac{A}{1+增值税税率}-\left[销售额(不含税)-\frac{A}{1+增值税税率}\right]\times增值税税率\times(城市维护建设税税率+教育费附加征收率)$$

$$=销售额(不含税)-\frac{B}{1+征收率}-\left[销售额(不含税)\times增值税税率-\frac{B}{1+征收率}\times征收率\right]\times(城市维护建设税税率+教育费附加征收率)$$

故

$$\frac{A}{1+增值税税率}-\frac{A}{1+增值税税率}\times增值税税率\times\left(城市维护建设税税率+教育费附加征收率\right)$$

$$=\frac{B}{1+征收率}-\frac{B}{1+征收率}\times征收率\times\left(城市维护建设税税率+教育费附加征收率\right)$$

当城市维护建设税税率为7%、教育费附加征收率为3%时，有：

$$\frac{A}{1+增值税税率}-\left[\frac{A}{1+增值税税率}\times增值税税率\times(7\%+3\%)\right]$$

$$=\frac{B}{1+征收率}-\frac{B}{1+征收率}\times征收率\times(7\%+3\%)$$

或

$$\frac{A}{1+增值税税率}\times(1-增值税税率\times10\%)=\frac{B}{1+征收率}\times(1-征收率\times10\%)$$

$$B=\frac{(1+征收率)\times(1-增值税税率\times10\%)}{(1+增值税税率)\times(1-征收率\times10\%)}\times A$$

当增值税税率为17%、征收率为3%时，有：

$$B=\frac{(1+3\%)\times(1-17\%\times10\%)}{(1+17\%)\times(1-3\%\times10\%)}\times A=A\times86.8\%$$

也就是说，当小规模纳税人的价格为一般纳税人价格的86.8%时，或者当价格优惠幅度为86.8%时，无论是从小规模纳税人处采购还是从一般纳税人处采购，企业取得的收益都是相等的。当小规模纳税人报价的折扣率低于该比率时，向一般纳税人采购获得增值税专用发票可抵扣的税额将大于小规模纳税人的价格折扣；只有当小规模纳税人报价的折扣率高于该比率时，向小规模纳税人采购才可获得比向一般纳税人采购更大的税后利益。如果从小规模纳税人处不能取得增值税专用发票，则有：

$$B=A\times\frac{1-增值税税率\times10\%}{1+增值税税率}$$

价格优惠临界点见表 8—5。

表 8—5　　价格优惠临界点（%）

一般纳税人的抵扣率	小规模纳税人的抵扣率	价格优惠临界点（含税）
17	3	86.80
17	0	84.02
13	3	90.24
13	0	87.35
11	3	92.05
11	0	89.10
6	3	96.88
6	0	93.77

［案例 8—9］

进货渠道的税收筹划

宏伟家具生产厂（增值税一般纳税人）外购木材作为加工产品原材料，现有两个供应商甲与乙，甲为增值税一般纳税人，可以开具税率为 17%的增值税专用发票，该批木材报价 50 万元（含税价款）；乙为小规模纳税人，可以出具由其主管税务局代开的征收率为 3%的增值税专用发票，木材报价 46.5 万元（已知城市维护建设税税率为 7%，教育费附加征收率为 3%，不考虑地方教育费附加）。请为宏伟家具厂材料采购作出税收筹划建议。

［解析］　从价格优惠临界点原理可知，当增值税税率为 17%、小规模纳税人的抵扣率为 3%时，价格优惠临界点为 86.8%，或者说价格优惠临界点的销售价格为 434 000 元（=500 000×86.8%）。从题中乙的报价看，465 000 元＞价格优惠临界点 434 000 元，因此应从甲（一般纳税人）处采购。

从企业利润核算的角度看，从甲处购进该批木材的净成本为：

$$\frac{500\ 000}{1+17\%}-\frac{500\ 000}{1+17\%}\times 17\%\times(7\%+3\%)$$
$$=420\ 085.47(\text{元})$$

从乙处购进该批木材的净成本为：

$$\frac{465\ 000}{1+3\%}-\frac{465\ 000}{1+3\%}\times 3\%\times(7\%+3\%)$$
$$=451\ 456.31-1\ 354.37$$
$$=450\ 101.94(\text{元})$$

由此可见，从乙处购进该批木材的成本大于从甲处购进的成本，因此应选择从甲处购买。

8.1.7 兼营简易计税方法计税项目或免税项目进项税额核算的筹划

增值税一般纳税人兼营简易计税方法计税项目或免征增值税项目，应当正确划分其不得抵扣的进项税额。应税项目与简易计税方法计税项目、非增值税应税劳务或免征增值税项目的进项税额可以划分清楚的，用于生产应税项目产品的进项税额可按规定进行抵扣；用于生产简易计税方法计税项目或免征增值税项目产品的进项税额不得抵扣。对不能准确划分进项税额的，按下列公式计算不得抵扣的进项税额：

$$\text{不得抵扣的进项税额}=\text{当期无法划分的全部进项税额}\times\frac{\text{当期简易计税方法计税项目销售额}+\text{免征增值税项目销售额}}{\text{当期全部销售额}}$$

纳税人可将按照上述公式计算出的不得抵扣的进项税额与实际简易计税方法计税项目或免征增值税项目不得抵扣的进项税额进行对比，如果前者大于后者，则应准确划分两类不同的进项税额，并按规定转出进项税额；如果前者小于后者，则无须准确划分，而是按公式计算结果确定不得抵扣的进项税额。

[案例 8—10]

兼营简易计税方法计税项目或
免征增值税项目进项税额核算的筹划①

某农机厂为增值税一般纳税人，12 月份对外销售农机取得不含税收入 10 000 元，销售农机零配件取得不含税收入 1 000 元，当月还将一台设备对外出租并取得不含税租金 1 000元。上述销售额分别核算且款项均已收到。

[解析]　根据现行税法规定，纳税人销售农机的适用税率为 13%，销售农机零配件以及提供有形动产租赁服务的适用税率为 17%。该农机厂 12 月份增值税销项税额的计算如下：

销售农机销项税额＝10 000×13%＝1 300(元)
销售农机零配件销项税额＝1 000×17%＝170(元)
出租设备销项税额＝1 000×17%＝170(元)
该农机厂 12 月份增值税销项税额＝1 300＋170＋170＝1 640(元)

如果该农机厂未分别核算农机销售收入、农机零配件销售收入和租金收入，那么根据兼营的规定，对于上述销售额应该从高适用税率计算增值税，即按照 17%的税率计算销项税额：

该农机厂 12 月份增值税销项税额＝(10 000＋1 000＋1 000)×17%＝2 040(元)

分开核算比不分开核算少缴增值税 400 元。

---

① 参见高金平：《税收筹划谋略百篇》，北京，中国财政经济出版社，2002。

8.1.8 增值税税率的税收筹划

在我国现行增值税法中，纳税人销售货物、加工修理修配劳务、服务、无形资产或不动产适用不同税率或征收率的，应当分别核算适用不同税率或者征收率的销售额，未分别核算销售额的，按照以下方法选择适用税率或者征收率：

（1）兼有不同税率的销售货物、加工修理修配劳务、服务、无形资产或者不动产，从高适用税率。

（2）兼有不同征收率的销售货物、加工修理修配劳务、服务、无形资产或者不动产，从高适用征收率。

（3）兼有不同税率和征收率的销售货物、加工修理修配劳务、服务、无形资产或者不动产，从高适用税率。

在增值税税率的筹划中，一方面，应准确掌握低税率的适用范围。例如，适用13%低税率中的“农机”，是指农机整机，农机零部件不属于“农机”范围，因而生产农机零部件的企业可以通过与农机整机生产企业合并、组合的形式，使产品符合低税率的标准，实现节税的目标。另一方面，兼有不同税率或者征收率的销售货物、提供应税劳务、服务、无形资产或不动产的企业，一定要将各自的销售额分别核算，避免从高适用税率或征收率的情况。

[案例 8—11]

增值税税率的筹划（1）

甲公司是一家化肥生产企业，已经认定为增值税一般纳税人，该企业除了生产销售化肥之外，还将空置的仓库用于提供仓储服务。2016 年甲公司取得化肥销售收入 1 000 万元，仓储服务收入 400 万元。当年可抵扣的增值税进项税额为 50 万元。根据相关规定，销售化肥适用的税率为13%，仓储服务适用的税率为6%。假设上述收入均不含税。如何核算才能减轻税负呢？

[解析] 如果甲公司会计核算时未对这两类收入分别核算，则

$$应纳增值税税额=(1\,000+400)\times13\%-50=132(万元)$$

如果甲公司会计核算时对这两类收入分别核算，则

$$应纳增值税税额=1\,000\times13\%+400\times6\%-50=104(万元)$$

可见，甲公司分别核算两类收入要比未分别核算两类收入少交增值税 28 万元（=132－104）。因此，当纳税人兼有不同税率或者征收率的销售货物、提供应税劳务、销售服务、无形资产或不动产时，要完善自己的财务核算，对不同收入分类核算，避免从高适用税率或征收率而增加不必要的税收负担。

此外，纳税人还可以通过转变经营模式，将适用高税率的应税项目转变为适用低税率的应税项目，以减轻税负，获取税收利益。

[案例 8—12]

增值税税率的筹划(2)

位于市区的乙公司为增值税一般纳税人，主要从事货物运输业服务，此外还将本公司闲置的车辆用于对外经营租赁。假设可抵扣的进项税额为 500 万元，其他税费仅考虑城市维护建设税和教育费附加，以下两种经营模式发生的费用都相等。

(1) 如果某月取得不含税经营租赁业务收入 8 000 万元，则租赁业务应纳增值税税额 = 8 000×17% - 500 = 860 (万元)。

应缴纳的城市维护建设税和教育费附加 = 860×(3% + 7%) = 86(万元)

合计应纳税额 = 860 + 86 = 946(万元)

(2) 如果乙公司在对外出租车辆的同时，还为出租的车辆配备司机，并收取不含税收入 8 000 万元，则此项收入由原来的有形动产租赁服务转变为交通运输业服务缴纳增值税，适用的税率由原来的 17%降低为 11%，即应纳增值税税额 = 8 000×11% - 500 = 380 (万元)。

应缴纳的城市维护建设税和教育费附加 = 380×(3% + 7%) = 38(万元)

合计应纳税额 = 380 + 38 = 418(万元)

可见，第二种经营模式比第一种经营模式少缴税款 528 万元(= 946 - 418)。同样的收入额，只需要对经营模式进行一些恰当合理的变换，就能够达到节约税款的目的。

8.1.9 增值税税收优惠政策的筹划

根据我国税法的有关规定，农业生产者销售自产农产品免缴增值税，一般纳税人向农业生产者购买的免税农产品或向小规模纳税人购买的农产品，准予按买价 13%的扣除率计算进项税额，从当期销项税额中扣除。企业如何用好这项优惠政策呢?

当一个企业的产品生产流程既包括农业生产活动，又包括工业生产活动，也就是所有流程都由一个企业完成，那么它很难划分哪一部分价值由农业生产活动创造、哪一部分价值由工业生产活动创造，因而在计征增值税时，其所有价值都会作为工业生产产品价值一并计征增值税。如果企业将加工后仍是农产品的那部分独立出来设立一个农产品生产单位，由这个新设单位进行直接收购或初级加工，加工企业再从该企业购入所需原料，那么原来不能享受免税的价值就可以享受免税，原来不能进行抵扣的进项税额也可以抵扣了。如果纳税人有属于自己的农业生产基地，可以将该农业生产基地独立出来成立一个企业，这样不仅该农业生产基地可以享受“农业生产者销售自产农产品免征增值税”的优惠，加工企业也可根据农业生产基地开具的普通发票(或者收购凭证)计算、抵扣进项税额，实现降低税负的目的。

在实际操作的过程中，要特别注意农产品生产单位与加工企业存在的关联关系。首先，农产品生产单位必须按照独立企业之间的正常售价销售给加工企业，而不能一味地为增加企业的进项税额擅自抬高售价；其次，设立单位所增加的费用必须小于或远远小于所带来的收益。总之，企业在考虑成本效益的前提下，通过新设立独立核算单位进行原料收购及初加工活动，有利于增加可抵扣进项税额，降低增值税税负。

［案例 8—13］

农产品免税优惠政策的税收筹划

B 市茶叶生产公司主要生产流程如下：种植茶树来生产茶叶，将生产出来的初制茶叶经过风选、拣剔、碎块、干燥和匀堆等工序进一步加工成精制茶，再将精制茶销售给各大商业公司，或直接通过销售网络转销给 B 市及其他地区的居民。按照现行增值税法的相关规定，精制茶适用的增值税税率为 17%。该公司进项税额主要有两部分：一是购进农业生产资料的进项税额；二是公司水费、电费和修理用配件等按规定可以进行抵扣的进项税额。与销项税额相比，这两部分进项税额的比例很小。经过一段时间的运营，公司的增值税税负高达 12.8%。该公司应如何进行筹划以减轻税收负担？（暂不考虑地方教育费附加。）

［解析］ 从公司的客观情况来看，税负高的原因在于公司可抵扣的进项税额比例太低。因此，公司进行税收筹划的关键在于如何增加进项税额的抵扣。围绕进项税额，公司可以采取以下筹划方案：公司将整个生产流程分成茶叶种植园种植茶树生产茶叶和精制茶加工厂对初制茶叶进行精加工后再销售两部分，茶叶种植园和精制茶加工厂均实行独立核算。分开后，茶叶种植园属于农产品生产单位，其生产销售初制茶叶按规定可以免征增值税，精制茶加工厂从茶叶种植园购入的初制茶叶可以抵扣 13%的进项税额。

筹划方案实施前，假定每年公司购进农业生产资料允许抵扣的进项税额为 13 万元，其他水电费、修理用配件等的进项税额为 8 万元，全年精制茶不含税销售收入为 500 万元，则：

$$应纳增值税税额=销项税额-进项税额=500\times17\%-(13+8)=64(万元)$$

$$税负率=\frac{64}{500}\times100\%=12.8\%$$

方案实施后，独立出来的茶叶种植园销售自产的初制茶叶免征增值税，假定茶叶种植园销售给精制茶加工厂的初制茶叶售价为 350 万元，其他资料不变，则：

$$\begin{aligned}应纳增值税税额&=销项税额-进项税额=500\times17\%-(350\times13\%+8)\\&=31.5(万元)\end{aligned}$$

$$税负率=\frac{31.5}{500}\times100\%=6.3\%$$

可见，筹划方案的实施取得了良好的收益，方案实施后比实施前节省增值税税额 32.5 万元（=64－31.5），节省城市维护建设税和教育费附加合计 3.25 万元［=32.5×(7%+3%)］，税收负担下降了 6.5%（=12.8%－6.3%）。

需要注意的是，由于茶叶种植园与精制茶加工厂存在关联关系，农产品生产单位（即茶叶种植园）必须按照独立企业之间的正常售价销售产品给精制茶加工厂，而不能一味地为增加精制茶加工厂的进项税额擅自抬高售价，否则税务机关将依法调整精制茶加工厂的原材料购进价和进项税额。

8.2 消费税的税收筹划

8.2.1 消费税纳税人的税收筹划

消费税是针对特定纳税人征收的，在税收筹划中可以通过企业合并以递延税款缴纳的时间。合并会使原来企业间的销售环节转变为企业内部的原材料转让环节，从而递延部分消费税税款的缴纳。如果两个合并企业之间存在原材料供求关系，则在合并前，这笔原材料的供应关系为购销关系，应该按照正常的购销价格缴纳消费税。而在合并后，企业之间的原材料供应关系转变为企业内部的原材料转让关系，因此这一环节不用缴纳消费税，而是递延到以后的销售环节再缴纳。另外，如果后一个环节的消费税税率较前一个环节低，则可直接减轻企业的消费税税负。当前一环节应征收的消费税税款延迟到后面环节征收时，由于后面环节的税率较低，则合并前企业间的销售额因在合并后适用了较低税率而减轻了税负。

[案例 8—14]

消费税纳税人的税收筹划

丙企业是一家药酒生产企业，过去一直从丁酒厂购进粮食白酒作为原料用于生产药酒。2016 年丙企业从丁酒厂购进白酒 200 吨，不含税售价为 4 元/斤。2016 年丙企业销售药酒 150 吨，取得不含税销售收入 200 万元。（白酒适用的消费税比例税率为 20%，定额税率为 0.5 元/斤；假定丙企业以白酒为原料生产的药酒适用 10%的消费税税率。[①]）如何筹划才能减轻企业的消费税税负？

[解析] 丙企业可以通过合并丁酒厂并将其作为白酒生产车间来实现降低消费税税负的目的。

现行消费税法规定，纳税人生产的应税消费品，于纳税人销售时纳税；纳税人自产自用的应税消费品，用于连续生产应税消费品的，不纳税。因此，丙企业合并丁酒厂后，原来丙企业从丁酒厂购入白酒的行为将转变为企业内部原材料的转移行为，即将自产自用的应税消费品用于连续生产应税消费品不需要缴纳消费税，可以实现递延缴纳消费税税款。同时由于流转环节的减少，白酒销售环节的消费税就免于缴纳了。

丙企业合并丁酒厂前：

丙企业应缴纳的消费税 = 200×10% = 20（万元）

丁酒厂应缴纳的消费税 = (200×2 000×0.5 + 200×2 000×4×20%)/10 000
= 52（万元）

应纳消费税合计 = 20 + 52 = 72（万元）

① 根据《国家税务总局关于配制酒消费税适用税率问题的公告》（国家税务总局 2011 年第 53 号公告），以蒸馏酒或食用酒精为酒基，同时符合以下条件的配制酒，按消费税税目税率表“其他酒”10%的适用税率征收消费税：第一，具有国家相关部门批准的国食健字或卫食健字文号；第二，酒精度低于 38 度（含）。

丙企业合并丁酒厂后，丁酒厂作为丙企业的白酒生产车间：

丙企业应缴纳的消费税＝200×10％＝20(万元)

丁酒厂作为丙企业的白酒生产车间，生产的应税消费品白酒对于丙企业来说实际上用于连续生产另一种应税消费品药酒，因此不需要缴纳消费税。

通过合并丁酒厂可以节约消费税税款＝72－20＝52(万元)

8.2.2 应税消费品销售方式的税收筹划

根据《消费税暂行条例实施细则》的规定，消费税的纳税义务发生时间根据应税行为性质和结算方式的不同分别确定：纳税人采取赊销和分期收款结算方式的，其纳税义务的发生时间为销售合同规定的收款日期的当天；纳税人采取预收货款结算方式的，其纳税义务的发生时间为发出应税消费品的当天；纳税人采取托收承付和委托银行收款方式销售应税消费品的，其纳税义务的发生时间为发出应税消费品并办妥托收手续的当天；纳税人采取其他结算方式的，其纳税义务的发生时间为收讫销售款项或者取得索取销售款项凭据的当天；纳税人自产自用的应税消费品，其纳税义务的发生时间为移送使用的当天；纳税人委托加工的应税消费品，其纳税义务的发生时间为纳税人提货的当天；纳税人进口应税消费品的，其纳税义务的发生时间为报关进口的当天。

企业在销售中采用不同的销售方式，纳税义务发生的时间是不同的。从税收筹划的角度看，选择恰当的销售方式可以使企业合理地推迟纳税义务的发生时间，递延税款缴纳。

【知识要点提醒】

企业通过选择销售方式以推迟纳税义务发生时间并没有降低企业的绝对税额，而是通过递延税款缴纳来获得相对节税的好处。

[**案例 8—15**]

选择合理销售方式的筹划①

丽华化妆品有限公司 2015 年、2016 年有以下几笔大宗业务：

(1) 2015 年 8 月 18 日，与南京甲商场签订了一份化妆品销售合同，销售金额为 300 万元，货物于 2015 年 8 月 18 日、2016 年 2 月 18 日、2016 年 6 月 18 日分三批发给商场(每批 100 万元)，货款于每批货物发出后两个月支付。公司会计在 2015 年 8 月底将 300 万元销售额计算缴纳了消费税。

(2) 2015 年 8 月 20 日，与上海乙商场签订一笔化妆品销售合同，货物价值 180 万元，货物于 8 月 26 日发出，购货方货款于 2016 年 6 月 30 日支付。公司会计在 2015 年 8 月底将 180 万元销售额计算缴纳了消费税。

① 参见庄粉荣：《税收筹划实战——精选百例》，北京，机械工业出版社，2007。

（3）2015 年 11 月 8 日，与北京丙商场签订一笔化妆品销售合同，合同价款为 100 万元，货物于 2016 年 4 月 30 日前发出。为支持丽华化妆品有限公司的生产，丙商场将货款于 2015 年 11 月 8 日签订合同时支付。公司会计在 2015 年 11 月底将 100 万元销售额计算缴纳了消费税。

［解析］ 经分析可见，由于公司销售人员不熟悉经济合同书立对税收的影响，财务人员对税收问题又比较谨慎，因而在业务并没有完全结束时就已经缴纳了消费税，使企业资金占压比较严重。具体分析如下：

对于第一笔业务，由于合同没有明确销售方式，公司会计人员依法对其按直接销售处理，于业务发生当月月底计算缴纳消费税 90 万元（＝300×30%）。如果公司的销售人员在与甲商场签订合同时，将这笔业务明确为分期收款结算方式销售业务，那么该笔业务一部分销售收入的纳税义务发生时间就可以向后推迟，即于 2015 年 8 月底、2016 年 2 月底和 2016 年 6 月底分别收取三笔货款时计算缴纳消费税。

对于第二笔业务，如果公司的销售人员在与乙商场签订合同时，将这笔业务明确为“赊销”业务，那么该笔业务的纳税义务 54 万元（＝180×30%）可以向后递延 10 个月。

对于第三笔业务，从销售合同的性质来看，显然属于“预收货款结算方式销售”业务，如果公司财务人员认识到这一点，那么该笔业务的纳税义务 30 万元（＝100×30%）可以向后推延 6 个月。

8.2.3 消费税税率的税收筹划

消费税的税率由《消费税暂行条例》所附的《中华人民共和国消费税税目税率表》规定，每种应税消费品所适用的税率都有明确的界定，而且是固定的。消费税按不同的消费品划分税目，税率在税目的基础上，采用“一目一率”的方法，每种应税消费品的消费税税率各不相同，这种差别为税收筹划提供了客观条件。消费税的税率分为比例税率、定额税率和复合税率。现行消费税的比例税率最低为 1%，最高为 56%；定额税率最低为每征税单位 0.5 元，最高为每征税单位 250 元。消费税税率的筹划方法包括：

1. 利用子目转换的方法

消费税在一些税目下设置了多个子目，不同的子目适用不同的税率，而同一税目不同子目的项目具有很多共性，纳税人可以创造条件将某项子目转为另一项子目，在不同的税率之间进行选择，择取较低的税率纳税。

消费税同一税目下不同子目的区别有应税消费品品质的原因，如小汽车按汽缸容量划分子目，适用不同的消费税税率；还有按应税消费品不同的成分划分不同的税率，如消费税中酒税目下白酒子目的税率为 20%，其他酒类子目的税率为 10%。

另外，有些子目之间由于价格的变化而导致税率跳挡，应在税率的相邻等级合理定价。应税消费品的等级不同，消费税的税率不同。税法以单位定价为标准确定等级，即单位定价越高，等级就越高，税率也越高。例如，我国现行税法规定，对卷烟在首先征收一道从量税的基础上，再按价格不同征收不同的比例税率。对于每条卷烟调拨价格在 70 元以上（含 70 元）的，比例税率为 56%；对于每条卷烟调拨价格在 70 元以下（不含 70 元）的，比例税率为 36%。这两类卷烟的税率差别很大，而适用哪一档税率取决于卷烟的价格。卷烟价格的分界点成了税率变化的临界点，如果卷烟价格在临界点附近，纳税人可以主动降低价格，使卷烟类别发生变化，从而适用较低税率。

［案例 8—16］

消费税税率的税收筹划

某卷烟厂生产的卷烟调拨价格为 75 元/条，当月销售 2 000 条。如果不进行税收筹划，则应按 56%的税率缴纳消费税。企业当月的纳税情况为（暂不考虑城市维护建设税、教育费附加及地方教育费附加）：

$$应纳消费税=8\times150+75\times2\ 000\times56\%=85\ 200(元)$$

不难看出，卷烟价格为 75 元/条，与临界点 70 元/条相差不大，但适用税率相差 20%。企业如果主动将价格调低至 70 元/条以下，有可能大大减轻税负，弥补价格下降带来的损失。假设企业将价格调低至 68 元/条，那么企业当月的纳税情况为：

$$应纳消费税=8\times150+68\times2\ 000\times36\%=50\ 160(元)$$

通过比较可以发现，企业降低销售价格后，销售收入减少了 14 000 元，但应纳税款减少了 35 040 元。

当然，如果企业生产的是高档卷烟，其价格远远高于临界点 70 元/条的价格，则为减轻纳税额而将价格调低到 70 元/条以下，结果往往得不偿失。例如，如果企业生产卷烟的价格为 150 元/条，采取降低价格减轻税负的方式就不够理想。假设其他条件不变，企业筹划前后的纳税情况分别为：

$$税收筹划前应纳消费税=8\times150+150\times2\ 000\times56\%=169\ 200(元)$$
$$税收筹划后应纳消费税=8\times150+68\times2\ 000\times36\%=50\ 160(元)$$

经过比较可知，虽然降低价格后，企业应纳消费税降低了 119 040 元，但销售收入减少了 164 000 元，最终净收益锐减。

根据税法规定，设临界点的价格为 X，可得：

$$\begin{aligned}&X-成本-X\times56\%-从量税-[X\times56\%+从量税+(X\times17\%-进项税额)]\\&\times(7\%+3\%)\\&=69.99-成本-69.99\times36\%-从量税-[69.99\times36\%+从量税\\&\quad+(69.99\times17\%-进项税额)]\times(7\%+3\%)\end{aligned}$$

解得：

$$X=111.95(元/条)$$

也就是说，当卷烟调拨价格在 70 元/条～111.95 元/条时，企业将销售价格降至 69.99 元/条以下，那么消费税税率降低给企业带来的利润增加将会弥补价格降低造成的损失。

同理，我们可计算出啤酒的无差异价格临界点（即啤酒价格高于 3 000 元/吨的税后利润与啤酒价格等于 2 999.99 元/吨的税后利润相等时的价格）：

设临界点的价格为 X（由于其高于 3 000 元/吨，故适用 250 元的税率），销售数量为 Y，即：

应纳消费税 $=250\times Y$

应纳增值税 $=XY\times17\%-$进项税额

应纳城建税及教育费附加 $=[250\times Y+(X\times17\%-$进项税额$)]\times(7\%+3\%)$

所得税税前利润 $=XY-$成本$-250\times Y-[250\times Y+(XY\times17\%-$进项税额$)]\times(7\%+3\%)$ (8—1)

啤酒价格等于 2 999.99 元/吨时的税前利润为：

$2\,999.99Y-$成本$-220\times Y-(220\times Y+2\,999.99Y\times17\%-$进项税额$)\times(7\%+3\%)$ (8—2)

令式（8—1）和式（8—2）相等，有：

$X=3\,033.56$（元/吨）

也就是当临界点的价格为 3 033.56 元/吨时，两者的税后利润相同。当销售价格大于 3 033.56元/吨时，纳税人才能获得节税利益。当销售价格超过 3 000 元/吨但小于3 033.56 元/吨时，纳税人取得的税后利润反而低于销售价格为 2 999.99 元/吨时的税后利润。

2. 兼营和成套销售的问题

消费税的兼营行为是指消费税纳税人同时生产销售两种以上税率的应税消费品的行为。现行消费税政策规定，纳税人兼营不同税率的应税消费品，应当分别核算不同税率应税消费品的销售额、销售数量；未分别核算销售额、销售数量的，从高适用税率。这一规定要求企业在兼营不同税率应税消费品的情况下，一方面，要健全财务核算，做到账目清楚并分别核算各种应税消费品的销售情况；另一方面，要选择合适的销售方式和核算方式，以达到适用较低消费税税率的目的，从而降低税负。纳税人应针对消费税税率多档次的特点，根据税法的规定，正确进行必要的合并核算和分开核算，以达到节税目的。

为促进产品销售、提高产品档次、增加产品的美观性，很多企业选择将产品搭配成礼品套装成套销售。现行消费税政策规定，纳税人将应税消费品和非应税消费品以及适用税率不同的应税消费品组成成套消费品销售的，从高适用税率。企业对于成套销售的收益与税负应全面进行权衡，看有无必要搭配成成套商品，以免造成不必要的税收负担。如果成套销售的收益大于由此增加的税负，可以选择成套销售，否则不能实行此办法。

【小思考】 消费税的兼营行为和增值税的兼营行为有什么区别？

［案例 8—17］

消费税成套销售的税收筹划

2016 年 1 月，某日用化妆品厂将生产的化妆品、护肤护发用品、小化妆工具等成套销售。每套消费品由下列产品组成：一瓶香水 50 元；一瓶指甲油 10 元；一支口红 15 元；两瓶浴液 25 元；一瓶摩丝 8 元；一块香皂 5 元；化妆工具 20 元。每套全价 133 元（不含消费税价）（化妆品消费税税率为 30%，护肤护发品现已取消消费税）。如何包装才能减轻消费税税负呢？

[解析] 一套消费品（如在出厂时就已组成套装）应缴消费税：

$$\frac{133}{1-30\%}\times 30\% = 190\times 30\% = 57(\text{元})$$

同时应缴增值税：

$$190\times 17\% = 32.3(\text{元})$$

（假设该商品只有本企业一个生产环节，无进项税额抵扣。）

市场定价为：

$$133 + 57 + 32.3 = 222.3(\text{元})$$

但是，如果改变做法，该日用化妆品厂先将这些商品销售给商家（配比好各种商品的数量），并按不同商品的销售额分别核算、分别开具发票，然后由商家按照设计组套包装后销售（实际上只是将组套包装的地点、环节调整了一下，即向后推移了）。

此时，应缴消费税：

$$\frac{50+10+15}{1-30\%}\times 30\% = 32.14(\text{元})$$

同时应缴增值税：

$$(133+32.14)\times 17\% = 28.07(\text{元})$$

市场定价为：

$$133 + 32.14 + 28.07 = 193.21(\text{元})$$

在企业获得同样利润的情况下，后者的市场定价可比前者低 29.09 元（= 222.3 - 193.21）。

需要特别注意的是，看似只是对消费税进行筹划，但实际上，它对降低增值税也起到了作用（消费税与增值税的计税依据相同，都是含消费税但不含增值税的价款）。

8.2.4 以应税消费品实物抵债和入股投资的税收筹划

《消费税暂行条例》及其实施细则对于纳税人的某些特定行为规定了特殊条款，如纳税人用于换取生产资料和消费资料、用于投资入股和偿还债务等用途的应税消费品都被确定为自产自用（且用于继续生产应税消费品的除外），需要计算缴纳消费税并按纳税人同类应税消费品的最高售价计税。这是因为此类行为虽然不是直接销售行为，但仍是一种有偿转让应税消费品所有权的行为，因此应视同销售计算缴纳消费税。

当纳税人以应税消费品实物抵偿以往经营中的债务时，要特别注意其计税价格的确定，防止按较高价格计税，进而增加自身税负。

[案例 8—18]

以应税消费品实物抵债的筹划

2015 年 12 月，长江酿造厂以价格为 80 元/公斤的 500 公斤 A 牌白酒抵偿原企业经营中欠黄河粮食加工有限公司的债务。该笔抵债白酒计算缴纳的消费税为：

$$0.50\times500\times2+80\times500\times20\%=500+8\,000=8\,500(\text{元})$$

2016年初，税务机关在稽查时提出：用以抵债的白酒应补缴消费税。2015年12月，长江酿造厂销售A牌白酒的情况是以80元/公斤的价格销售了600公斤，以100元/公斤的价格销售了1 500公斤，以120元/公斤的价格销售了600公斤。

[**解析**] 《国家税务总局关于印发〈消费税若干具体问题的规定〉的通知》（国税发[1993] 156号）第三条第六项规定：纳税人用于换取生产资料和消费资料、投资入股和抵偿债务等方面的应税消费品，应当以纳税人同类应税消费品的最高销售价格作为计税依据计算消费税。

当月，该厂销售此类白酒的最高销售价格为120元/公斤，则该笔偿债白酒应缴纳的消费税为：

$$0.50\times500\times2+120\times500\times20\%=500+12\,000=12\,500(\text{元})$$

长江酿造厂应补缴消费税税款为4 000元（=12 500－8 500）。

税收筹划建议为，如果长江酿造厂以80元/公斤的价格按正常的手续将500公斤A牌白酒销售给黄河粮食加工有限公司，然后通过有关账户调整抵减"应付账款"，这样，该笔抵债白酒就可按原方法计算缴纳消费税，既符合税法规定，又收到了节税的效果。

纳税人以应税消费品入股投资时，一般是按照协议价格或者评估价格确定的，只要这种协议价格或者评估价格低于其当月销售该类应税消费品的加权平均价格，直接以应税消费品入股投资就会比销售后再投资的方式缴纳更多的消费税。在这种情况下，可以考虑转换为先销售后投资的方法。

[**案例8—19**]

以应税消费品入股投资的筹划

某摩托车制造厂甲准备以参股的方式向乙企业投资。双方商定，甲企业以摩托车200辆进行实物投资入股（评估价格为8 100元/辆），取得乙企业100万股股权。甲企业当月对外销售同型号的摩托车共有三种价格：以8 000元/辆销售60辆，以8 600元/辆销售80辆，以9 000元/辆销售20辆（摩托车的消费税税率为10%）。

甲企业的投资方案有两个：

方案一，直接以摩托车进行实物投资入股。

$$\text{应缴消费税}=9\,000\times200\times10\%=180\,000(\text{元})$$

方案二，先销售后投资（销售价格为8 100元/辆）。

$$\text{应缴消费税}=8\,100\times200\times10\%=162\,000(\text{元})$$

显然，第二种方案比第一种方案少缴消费税18 000元（=180 000－162 000）。

8.2.5 应税消费品包装物押金的税收筹划

随着市场经济的发展，包装的重要性越来越突出，无论是对销售者还是购买者而言都如此。应税消费品计征消费税时，包装物的价值是否随所包装的应税消费品一并计税？税法规定：第一，包装物销售。应税消费品连同包装物销售的，无论包装物是否单独计价以及在会计上如何核算，均应并入应税消费品的销售额缴纳消费税。第二，包装物租金。包装物租金属于价外费用，凡销售应税消费品向购买方收取的价外费用，无论其会计制度如何核算，均应并入销售额计算应纳税额。第三，包装物押金。纳税人为销售货物而出租、出借包装物收取的押金，在收取时不并入销售额征税。但对于逾期未收回包装物不再退还的包装物押金，以及收取时间超过 12 个月的押金，应并入应税消费品的销售额，按所包装的应税消费品适用的税率计算应纳税额。需要注意的是，从 1995 年 6 月 1 日起，对酒类产品生产企业销售酒类产品（黄酒、啤酒产品除外）而收取的包装物押金，无论押金是否返还以及会计上如何核算，均需并入酒类产品销售额中，依酒类产品的适用税率征收消费税。

根据税法的规定可以看出，由于只有押金有可能不并入销售额计算缴纳消费税，因此采用收取押金的方式比其他两种方式更有利于节税。但从企业净收益的角度看，包装物的销售额和租金是企业收入，而押金只有在逾期未归还时才构成收入，所以，在实际工作中，要比较收入、成本和税收，作出使企业利益最大化的决策。

[案例 8—20]

巧用包装物押金的税收筹划

火星制造厂从事高尔夫球杆的生产和销售业务。2016 年 5 月，火星制造厂向 A 公司销售 1 000 个高尔夫球杆，每个球杆价值 2 000 元（不含增值税价）；每个球杆包装出售，包装物价值为 200 元/个（不含增值税价）。（高尔夫球杆适用的消费税税率为 10%。）

火星制造厂采用哪种方式收取包装物价款税负较轻？

[解析] 如果采用包装物随同高尔夫球杆一并销售的方式：

销售额 $=0.22\times1\ 000=220$（万元）

应缴消费税 $=220\times10\%=22$（万元）

如果采用收取包装物押金并约定 A 公司在 12 个月内退还包装物的形式进行销售，并将收取的包装物押金单独入账：

销售额 $=0.2\times1\ 000=200$（万元）

收取包装物押金 $=0.02\times1\ 000=20$（万元）

应缴消费税 $=200\times10\%=20$（万元）

包装物押金是否缴纳消费税视以后情况而定。如果 A 公司在合同约定的时间内（即 12 个月内）将包装物退回，则不须再缴纳消费税、增值税；如果 A 公司逾期仍未退还包装物，则在 12 个月后火星制造厂必须再缴纳 2 万元消费税以及包装物做销售处理后的增值税，应纳税额没有发生变化，但是推迟了包装物销售额应缴税款的时间。

8.2.6 以外币结算应税消费品的税收筹划

纳税人在销售中以人民币以外的货币结算应税消费品销售额时，应按人民币折合率折合成人民币销售额以后，再计算应纳消费税税额。人民币折合率既可以采用销售额发生当天的人民币汇率中间价，也可以采用当月 1 日的人民币汇率中间价。一般来说，外汇市场价格波动越大，选择折合率进行节税的必要性越大。如果能以较低的人民币汇率计算应纳税额，对于企业而言就是有利的。

［案例 8—21］

以外币结算应税消费品的税收筹划

某企业 2015 年 12 月 15 日取得化妆品销售收入 40 万美元，12 月 1 日的人民币汇率中间价为 1 美元：6.5 元人民币，12 月 15 日的人民币汇率中间价为 1 美元：6.6 元人民币。如果采用当月 1 日的汇率，折合成人民币 260 万元，应缴消费税人民币 78 万元；如果采用结算当日的汇率，折合成人民币 264 万元，应缴消费税人民币 79.2 万元。两种方法相比，采用结算当日汇率计算比采用当月 1 日汇率计算多缴消费税人民币 1.2 万元。

需要注意的是，税法规定，对于每一个纳税人而言，汇率折算方法一经确定，在一年之内不得随意变动，以后年度如需调整，也必须向税务机关申报，得到批准后方可按调整后的折算方法计算。因此，在选择汇率折算方法时，需要纳税人对未来的经济形势和汇率走势作出恰当判断。一般而言，如果在一个较长的时期内人民币处于不断升值状态，采用销售额发生当天的汇率折算较为有利；反之，则采用当月 1 日的汇率折算较为有利。当然，当某一币种处于长期升值或贬值过程时，也不排除其币值的波动。因此，汇率折算方法的选择是从总体规划角度作出的，即使筹划得很合理，也不是每一笔销售收入都可以按相对较低的折算方法计算。

8.3 企业所得税的税收筹划

8.3.1 个人独资企业、合伙企业与公司制企业身份选择的筹划

企业可以分为三类，即个人独资企业、合伙企业和公司制企业。从 2000 年 1 月 1 日起，我国对个人独资企业、合伙企业投资者的生产经营所得比照个体工商户的生产经营所得，适用五级超额累进税率征收个人所得税。① 公司制企业需要缴纳企业所得税，如果向个人投资者分配股息、红利，还要代扣其个人所得税。

通常情况下，企业设立时应合理选择纳税主体的身份，选择的一般思路如下：

第一，从总体税负的角度考虑，个人独资企业、合伙企业的税负一般要低于公司制企业，因为前者不存在重复征税问题，而后者一般涉及重复征税问题。

① 《财政部　国家税务总局关于合伙企业合伙人所得税问题的通知》（财税［2008］159 号）规定，合伙企业以每一个合伙人为纳税义务人。合伙企业合伙人是自然人的，缴纳个人所得税；合伙人是法人和其他组织的，缴纳企业所得税。

第二，在个人独资企业、合伙企业与公司制企业的决策中，要充分考虑税基、税率和税收优惠政策等多种因素，最终税负的高低是多种因素共同作用的结果，不能只考虑一种因素。

第三，在个人独资企业、合伙企业与公司制企业的决策中，还要充分考虑可能出现的各种风险。

［案例 8—22］

个人独资企业、合伙企业与公司制企业身份选择的筹划

王先生自办企业，年应税所得额为 300 000 元，该企业如按个人独资企业或合伙企业缴纳个人所得税，依据现行税制，王先生的税收负担实际为：

$$300\,000\times35\%-14\,750=90\,250(\text{元})$$

若该企业为公司制企业（未上市），其适用的企业所得税税率为 25%，企业实现的税后利润全部作为股利分配给投资者，则该投资者的税收负担为：

$$300\,000\times25\%+300\,000\times(1-25\%)\times20\%=120\,000(\text{元})$$

投资于公司制企业比投资于个人独资企业或合伙企业多承担所得税 29 750 元。在进行公司组织形式的选择时，应在综合权衡企业的经营风险、经营规模、管理模式及筹资额等因素的基础上，选择税负较小的组织形式。

8.3.2 子公司与分公司身份选择的筹划

企业投资设立分支机构时，不同的组织形式各有利弊。子公司是以独立法人身份出现的，因而可以享受子公司所在地提供的包括减免税在内的税收优惠。但是，设立子公司的手续繁杂，需要具备一定的条件；子公司必须独立经营、自负盈亏，独立纳税；在经营过程中，子公司还要接受当地政府部门的监督管理等。

分公司不具有独立的法人身份，因而不能享受当地的税收优惠。但是，设立分公司的手续简单，有关财务资料也不必公开，分公司不需要独立缴纳企业所得税，并且分公司这种组织形式便于总公司进行管理控制。

设立子公司与设立分公司的税收利益孰高孰低并不是绝对的，它受到一国税收制度、经营状况及企业内部利润分配政策等多种因素的影响。通常来说，在投资初期，分支机构发生亏损的可能性比较大，宜采用分公司的组织形式，因而其亏损额可以与总公司的损益汇总纳税。当公司经营成熟后，宜采用子公司的组织形式，以便充分享受所在地的各项税收优惠政策。

［案例 8—23］

子公司与分公司身份选择的筹划

深圳新营养技术生产公司为扩大生产、经营范围，准备在内地兴建一家芦笋种植加工公司。在选择芦笋种植加工公司的组织形式时，该公司进行了税收方面的分析。

芦笋是一种根茎类作物，在新的种植区域播种，达到初次具有商品价值的收获期需要4～5 年。这使企业在开办初期将面临很大的亏损，但亏损会逐渐减少。经估计，此芦笋种植加工公司第一年的亏损额为200万元，第二年的亏损额为150万元，第三年的亏损额为100万元，第四年的亏损额为50万元，自第五年开始盈利，盈利额为300万元。

深圳新营养技术生产公司的总部设在深圳，属于国家重点扶持的高新技术公司，适用的企业所得税税率为15%。该公司除在深圳设有总部外，在内地还有一个H子公司，适用的税率为25%。经预测，未来五年内，新营养技术生产公司总部的应纳税所得额均为1 000万元，H子公司的应纳税所得额分别为300万元、200万元、100万元、0万元、-150万元。

[解析] 经分析，现有三种组织形式方案可供选择。

方案一，将芦笋种植加工公司建成具有独立法人资格的M子公司（全资）。

因为子公司具有独立法人资格，属于企业所得税的纳税人，故需要按其应纳税所得额独立计算缴纳企业所得税。

在这种情况下，深圳新营养技术生产公司包括三个独立纳税主体：深圳新营养技术生产公司、H子公司和M子公司。在这种组织形式下，因芦笋种植加工公司——M子公司是独立的法人实体，不能与深圳新营养技术生产公司或H子公司汇总纳税，所以其形成的亏损不能抵消新营养技术生产公司总部的利润，只能抵扣以后年度实现的利润。

在前四年里，深圳新营养技术生产公司总部及其子公司的纳税总额分别为225万元（=1 000×15%+300×25%）、200万元（=1 000×15%+200×25%）、175万元（=1 000×15%+100×25%）、150万元（=1 000×15%），四年间缴纳的企业所得税总额为750万元。

方案二，将芦笋种植加工公司建成非独立核算的分公司。

分公司不同于子公司，它不具备独立法人资格，不独立建立账簿，只作为分支机构存在。按税法规定，分支机构的利润与其总部实现的利润汇总纳税。深圳新营养技术生产公司仅有两个独立的纳税主体：深圳新营养技术生产公司总部和H子公司。

在这种组织形式下，因芦笋种植加工公司作为非独立核算的分公司，其亏损可由深圳新营养技术生产公司的利润弥补，从而降低了深圳新营养技术生产公司第一年至第四年的应纳税所得额，并使深圳新营养技术生产公司的应纳所得税得以延缓。

在前四年里，深圳新营养技术生产公司总部、子公司及分公司的纳税总额分别为195万元（=1 000×15%-200×15%+300×25%）、177.5万元（=1 000×15%-150×15%+200×25%）、160万元（=1 000×15%-100×15%+100×25%）、142.5万元（=1 000×15%-50×15%），四年间缴纳的企业所得税总额为675万元。

方案三，将芦笋种植加工公司建成内地H子公司的分公司。

在这种情况下，芦笋种植加工公司和H子公司汇总纳税。此时，深圳新营养技术生产公司有两个独立的纳税主体：深圳新营养技术生产公司总部和H子公司。在这种组织形式下，因芦笋种植加工公司作为H子公司的分公司，与H子公司汇总纳税，其前四年的亏损可由H子公司当年的利润弥补，从而降低了H子公司第一年至第四年的应纳税所得额，不仅使H子公司的应纳所得税得以延缓，而且使得整体税负下降。

在前四年里，深圳新营养技术生产公司总部、子公司及分公司的纳税总额分别为175万元（=1 000×15%+300×25%-200×25%）、162.5万元（=1 000×15%+200×25%-150×25%）、150万元（=1 000×15%+100×25%-100×25%）、150万元

（=1 000×15%），四年间缴纳的企业所得税总额为 637.5 万元。

通过对上述三种方案的比较，应该选择第三种组织形式，即将芦笋种植加工公司建成内地 H 子公司的分公司，这样可以使整体税负最低。

8.3.3 企业所得税收入的筹划

1. 应税收入确认金额的筹划

收入总额是指企业以货币形式和非货币形式从各种来源处取得的收入，包括纳税人来源于中国境内外的生产、经营收入和其他收入。

确认收入金额（即收入计量）是在确认收入的基础上解决金额多少的问题。商品销售收入的金额一般应根据企业与购货方签订的合同或协议确定，无合同或协议的，应按购销双方都同意或都能接受的价格确定；提供劳务的总收入，一般按照企业与接受劳务方签订的合同或协议确定，如根据实际情况需要增加或减少交易总金额的，企业应及时调整合同总收入；让渡资产使用权中的金融企业利息收入应根据合同或协议规定的存贷款利息确定；使用费收入应按企业与其资产使用者签订的合同或协议确定。

但在收入计量中，还存在各种收入抵减因素，这就为企业在保证收入总体不受较大影响的前提下提供了税收筹划的空间。例如，各种商业折扣、销售折让、销售退回，出口商品销售中的外国运费、装卸费、保险费、佣金等实际发生时冲减了销售收入；销售中的现金折扣于实际发生时借记“财务费用”项目，增加了当期费用支出。这些都减少了应纳税所得额，从而相应地减少了所得税，前者还减少了货物与劳务税的计税依据。

【知识要点提醒】

销售货物涉及商业折扣（折扣销售）的，应当按照扣除商业折扣后的金额确定销售收入；销售货物涉及现金折扣（销售折扣）的，应当按照扣除现金折扣前的金额确定销售收入；企业已经确认销售货物收入的售出货物发生销售折让的，应当在发生时冲减当期的销售收入。

2. 应税收入确认时间的筹划

推迟应税所得的实现可以延迟纳税，相当于使用了国家的一笔无息贷款。通过销售结算方式的选择，可以控制收入确认的时间，合理归属所得年度，以达到减税或延缓纳税，从而降低税负的目的。

[案例 8—24]

企业所得税收入的筹划（1）

某企业属增值税一般纳税人，当月发生销售业务 5 笔，共计应收货款 2 000 万元。其中，有三笔共计 1 200 万元，10 日内货款两清；一笔 300 万元，两年后一次付清；另一笔 500 万元，一年后付 250 万元，一年半后付 150 万元，余款 100 万元两年后结清。该企业的增值税进项税额为 150 万元，毛利润率为 15%，所得税税率为 25%。企业对上述销售业务采用了分期收款方式。请比较直接收款方式与分期收款方式对企业税负的影响。

[解析] 方案一：企业采取直接收款方式。

计提销项税额=2 000/(1+17%)×17%=290.60(万元)

实际缴纳增值税=290.60-150=140.60(万元)

依据企业毛利润率计算的所得税=2 000/(1+17%)×15%×25% = 64.10(万元)

方案二：企业对未收到的应收账款分别在货款结算中采取赊销和分期收款结算方式。

当期销项税额=1 200/(1+17%)×17%=174.36(万元)

实际缴纳增值税=174.36-150=24.36(万元)

依据企业毛利润率计算的所得税=1 200/(1+17%)×15%×25%=38.46(万元)

由于收入确认方法不同，方案二较方案一少垫付增值税 116.24 万元（=140.60-24.36)，少垫付所得税 25.64 万元（=64.10-38.46)。

因此，企业在不能及时收到货款的情况下，采用赊销或分期收款结算方式，可以避免垫付税款。

[案例 8—25]

企业所得税收入的筹划（2）

B 企业是全国知名的电脑生产企业，2016 年生产的某品牌电脑全是委托分布在全国 30 多个大中城市的代理商销售的。该企业在与代理商的合作方式上，有以下两种方案：

[解析] 方案一：采用委托代销方式。

2016 年该企业发出电脑 15 000 台，到年底结账时，收到代销单位的代销清单，合计销售 12 000 台，因此，B 企业应按销售清单①确认销售收入。

方案二：采用买断方式。

如果采用买断方式销售这批电脑，应以货物发出时间作为销售收入的实现时间。2016 年该企业发出电脑 15 000 台，因此应按发出的数量及发出的时间确认销售收入。

比较两个方案，可以看出 B 企业采取委托代销方式可以实现递延纳税。

8.3.4 企业所得税扣除项目的筹划

1. 期间费用的筹划

企业生产、经营中的期间费用包括销售费用、管理费用和财务费用，这些费用的大小直接影响企业的应纳税所得额。为了防止纳税人任意加大费用、减小应纳税所得额，《企业所得税法实施条例》对允许扣除项目做了规定，结合会计核算的费用项目划分需要，将费用项目分为三类：税法有扣除标准的费用项目、税法没有扣除标准的费用项目、税法给予优惠的费用项目。

税法有扣除标准的费用项目包括职工福利费、职工教育经费、工会经费、业务招待费、广告费和业务宣传费、公益性捐赠支出等。这类费用一般采用以下筹划方法：

① 若代销时间超过 180 天，委托方一律作为销售实现并计算缴纳增值税款。

第一，原则上遵照税法的规定进行抵扣，避免因纳税调整而增加企业税负。

第二，区分不同费用项目的核算范围，使税法允许扣除的费用得以充分抵扣。

第三，费用的合理转化，将有扣除标准的费用通过会计处理，转化为没有扣除标准的费用，以加大扣除项目总额、降低应纳税所得额。

税法没有扣除标准的费用项目包括劳动保护支出、财产保险费、办公费、差旅费、董事会费、咨询费、诉讼费、租赁及物业费、车辆使用费、长期待摊费用摊销、房产税、车船税、土地使用税和印花税等。这类费用一般采用以下筹划方法：

第一，正确设置费用项目，合理加大费用开支。

第二，选择合理的费用分摊方法。例如，对低值易耗品、无形资产、长期待摊费用等摊销时，要视纳税人不同时期的盈亏情况而定：在盈利年度，应选择使费用尽快得到分摊的方法，使其抵税作用尽早发挥，推迟所得税纳税时间；在亏损年度，应选择使费用尽可能地摊入亏损并能全部得到税前弥补的年度，不要浪费费用分摊的抵税效应；在享受税收优惠的年度，应选择能使减免税年度摊销额最小、正常年度摊销额增大的摊销方法。

税法给予优惠的费用项目包括研发费用等，应充分利用税收优惠政策。企业在一个纳税年度的生产、经营中发生的用于研究与开发新产品、新技术、新工艺的研究开发费用，允许按当年费用实际发生额的150%扣除。

[案例8—26]

企业所得税期间费用的筹划

某房地产开发企业在上海一个黄金地段开发楼盘，预计本年销售收入为7 000万元，计划本年宣传费用开支1 200万元。税法规定，企业发生的符合条件的广告费和业务宣传费支出，除国务院财政、税务主管部门另有规定外，不超过当年销售（营业）收入15%的部分，准予扣除；超过部分，准予在以后纳税年度结转扣除。企业围绕宣传费用开支1 200万元作出如下两个税收筹划方案：

方案一，在当地电视台黄金时间每天播出4次，间隔播出10个月；在当地报刊连续刊登12个月。该方案因广告费超支需调整增加当年的应纳税所得额，由此导致应纳所得税金额增加：

$$(1\ 200-7\ 000\times15\%)\times25\%=37.5(\text{万元})$$

则广告实际总支出为：

$$1\ 200+37.5=1\ 237.5(\text{万元})$$

方案二，在当地电视台每天播出3次，间隔播出10个月；在当地报刊做广告。这两项活动共需支出900万元。此外，公司雇用少量人员在节假日到各商场和文化活动场所散发宣传材料需支出30万元，建立自己的网站和在有关网站发布售房信息，发布和维护费用为270万元。

经比较，方案二为最佳方案，因为网站发布和维护费用可在管理费用中列支（税法未对此项广告宣传费用作出限制，一般作为管理费用中的其他项目列支）。此时，方案二的各项支出1 200万元均可在各项规定的扣除项目限额内列支，无须纳税调整，并且从多个角度对房产进行了宣传，对房产销售能起到很好的促进作用。

2. 成本项目的筹划

在企业所得税中，对于成本项目的税收筹划可以从以下几个方面进行：

（1）合理处理成本的归属对象和归属期间。纳税人必须将经营活动中发生的成本合理划分为直接成本和间接成本。直接成本是可直接计入有关成本计算对象或劳务成本中的直接材料、直接人工等。间接成本是指多个部门为同一个成本对象提供服务的共同成本，或者同一种投入可以制造、提供两种或两种以上的产品或劳务的联合成本。间接成本必须根据与成本计算对象之间的因果关系、成本计算对象的产量等，以合理方法分配计入有关的成本计算对象中。特别是在既生产应税产品又生产免税产品的企业中，合理确定直接成本和间接成本的归属对象和归属期间显得极为重要。

（2）成本结转处理方法的筹划。成本结转处理方法主要包括在产品不计算成本法、约当产量法、在产品按完工产品计算法、在产品按定额成本计价法等。税法并没有限制使用哪一种方法，采用不同的成本结转处理方法对完工产品成本的结转影响很大，企业应根据实际情况选择适当的方法。例如，选择在产品不计算成本法，则每期发生的生产费用都可以作为完工产品成本，相应地扩大了当期的营业成本，减少了当期的应纳税所得额。当然，成本结转处理方法一经确定就不能更改，如果需要更改，需要向当地税务主管部门申请下一年的成本结转处理方法，否则，税务机关有权进行纳税调整。

（3）成本核算方法的筹划。成本核算方法主要包括品种法、分批法、分步法三种基本方法。每一种方法对产成品成本的归集与计算要求各不相同，对最终计算的产成品成本会产生很大的影响。所以，合理选择成本核算方法，能够影响企业的产成品价值。

（4）成本费用在存货、资本化对象或期间费用之间的选择。如果企业的某项成本费用能在存货与资本化对象之间进行选择，对于纳税人而言，应该尽可能选择计入存货成本，这样不仅可以获得增值税的抵扣，而且可以加快其税前扣除速度；如果企业发生的某项成本费用可以在存货与期间费用之间选择，从所得税的角度而言，应该计入期间费用，因为期间费用可以在当期扣除。

[案例 8—27]

企业所得税成本项目的筹划

北京某企业采购一台设备，价值 100 万元；随同该设备购入的还有与该设备有关的零部件、附属件，价值 30 万元。假定企业适用的增值税税率为 17%。

方案一，零部件、附属件随同设备计入固定资产。

方案二，零部件、附属件作为低值易耗品入账。

两者在企业所得税前扣除的金额没有差异，但方案二的扣除速度快于方案一，企业可以获得货币时间价值。

3. 固定资产的筹划

对于固定资产的税收筹划，可以从以下几个方面考虑：

（1）能够费用化或计入存货的成本费用不要通过资本化计入固定资产。因为成本费用只要通过资本化计入固定资产，就需要按照折旧期限分期计提折旧在税前扣除，不得在当期计算应纳税所得额时全额一次性扣除。

（2）折旧是影响企业所得税的重要因素，计提固定资产折旧金额的大小主要取决于四种因素，即应计提折旧额、折旧年限、折旧方法以及净残值。计提折旧时应充分考虑这四种因素的影响。

［案例 8—28］

企业所得税固定资产的筹划（1）

某企业固定资产原值 80 000 元，预计残值 2 000 元，使用年限为 5 年，企业所得税税率为 25％。企业未扣除折旧前的利润如表 8—6 所示。

表 8—6 企业未扣除折旧前的利润 单位：元

年限	未扣除折旧前的利润
第一年	50 000
第二年	62 000
第三年	53 000
第四年	50 000
第五年	32 000
合计	247 000

方案一：非折现方法。分别运用直线法、双倍余额递减法计算每年的应纳税所得额。

①直线法。

$$\text{年折旧率}=\frac{1}{5}\times 100\%=20\%$$

$$\text{年折旧额}=(80\ 000-2\ 000)\times 20\%=15\ 600(\text{元})$$

$$\text{累计折旧额}=15\ 600\times 5=78\ 000(\text{元})$$

$$\text{累计应纳所得税税额}=(247\ 000-78\ 000)\times 25\%=42\ 250(\text{元})$$

②双倍余额递减法。

$$\text{折旧率}=2\times\frac{1}{5}\times 100\%=40\%$$

$$\text{第一年折旧额}=80\ 000\times 40\%=32\ 000(\text{元})$$

$$\text{第二年折旧额}=(80\ 000-32\ 000)\times 40\%=19\ 200(\text{元})$$

$$\text{第三年折旧额}=(80\ 000-32\ 000-19\ 200)\times 40\%=11\ 520(\text{元})$$

第四年、第五年改用直线法，有：

$$\text{每年折旧额}=\frac{80\ 000-32\ 000-19\ 200-11\ 520-2\ 000}{2}=7\ 640(\text{元})$$

$$\text{累计折旧额}=78\ 000\ \text{元}$$

$$\text{应纳所得税税额}=(247\ 000-78\ 000)\times 25\%=42\ 250(\text{元})$$

在非折现的情况下，以直线法与双倍余额递减法计算的折旧总额和应纳所得税税额没有差异。

方案二：折现方法。两种折旧方法计算得出的各年应纳税所得额、应纳所得税税额及现值如表 8—7 所示（这里的折现率假定为 10%）。

表 8—7　　两种折旧方法计算得出的各年应纳税所得额、应纳所得税税额及现值　　单位：元

年限	直线法			双倍余额递减法		
	应纳税所得额	应纳所得税税额	应纳所得税税额现值	应纳税所得额	应纳所得税税额	应纳所得税税额现值
第一年	34 400	8 600	7 817.40	18 000	4 500	4 090.50
第二年	46 400	11 600	9 581.60	42 800	10 700	8 838.20
第三年	37 400	9 350	7 021.85	41 480	10 370	7 787.87
第四年	34 400	8 600	5 873.80	42 360	10 590	7 232.97
第五年	16 400	4 100	2 546.10	24 360	6 090	3 781.89
合计	169 000	42 250	32 840.75	169 000	42 250	31 731.43

注：1 年期、2 年期、3 年期、4 年期、5 年期利率的 10% 的复利现值系数分别为 0.909、0.826、0.751、0.683、0.621。

从表 8—7 中可以看出，双倍余额递减法（加速折旧法）在折旧初期提取的折旧额比较多，相应的税基少，应缴纳的所得税也就少；在折旧的后期折旧额较小，相应的应缴纳所得税就多。虽然在整个折旧摊销期间，总的应纳税所得额和应纳所得税税额是一样的，但各年应缴的税款不一样。从各年应纳税额的现值总额来看，双倍余额递减法较直线法节税1 109.32 元（=32 840.75－31 731.43）。

《企业所得税法》及其实施条例规定可以采取缩短折旧年限或者采取加速折旧方法的固定资产包括由于技术进步，产品更新换代较快的固定资产以及常年处于强震动、高腐蚀状态的固定资产。

为贯彻落实国务院完善固定资产加速折旧政策的精神，财政部、国家税务总局于 2014 年 10 月 20 日联合下发了《财政部　国家税务总局关于完善固定资产加速折旧企业所得税政策的通知》（财税［2014］75 号），该文件明确规定了一系列有关固定资产加速折旧企业所得税政策的问题：

对生物药品制造业，专用设备制造业，铁路、船舶、航空航天和其他运输设备制造业，计算机、通信和其他电子设备制造业，仪器仪表制造业，信息传输、软件和信息技术服务业 6 个行业的企业 2014 年 1 月 1 日后新购进的固定资产，可缩短折旧年限或采取加速折旧的方法。对前述 6 个行业的小型微利企业 2014 年 1 月 1 日后新购进的研发和生产经营共用的仪器、设备，单位价值不超过 100 万元的，允许一次性计入当期成本费用在计算应纳税所得额时扣除，不再分年度计算折旧；单位价值超过 100 万元的，可缩短折旧年限或采取加速折旧的方法。对所有行业企业 2014 年 1 月 1 日后新购进的专门用于研发的仪器、设备，单位价值不超过 100 万元的，允许一次性计入当期成本费用在计算应纳税所得额时扣除，不再分年度计算折旧；单位价值超过 100 万元的，可缩短折旧年限或采取加速折旧的方法。对所有行业企业持有的单位价值不超过 5 000 元的固定资产，允许一次性

【小思考】 完善固定资产加速折旧的政策出台后，相关企业会有哪些筹划方法？

计入当期成本费用在计算应纳税所得额时扣除，不再分年度计算折旧。

需要注意的是，上述规定中的最低折旧年限不得低于《企业所得税法实施条例》规定折旧年限的60%；采取加速折旧方法的，可采取双倍余额递减法或者年数总和法。

(3) 对于不能计提折旧又不使用的固定资产应加快处理，尽量实现财产损失的税前扣除。

［案例 8—29］

企业所得税固定资产的筹划（2）

某企业有一项不使用的固定资产，原值 100 万元，预计使用期限为 10 年，无残值。目前已使用 5 年，账面剩余价值 50 万元，由于能耗过高被停用，如果出售可以获得 5 万元。

如果该固定资产不做任何处理，那么账面上的 50 万元既不能计提折旧，也不能将计提的减值准备在税前扣除。

如果处置获得 5 万元收入，则实现固定资产处置的净损失为 45 万元（=50－5），而 45 万元的损失在当期就可以抵税，故企业当期可以少交所得税 11.25 万元（=45×25%）。

(4) 固定资产维修费用的筹划。固定资产的维修与改良在税收处理上有较大的差异。相比较而言，维修费用能尽快实现税前扣除，而改良支出需要计入固定资产，然后通过折旧实现税前扣除。

固定资产的大修理支出必须作为长期待摊费用按规定摊销，不得直接在当期税前扣除。《企业所得税法实施条例》规定的固定资产大修理支出，是指同时符合下列条件的支出：第一，修理支出达到取得固定资产时的计税基础的50%以上；第二，修理后固定资产的使用年限延长 2 年以上。

［案例 8—30］

企业所得税固定资产的筹划（3）

甲企业对旧生产设备进行大修理，大修理过程中所耗材料费、配件费 80 万元，增值税 13.6 万元，支付工人工资 20 万元，总花费 100 万元，而整台设备原值为 198 万元。

总的修理支出大于设备原值（计税基础）的 50%，按照税法的规定，凡是修理支出达到取得固定资产时的计税基础 50%以上的，一律作为大修理支出，按照固定资产尚可使用年限分期摊销。因此，应将 100 万元费用计入该设备原值，在以后的使用期限内逐年摊销。

需要注意的是，固定资产原值（计税基础）的 50%为 99 万元，与现有花费相当，如果进行税收筹划，可以节约税金。具体安排如下：节省修理支出至 99 万元以下，就可以视为日常维修处理，99 万元修理支出可以计入当期损益在企业所得税前扣除，获得递减纳税的好处。

(5) 租入固定资产的租金选择。企业取得固定资产的方式主要有购置、经营性租入和融资租赁等，由于取得的方式不同，税法所涉及的有关规定也就不同，这就给税收筹划留下了一定的空间。

纳税人以经营租赁方式从出租方取得固定资产，其所支付的符合独立交易原则的租金可根据受益时间均匀扣除。纳税人以融资租赁方式从出租方取得固定资产，其所支付的租金支出不得扣除，但按照规定构成融资租入固定资产价值的部分可以提取折旧费用，分期在税前扣除。

[案例8—31]

企业所得税固定资产的筹划（4）

A企业由于扩大生产，现急需一台生产设备。此设备可以通过经营性租赁租入，也可以购置。企业所得税税率为25%，折现率为10%。A企业在决策时有两个方案：

方案一，经营性租赁租入。每年净租金支出15万元，假定在每年年末支付，共租5年。

$$
\begin{aligned}
\text{净现值} &= -15\times \text{PVIFA}(5,10\%)\times(1-25\%)\\
&= -15\times 3.791\times(1-25\%)\\
&= -42.65(\text{万元})
\end{aligned}
$$

方案二，购置。假定买价为60万元，5年提完折旧，每年计提12万元，并且没有残值和维修费。

$$
\begin{aligned}
\text{净现值} &= -60+12\times 25\%\times \text{PVIFA}(5,10\%)\\
&= -60+12\times 3.791\times 25\%\\
&= -48.63(\text{万元})
\end{aligned}
$$

由此可见，方案一具有明显的税收优势。

4. 无形资产摊销的筹划

无形资产摊销额的决定性因素有三个，即无形资产的价值、摊销年限以及摊销方法。现行税法规定无形资产的摊销年限不得低于10年，但对于作为投资或者受让的无形资产，有关法律规定或者合同约定了使用年限的，可以按照规定或者约定的使用年限分期摊销。这一规定赋予了纳税人一定的选择空间。对于正常经营的企业，应选择较短的摊销期限，这样不仅可以加速无形资产成本的收回，避免企业未来的不确定性风险，还可以使企业后期成本、费用提前扣除，前期利润后移，从而获得延期纳税的好处。

[案例8—32]

企业所得税无形资产摊销的筹划

某公司接受外企一无形资产作为投资。该无形资产价值1 200万元，法律规定的有效期为10年。估计该项投资每年可以给公司增加利润180万元，使公司每年的利润达到650万元，每年需纳税162.5万元（=650×25%）。假定企业的必要报酬率为10%。

$$
\begin{aligned}
\text{缴纳的所得税现值} &= 162.5\times \text{PVIFA}(10,10\%)\\
&= 162.5\times 6.145\\
&= 998.56(\text{万元})
\end{aligned}
$$

公司财务从税收筹划的角度考虑，与投资方协商，以提高对方的利润分配率为代价，议定该无形资产的使用年限为5年。

前5年每年可增加的费用为：

$$\frac{1\,200}{5}-\frac{1\,200}{10}=120(\text{万元})$$

公司利润减少为530万元（=650－120），每年需纳税：

$$530\times25\%=132.50(\text{万元})$$

后5年的无形资产摊销为0元，利润为770万元（=650＋120），每年缴税192.50万元（=770×25%）。

缴纳的所得税现值总和为：

$$\begin{aligned}&132.5\times \text{PVIFA}(5,10\%)+192.5\times[\text{PVIFA}(10,10\%)-\text{PVIFA}(5,10\%)]\\&=132.5\times3.791+192.5\times(6.145-3.791)\\&=955.45(\text{万元})\end{aligned}$$

获得的货币时间价值为：

$$998.56-955.45=43.11(\text{万元})$$

8.3.5 企业所得税税率的筹划

1. 享受低税率政策

由于企业所得税的税率有三个不同的档次，也就是税率存在显著差异，因此，企业可以创造条件设立高新技术企业，从而享受15%的低税率。当然，对于规模较小、盈利水平一般的企业，也可将其盈利水平控制在一定范围之内，从而适用小型微利企业20%的低税率。

【知识要点提醒】

自2015年1月1日至2017年12月31日，对年应纳税所得额低于20万元（含20万元）的小型微利企业，其所得减按50%计入应纳税所得额，按20%的税率缴纳企业所得税。

2. 预提所得税的筹划

预提所得税简称预提税。预提所得税制度是指一国政府对没有在该国境内设立机构、场所的外国公司、企业和其他经济组织从该国取得的股息、利息、租金、特许权使用费所得征收预提所得税；或者虽设立机构、场所，但取得的所得与其所设机构、场所没有实际联系的，由支付单位按支付金额扣缴所得税的制度。

《企业所得税法》规定，非居民企业在中国境内没有设立机构、场所，或者虽然设立机构、场所，但来源于中国境内的与所设机构、场所没有实际联系的所得，适用20%的企业所得税税率。按《企业所得税法实施条例》的规定，上述所得减按10%的税率征收企业所得税。

[案例 8—33]

企业所得税税率的筹划

某外国企业拟到中国开展劳务服务，预计每年获得 1 000 万元人民币收入（这里暂不考虑相关的成本、费用支出）。该企业面临以下三种选择：

第一，在中国境内设立实际管理机构。

第二，在中国境内不设立实际管理机构，但设立营业机构，营业机构适用 25%的所得税税率。劳务收入通过该营业机构取得。

第三，在中国境内既不设立实际管理机构，也不设立营业机构。

对于上述三种不同选择，该外国企业的收入面临不同的税率和纳税状况，具体分析如下：

如果该外国企业选择在中国境内设立实际管理机构，则一般被认定为居民企业，这种情况下适用的企业所得税税率为 25%，其应纳税金如下：

企业所得税＝1 000×25%＝250(万元)

如果该外国企业选择在中国境内不设立实际管理机构，只设立营业机构并以此获取收入，这种情况下适用于该营业机构的所得税税率为 25%，其应纳税金如下：

企业所得税＝1 000×25%＝250(万元)

如果该外国企业在中国境内既不设立实际管理机构，也不设立营业机构，则其来源于中国境内的所得适用的税率为 10%的预提所得税，其应纳税金如下：

企业所得税＝1 000×10%＝100(万元)

8.3.6 企业所得税税收优惠的筹划

1. 选择投资地区的筹划

国家为了适应各地区的不同情况，针对一些不同的地区制定了不同的税收政策，为企业进行选择注册地点的税收筹划提供了空间。企业在设立之初或扩大经营进行投资时，可以选择低税负的地区进行投资，以享受税收优惠的好处。

现行税法中规定的享受减免税优惠政策的地区主要包括国务院批准的“老、少、边、穷”地区、西部地区、东北老工业基地、经济特区、经济技术开发区、沿海开放城市、保税区、旅游度假区等。

[案例 8—34]

企业所得税税收优惠的筹划（1）

某投资者 2016 年欲在西部地区投资创办一个新公司，兼营公路旅客运输业务和其他业务，预计全年公路旅客运输业务收入为 500 万元，其他业务收入为 300 万元，利润率均为 25%。

现有三种方案可供选择：

方案一，投资创办一个公路旅客运输企业兼营其他业务，因公路旅客运输业务收入占全部业务收入的比例为 62.5%（$=\frac{500}{800}\times 100\%$），小于 70%①，因此不能享受减按 15%的税率征收企业所得税的优惠政策。

$$2016\text{年应纳所得税}=(500+300)\times 25\%\times 25\%=50(\text{万元})$$

方案二，分别投资两个企业，一个从事公路旅客运输业务，一个从事其他业务。从事公路旅客运输业务的收入为企业的总收入，占比为 100%，超过了 70%的比例，可享受减按 15%的税率征收企业所得税的优惠政策。

$$2016\text{年应纳所得税}=500\times 25\%\times 15\%+300\times 25\%\times 25\%=37.50(\text{万元})$$

比较上述两种方案，由于方案二中该公路旅客运输企业取得的收入可享受减按 15%的税率征收企业所得税的优惠政策，比方案一少缴企业所得税 12.5 万元（=50－37.5），因此方案二更优。

方案三，投资创办一个公路旅客运输企业兼营其他业务，该企业扩大投资规模，扩展公路旅客运输业务，预计 2016 年公路旅客运输业务收入 750 万元，其他条件不变，则这时的公路旅客运输业务占企业全部业务收入的比例为 71.43%（$=\frac{750}{750+300}\times 100\%$），超过了 70%。经企业申请，税务机关审核后认为该企业符合西部大开发的减免税优惠政策，取得的全部业务收入都可享受减按 15%的税率征收企业所得税的优惠政策。

$$2016\text{年应纳所得税}=(750+300)\times 25\%\times 15\%=39.38(\text{万元})$$

方案三虽然收入大幅度提高，但是由于取得的全部业务收入都可享受减按 15%的税率征收企业所得税的优惠政策，应缴纳的企业所得税并没有增加太多，获得了更多的税收利益，与前两种方案相比更具有税收优势。

对于已经成立的企业来说，如果具备了其他享受优惠政策的条件，只是由于注册地点不在特定税收优惠地区而不能享受相应的税收优惠政策，那么就应该考虑企业是否需要搬迁的问题。此时，企业需要充分考虑生产、经营的寿命周期，享受税收优惠政策其他条件的保持能力，企业利润以及搬迁费用，因迁移注册地而产生的新的成本费用支出及新注册地与老注册地在信息、技术来源、客户开拓等方面差异等因素，并进行全面分析，对有关经济技术数据进行测算，然后作出相应决策。

迁移企业注册地的方式本身也存在一个筹划问题。在迁移决策已定的情况下，如何迁移成为一个需要决策的问题。如果情况允许，可以将整个企业从一般地区迁移到有税收减免优惠政策的地区。如果全部搬迁不够理想，可以将企业的主要办事机构迁移到上述地区，采取只变更企业注册地的办法，而把老企业作为分支机构留在原地继续生产。如果上述办法不行，则企业可以通过自身的产权重组达到变更注册地的目的。例如，采取企业分

① 《财政部 海关总署 国家税务总局关于深入实施西部大开发战略有关税收政策问题的通知》（财税［2011］58 号）规定，自 2011 年 1 月 1 日至 2020 年 12 月 31 日，对设在西部地区的鼓励类产业企业减按 15%的税率征收企业所得税。上述鼓励类产业企业是指以《西部地区鼓励类产业目录》中规定的产业项目为主营业务，且其主营业务收入占企业收入总额 70%以上的企业。

立或者分别注册的办法，让符合税收优惠条件的部分在税收优惠地区注册，让不符合税收优惠条件的部分仍留在老地方继续生产。更有甚者，采取先在合适的地区创办一家新的企业，并取得享受税收优惠的资格，然后再将原有的企业与新企业进行合并，将原有的企业变更为享受税收优惠政策企业的一个分支机构，享受合并纳税的好处。当然，也可以通过企业间的关联交易，将高税率地区企业的利润转移到享受税收优惠的企业中，实现企业整体税率的下降。但需要注意的是，通过关联企业的关联交易实现利润的转移，关联交易价格必须在税法允许的范围之内，否则税务机关将对关联交易价格进行相应的调整。

综上所述，新企业成立时涉及注册地点的选择，而对于老企业来说，也存在注册地点选择的问题。因此，每个企业都应当根据自己的特点、具体情况和对税收优惠政策的深入研究，找到利用税收优惠政策的具体措施，以合理筹划企业的纳税，实现企业经济利益的最大化。

2. 选择投资方向的筹划

《企业所得税法》是以“产业优惠为主、区域优惠为辅”作为税收优惠导向的。无论是初次投资还是增加投资，都可以根据税收优惠政策加以选择，充分享受税收产业优惠政策。

（1）选择减免税项目投资。

第一，投资于农、林、牧、渔业项目的所得，可以免征、减征企业所得税。投资于基础农业，如蔬菜、谷物、薯类、油料、豆类、棉花、麻类、糖料、水果、坚果的种植，牲畜、家禽的饲养，农作物新品种的选育等可以享受免征企业所得税的待遇。投资于高收益的农、林、牧、渔业项目，如花卉、茶以及其他饮料作物和香料作物的种植，可以减半征收企业所得税。

第二，投资于公共基础设施项目，环境保护、节能节水项目，从项目取得第一笔生产、经营收入所属纳税年度起实行“三免三减半”的税收优惠政策。

（2）创投企业对外投资的筹划。创业投资企业从事国家需要重点扶持和鼓励的创业投资，可以按投资额的一定比例抵扣应纳税所得额。抵扣应纳税所得额是指创业投资企业采取股权投资方式投资于未上市的中小高新技术企业两年以上的，可以按照其投资额的70%在股权持有满两年的当年抵扣该创业投资企业的应纳税所得额；当年不足抵扣的，可以在以后纳税年度结转抵扣。

［**案例8—35**］

企业所得税税收优惠的筹划（2）

甲创业投资有限责任公司于2012年采取股权投资方式投入资本2 000万元，在某高新技术开发区设立A高新技术企业（小型），职工人数120人，A企业主要从事软件开发，已经取得软件企业资质并通过了高新技术企业的认定。当年，A企业实现利润200万元，2013年实现利润300万元。2014年1月，甲公司把A企业的股权转让，转让价格为3 500万元。

（1）甲公司工商登记为“创业投资有限责任公司”，经营范围符合《创业投资企业管理暂行办法》的规定，投资设立的A企业已经通过了高新技术企业的认定，可以享受按投资额的一定比例抵扣应纳税所得额的优惠。

（2）甲公司是A企业的投资方，享有100%的股权。根据《财政部　国家税务总局关于进一步鼓励软件产业和集成电路产业发展企业所得税政策的通知》（财税［2012］27号）的规定，我国境内新办的符合条件的软件企业，经认定后，在2017年12月31日前自获利年度起计算优惠期，第一年至第二年免征企业所得税，第三年至第五年按照25%的法定税率减半征收企业所得税，并享受至期满为止。因此，A企业在前两年免征企业所得税，两年共获利500万元，全部分配给甲公司，而甲公司从A企业分得的利润属于免税收入，不必缴纳企业所得税。

（3）2014年1月，甲公司转让了A企业的股权，转让价格为3 500万元，则：

股权转让所得＝3 500－2 000＝1 500（万元）

甲公司投资抵扣应纳税所得额的限额＝2 000×70%＝1 400（万元）

应缴企业所得税＝（1 500－1 400）×25%＝25（万元）

8.4　个人所得税的税收筹划

8.4.1　居民纳税义务人与非居民纳税义务人的转换

个人所得税的纳税义务人，根据纳税人的住所和其在中国境内居住的时间，分为居民纳税人和非居民纳税人。由于对这两种纳税人的税收政策不同，因此纳税人应该把握这一尺度，合法筹划。

［案例8—36］

个人所得税纳税人身份的选择（1）

一位美国工程师大卫受雇于一家位于美国的公司（总公司）。他准备到中国居住一年半，计划2015年1月1日到中国，于2016年6月30日离开中国。根据税法规定，在中国境内有住所，或者虽无住所，但在中国境内居住满一年的个人为居民纳税人，其从中国境内和境外取得的所得均负有纳税义务。所谓在境内居住满一年，是指在一个纳税年度（即公历1月1日起至12月31日止）内，在中国境内居住满365日。由于大卫在2015年1月1日至2015年12月31日期间在中国境内居住满一年，则在2015年为居民纳税人。

现进行如下筹划：建议大卫于2015年2月1日到中国境内，并于2016年7月31离开。这样不仅大卫在中国居住了一年半的时间，而且在2015年和2016年在中国境内居住均不满一年，均为非居民纳税人。这样就有效地规避了居民纳税人的无限纳税义务。

8.4.2 企业所得税纳税义务人与个体工商户纳税义务人、个人独资企业、合伙企业的选择

随着经济的发展，个人收入水平不断提高，个人投资在经济生活中占有越来越重要的地位，个人投资也成为越来越热门的话题。作为个人投资者，在进行投资前必然会对不同的投资方式进行比较，以选择最佳方式进行投资。

目前，个人可以选择的投资方式主要有：作为个体工商户从事生产、经营和承包、承租业务；成立个人独资企业；组建合伙企业；设立有限责任制企业（企业所得税纳税义务人）。在对这些投资方式进行比较时，如果其他因素相同，投资者应承担的税收，尤其是所得税便成为决定投资决策的关键。

从2000年1月1日起，我国对个人独资企业、合伙企业停止征收企业所得税，个人独资企业、合伙企业投资者的投资所得比照个体工商户的生产、经营所得征收个人所得税。①

在上述几种投资方式中，一般来说，在收入相同的情况下，个体工商户、个人独资企业、合伙企业、有限责任制企业的税负是不一样的，有限责任制企业的税负最重。但是，个人独资企业、合伙企业、有限责任制企业三种形式的企业是法人单位，在发票的申购、纳税人的认定等方面占有优势，比较容易开展业务，经营范围也比较广，并且可以享受国家的一些税收优惠政策。

在这三种企业形式中，有限责任制企业以公司的形式出现，只承担有限责任，风险相对较小；个人独资企业和合伙企业由于要承担无限责任，风险较大，特别是个人独资企业还存在增值税一般纳税人认定等相关法规不健全、不易操作的现象，加剧了这类企业的风险。

【知识要点提醒】

在组织形式的选择上，不能仅考虑各组织形式的税负大小，还应考虑到不同组织形式各自除税收以外其他方面的优缺点。

［案例8—37］

个人所得税纳税人身份的选择（2）

假设有五个人成立一家公司（未上市），每个人占公司20%的股权。在2016年底，公司的年度利润总额为350 000元。在无纳税调整事项的情况下，将税后利润全部分配给这五位股东。每位股东的实际收入是多少？

由于是公司制模式，需要先缴纳企业所得税87 500元（=350 000×25%），税后利润

① 《财政部　国家税务总局关于合伙企业合伙人所得税问题的通知》（财税［2008］159号）规定，合伙企业以每一个合伙人为纳税义务人。合伙企业合伙人是自然人的，缴纳个人所得税；合伙人是法人和其他组织的，缴纳企业所得税。

为 262 500 元，平均分配给五位股东，每个人可获得 52 500 元的股息、红利所得。按照个人所得税税法的规定，每位股东仍需缴纳 20%的个人所得税 10 500 元（=52 500×20%）。

最终，每个股东实际税后净收入为 42 000 元。

假设采用了合伙企业形式（其他条件不变），由于其不具备法人资格，按照税收法规的规定，这个合伙企业不需要缴纳企业所得税，仅需就每个合伙人的所得缴纳适用于个体工商户生产、经营所得的个人所得税。

每位股东实际分得的收入为 70 000 元，适用税率为 30%，每位股东缴纳的个人所得税为 11 250 元（=70 000×30%－9 750），税后净收入为 58 750 元。

经比较可知，在合伙制形式下，每位股东比公司制情况下的年税后净收入多出16 750元（=58 750－42 000）。

8.4.3 工资、薪金所得的筹划

工资、薪金所得适用最低边际税率为 3%、最高边际税率为 45%的七级超额累进税率，当取得的收入达到某一档次时，就要支付与该档次税率相适应的税额。但是，工资、薪金所得税是根据月实际收入水平渐进课税，这就为税收筹划创造了条件。

1. 工资、薪金福利化

取得高薪是提高一个人消费水平的主要手段，但因为工资、薪金实行的个人所得税税率是累进的，当累进到一定程度时，新增薪金带给纳税人的可支配现金将会逐步减少，所以把纳税人的现金性工资转为福利，在带来相同消费满足程度的同时，还可少缴个人所得税。

（1）企业提供住所。个人所得税是就个人的收入总额划分档次课税，对个人的支出只确定一个固定的扣除额，这样收入越高，支付的税金就越多，故企业将住房费直接支付给个人就会造成个人较多的税收负担。如果企业对个人租用的房子采取企业支付或支付个人现金两种不同的方式，就会造成个人税收负担和收入水平的差异。因此，在受聘时，应与雇主协商，由雇主支付个人在工作期间的寓所租金，而薪金则在原有基础上做适当调整。这样一来，雇主的负担不变，个人则可因此降低个人所得税中工薪应负担的税收。

[案例 8—38]

工资、薪金福利化筹划

2016 年 10 月，某公司会计师张先生每月从公司获取工资、薪金所得 8 500 元。由于租住一套两居室，每月需付房租 2 000 元，张先生扣除房租后的月收入为 6 500 元。此时，张先生应纳的个人所得税为：

$$(8\ 500-3\ 500)\times 20\%-555=445(\text{元})$$

如果公司为张先生提供免费住房，每月名义工资下调到 6 500 元，则张先生应纳的个人所得税为：

$$(6\ 500-3\ 500)\times 10\%-105=195(\text{元})$$

筹划后，张先生可节省所得税 250 元，而公司也没有增加支出。

需要注意的是，根据《个人所得税法实施条例》的规定，个人取得的应税所得包括现金、实物和有价证券。所得为实物时，应当按照取得的凭证上所注明的价格计算应纳税所得额；无凭证的实物或者凭证上所注明的价格明显偏低的，由主管税务机关参照当地的市场价格核定应纳税所得额。在这里，公司提供给张先生的是房屋使用权，所以不属于个人取得的应税所得。

(2) 企业向员工提供福利设施。由企业向员工提供的各种福利设施，若不能将其转化为现金，则不被视为工资收入，从而无须计算个人所得税。这样，企业通过提高员工福利、增加其物质满足，也可少纳所得税。

总之，对于缴纳工资、薪金所得税的个人，在前述法律允许的条件下，能福利化的尽量福利化。其节税的主要方法是在保证消费水平提高的前提下，降低应纳税所得额，规避高边际税率，最终达到减轻税负之目的。对于企业来说，要在遵守税法的前提下，合理选择员工收入的支付方式，以帮助员工提高消费水平。一味地增加名义货币收入，从税收角度考虑并不是完全可取的。

2. 应税项目转换筹划

工资、薪金所得适用3%～45%的七级超额累进税率；劳务报酬所得适用20%的比例税率，对于一次收入畸高的，可以实行加成征收。由于相同数额的工资、薪金所得与劳务报酬所得适用的税率不同，因此利用税率差异进行税收筹划是节税的一个重要思路。在某些情况下将工资、薪金所得与劳务报酬所得分开会节约税收，而在有些情况下将工资、薪金所得与劳务报酬所得合并就会节约税收。

由于在某些情况下，比如应纳税所得额比较少的时候，工资、薪金所得适用的税率比劳务报酬所得适用的20%的比例税率低，因此在可能的情况下将劳务报酬所得转化为工资、薪金所得，能够节省税收。

[案例 8—39]

个人所得税应税项目转换筹划 (1)

叶先生 2016 年 11 月从单位获得工资类收入 2 000 元，由于单位工资太低，叶先生同月在 A 企业提供技术服务，当月报酬为 3 000 元。

如果叶先生与 A 企业没有固定的雇佣关系，则按照税法规定，工资、薪金所得与劳务报酬所得应分开计算缴税。此时，叶先生的工资、薪金所得没有超过基本扣除限额 3 500 元，因此不用纳税。叶先生的劳务报酬所得应纳税额为：

$$(3\ 000-800)\times 20\%=440(\text{元})$$

因此，叶先生 11 月份应纳税额为 440 元。

如果叶先生与 A 企业有固定的雇佣关系，对两处取得工资、薪金所得的个人，应当按照规定选择并固定在任职、受雇的一地单位所在地主管税务机关自行办理纳税申报，汇算清缴其工资、薪金收入的个人所得税，多退少补。则由 A 企业支付的 3 000 元作为工资、薪金收入，应与单位支付的工资合并缴纳个人所得税，应纳税额为：

$$(2\ 000+3\ 000-3\ 500)\times 3\%=45(\text{元})$$

在该案例中，如果叶先生与 A 企业建立固定的雇佣关系，则其每月可以节税 395 元

（=440-45）。

这种节税方法显然源于工资、薪金所得的费用扣除数比劳务报酬的费用扣除数大，而且应纳税所得较少时，工资、薪金所得适用的税率比劳务报酬所得适用的税率低，因此在这种情况下，纳税人可以在可能的情况下将劳务报酬所得转化为工资、薪金所得。

［案例 8—40］

个人所得税应税项目转换筹划（2）

假定朱先生是一位高级工程师，2016 年 12 月获得某公司的工资类收入 62 500 元。

如果朱先生与该公司存在稳定的雇佣与被雇佣关系，则应按工资、薪金所得缴税，其应纳税所得额为：

$$62\ 500-3\ 500=59\ 000(\text{元})$$

其应纳税额为：

$$59\ 000\times35\%-5\ 505=15\ 145(\text{元})$$

如果朱先生与该公司不存在稳定的雇佣与被雇佣关系，则该项所得应按劳务报酬所得缴纳个人所得税，其应纳税所得额为：

$$62\ 500\times(1-20\%)=50\ 000(\text{元})$$

其应纳税额为：

$$50\ 000\times30\%-2\ 000=13\ 000(\text{元})$$

因此，如果朱先生与该公司不存在稳定的雇佣关系，则他可以节省税收 2 145 元（=15 145-13 000）。

3. 工薪收入均衡化

《个人所得税法》第九条第二款规定：特定行业的工资、薪金所得应纳的税款，可以实行按年计算、分月预缴的方式计征。根据《个人所得税法实施条例》第四十条的规定可知，这些行业是采掘业、远洋运输业、远洋捕捞业以及国务院财政、税务主管部门确定的其他行业。因此，这些行业的纳税人可以利用这项政策使其税负合理化。但在实际生活中，并不只是这些行业的工资起伏比较大，如啤酒业等受季节的影响也比较大，故当纳税人在其他行业遇到每月工资变化幅度较大的情况时，就可以借鉴该项政策的做法，即将每月收入平均分摊，这样就可以少缴税款，获得一定的经济利益。

由于个人所得税实行累进税率，单位又是个人所得税的代扣代缴人，故纳税人在具体实施税收筹划时首先要做好计划。税收计划的制订就是通过对现行税法的研究，根据对个人在近期内收入情况的预计作出收入分期的适当安排。例如，对工资、薪金所得进行征税，在市场竞争比较激烈的环境下，企业的生产、经营时有波动，今天是满负荷运作，明天则有可能处于半停产状态。在满负荷运作状态时，员工就有可能获得很高的工资和奖金，而在半停产状态，员工可能仅拿到基本工资。这是没有任何问题的，但关键是在工资发放的时候，有没有充分考虑纳税因素而实施一定的税收筹划。如果该企业的财务人员有税收筹划意识，则可以建议企业的管理人员在年初就对本企业的全年经营情况作出分析，根据经营周期的波动性，预先做一些纳税的筹划工作，即在旺季少发一些奖金，可以先在财务上把应发的奖金提出来，然后在业务淡季慢慢发出去，这样操作就可以达到为员工节税的目的。但是，企业应将情况向员工讲清楚，否则，这样做可能会影响员工工作的积极性，损害企业的整体效益。

[案例 8—41]

工薪收入均衡化筹划

某纳税人是一个房地产企业的销售人员，其工资收入按照基本工资（2 000 元）加提成的方式发放。由于房地产市场有淡季和旺季，所以该纳税人每月的工资差距可能很大。在 2015 年，该纳税人的每月工资情况如下：1 月 4 000 元，2—4 月 10 000 元，5—9 月 2 000元，10—12 月 3 000 元。

如果不进行税收筹划，该纳税人的全年应纳税情况如下：

1 月应纳税额＝(4 000－3 500)×3%＝15(元)

2—4 月每月应纳税额＝(10 000－3 500)×20%－555＝745(元)

5—12 月每月应纳税额＝0(元)

该纳税人全年应纳税额＝15＋745×3＝2 250(元)

如果纳税人与房地产企业达成协议，根据其以往年度的销售业绩和年收入总额估计其 2015 年的年收入，并在每月平均发放，这样将为纳税人节省大笔税款。例如，根据以前的数据确定 2015 年该纳税人每月取得工资、薪金所得 4 400 元，到年底再结清余额。在这种情况下，房地产企业支付的工资数额没有改变，但纳税人获得了更多的税后收入。具体计算如下：

1—11 月每月应纳税额＝(4 400－3 500)×3%＝27(元)

12 月应纳税所得额＝(4 000＋10 000×3＋2 000×5＋3 000×3)－4 400×11
＝4 600(元)

12 月应纳税额＝(4 600－3 500)×3%＝33(元)

全年应纳税额＝27×11＋33＝330(元)

与筹划前相比，节省税额 1 920 元（＝2 250－330）。

4. 年终奖税收筹划

如果一个员工的年终奖为 18 000 元，其个人所得税的适用税率为 3%，应纳个人所得税 540 元，税后收入为 17 460 元；当年终奖变为 18 120 元时，适用税率为 10%，应纳个人所得税 1 707 元（＝18 120×10%－105），税后收入为 16 413 元。也就是说，年终奖增加了 120 元，税后收入反而减少了 1 047 元。

如果企业一定要发到若干数额的年终奖，如上例发放 18 120 元，可以将其中的 120 元年终奖转移出来，通过采取增加当月工资、适度报销发票等手段来减少年终奖，从而实现减税。

造成员工奖金增加、税后收入反而减少的原因是，从年终奖的计税公式可以看出，虽然年终奖先除以 12 再确定适用税率，但却用年终奖的总额作为应纳税所得额，或者只能扣除一个月的速算扣除数，因此在对年终奖征收个人所得税时，相当于实行了全额累进税率。

全额累进税率除了税负重这一缺陷外，另一个缺陷就是各级距临界点附近税率和税负跳跃式上升，从而造成税负增长速度大于收入增长速度。

如果年终奖恰好为18 000元，则需缴纳个人所得税540元（=18 000×3%），税后收入为17 460元；超过18 000元发放奖金，就会适用10%的税率。假设用B表示企业超过18 000元发放年终奖时个人税后收入与发放18 000元年终奖时税后收入相等的奖金额，则：

$$B-(B\times 10\%-105)=17\ 460$$

解得：

$$B=19\ 283.33(\text{元})$$

即当员工的年终奖在18 000元～19 283.33元时，超过18 000元的部分不应以全年一次性奖金的形式发放，而是应在以前月份并入工资、薪金收入发放。其他情况见表8—8。

表8—8　　年终奖税负增长速度大于收入增长速度范围表

级数	奖金收入级距（元）	适用税率	年终奖收入增长慢于税负增长的范围（元）
1	不超过18 000	3%	
2	18 000～54 000	10%	18 000～19 283.33
3	54 000～108 000	20%	54 000～60 187.5
4	108 000～420 000	25%	108 000～114 600
5	420 000～660 000	30%	420 000～447 500
6	660 000～960 000	35%	660 000～706 538.46
7	960 000以上	45%	960 000～1 120 000

在职工收入较为稳定的情况下，要使个人所得税负担最轻，除了要注意上述税率问题外，还要调整好月工资总额与年终奖的分配关系，从而使工资、奖金所得最大限度地享受低税率。

对于劳动关系和年收入较为稳定的员工，可以按以下步骤分配月工资总额与年终奖。以下测算是以假设月工资均衡发放为基础的，但均衡发放并不一定要求每月工资的绝对额相等，而是要尽可能地使每月工资适用的个人所得税最低税率相等。

第一步：预测个人年收入，计算年应纳税所得额（年收入扣除一年的法定费用扣除额3 500×12=42 000元就是年应纳税所得额，根据现实情况的需要，还可以扣除员工个人缴纳的“五险一金”）。

第二步：将年应纳税所得额对半分，即让月工资和年终奖适用税率相同，计算应纳税额。

第三步：将年终奖降低一档税率（有时需要降低两档或更多档税率），用足该级距上限，计算应纳税额。

第四步：如果降低年终奖适用税率后，应纳税额比对半分时还多，应使年终奖和月工资适用相同的税率，此时税负最轻，即让年终奖将该级距上限用足，确定年工资应纳税所得额；或者让月工资将该级距上限用足，确定年终奖数额。

8.4.4 劳务报酬所得的筹划

1. 支付次数筹划法

《个人所得税法实施条例》规定，劳务报酬所得，属于一次性收入的，以取得该项收入为一次；属于同一项目连续性收入的，以一个月内取得的收入为一次。但在现实生活中，由于种种原因，某些行业收入的获得具有一定的阶段性，即在某个时期收入可能较多，而在另一些时期收入可能会很少甚至没有收入。这样就可能在收入较多时适用较高的税率，而在收入较少时适用较低的税率，甚至可能低于免征额，造成总体税负较高。

在这种情况下，纳税人可以通过筹划活动，使劳务报酬在每个月比较平均地取得，从而使得该项所得适用较低的税率，这样就可能获得较高的回报。同时，这种支付方式也使支付人不必一次性支付较高的费用，从而减轻了其经济负担。

[案例 8—42]

劳务报酬支付次数筹划法

张某为某企业职工，业余通过考试获得了注册会计师资格。他与某会计师事务所商定，每年年终到该事务所兼职 3 个月（由于会计业务的特殊性，到年底会计业务特别多，平时则很少）。在年底 3 个月，每月可能会支付 30 000 元的劳务报酬。如果张某与该事务所按实际情况签约，则张某应纳税额的计算如下：

月应纳税额＝30 000×(1－20%)×30%－2 000＝5 200(元)

应纳税额合计＝5 200×3＝15 600(元)

如果张某与该会计师事务所商定，年终的劳务费在以后的一年中分月支付，具体形式不限，每月大约支付 7 500 元，则：

月应纳税额＝7 500×(1－20%)×20%＝1 200(元)

应纳税额合计＝1 200×12＝14 400(元)

通过筹划，张某少缴税款 1 200 元。

2. 劳务收入费用化筹划法

为他人提供劳务以取得报酬的个人，可以考虑由对方提供一定的福利，将本应由自己承担的费用改由对方承担，以达到规避个人所得税的目的。比如由对方提供餐饮服务、报销交通费、提供住宿、提供办公用具、安排实验设备等。这样就使自己承担的费用开支转由对方承担，相应地降低了自己的劳务报酬总额，从而使得该项所得适用较低的税率或扣除超过 20%的费用（一次劳务报酬少于 4 000 元时）。这些日常开支如果由个人负担，就不能在应纳税所得额中扣除，而由对方提供则能扣除，这样虽减少了名义报酬额，但实际收益却有所增加。

【即学即用】 甲公司邀请王老师到公司开办讲座，并签订合同约定支付 3 万元报酬给王老师。在讲座期间，王老师发生的交通、住宿、用餐等费用共计 5 000 元。王老师应缴个人所得税 30 000×(1－20%)×30%－2 000＝5 200 元，实际收益为 19 800 元(＝30 000－5 000－5 200)。请问是否存在税收筹划空间?

[解析] 王老师可与甲公司协商在合同中规定报酬为 2.5 万元，而交通、住宿、用餐等费用由甲公司承担。如此，王老师应交个人所得税 25 000×(1－20%)×20%＝4 000 元，实际收益提高为 21 000 元(＝25 000－4 000)。

8.4.5 稿酬所得的筹划

1. 系列丛书筹划法

现行个人所得税法规定，个人以图书、报刊方式出版、发表同一作品(文字作品、书画作品、摄影作品以及其他作品)，不论出版单位是预付还是分笔支付稿酬，或者加印该作品再付稿酬，均应合并稿酬所得按一次计征个人所得税。但对于不同的作品却是分开计税的，这就给纳税人的筹划创造了条件。如果一本书可以分成几个部分，以系列丛书的形式出现，则该作品将被认定为几个单独的作品，单独计算纳税，这在某些情况下可以节省纳税人的大量税款。这种发行方式应保证每本书的人均稿酬小于 4 000 元，因为这种筹划法利用的是抵扣费用的临界点，即在稿酬所得小于 4 000 元时，实际费用扣除标准大于 20%。

[案例 8—43]

稿酬所得系列丛书筹划法

某税务专家经过一段时间的辛苦工作，准备出版一本关于税收筹划的著作，预计稿酬所得为 12 000 元。试问该税务专家应如何筹划?

[解析] (1) 如果该纳税人以一本书的形式出版该著作，则:

$$\text{应纳税额}=12\ 000\times(1-20\%)\times20\%\times(1-30\%)=1\ 344(\text{元})$$

(2) 如果在可能的情况下，该纳税人以四本书为一套系列丛书出版，则该纳税人的纳税情况如下:

$$\text{每本书的稿酬}=\frac{12\ 000}{4}=3\ 000(\text{元})$$

$$\text{每本书的应纳税额}=(3\ 000-800)\times20\%\times(1-30\%)=308(\text{元})$$

$$\text{应纳税额合计}=308\times4=1\ 232(\text{元})$$

由此可见，在这种情况下，该税务专家可以节省税款 112 元(＝1 344－1 232)，他可以考虑选择这种筹划方法。

2. 著作组筹划法

如果一项稿酬所得预计数额较大，还可以考虑使用著作组筹划法，即将一本书由一个人写改为多个人合作创作。与系列丛书筹划法一样，这种筹划方法利用的是低于 4 000 元稿酬的费用扣除标准为 800 元，该项扣除的效果大于 20%的扣除标准。

使用这种筹划方法应当注意，由于成立了著作组，所以每个人的收入可能会比单独创作时少。也就是说，虽然少缴了税款，但对于个人来说最终收益减少了。因此，这种筹划方法一般用在著作任务较多(比如有一套书要出版)或者建立了长期合作关系的著作组。

此外，由于采用了长期合作，因此节省的税款数额也会增加。

［案例 8—44］

稿酬所得著作组筹划法

某财政专家准备写一本财政学教材，出版社初步同意该书出版之后支付稿费 24 000 元。如果由该财政专家单独著作，则可能的纳税情况为：

$$应纳税额 = 24\,000\times(1-20\%)\times20\%\times(1-30\%)=2\,688(元)$$

如果财政专家采取著作组筹划法，并假定该著作组共 10 人，则可能的纳税情况为：

$$每人应纳税额=(2\,400-800)\times20\%\times(1-30\%)\times10=2\,240(元)$$

如果该著作组的收入分配方案为其中 9 人的收入均为 800 元，1 人的收入为 16 800 元（$=24\,000-800\times9$），可能仅需缴税 1 881.6 元［$=16\,800\times(1-20\%)\times20\%\times(1-30\%)$］。

3. 再版筹划法

再版筹划法就是在作品市场看好时，与出版社协商后采取分批印刷的办法，以减少每次收入量，从而节省税款。现行个人所得税法规定，个人每次以图书的形式在两处或两处以上出版、发表或再版同一作品而取得的稿酬所得，可分别将各处取得的所得或再版所得按分次所得计征个人所得税。因此，在某些情况下也可以考虑再版筹划法。

［案例 8—45］

稿酬所得再版筹划法

某历史学家欲出版一套书（共 10 册），估计市场销量至少为 8 万套。该历史学家和出版社商议的结果是，基本稿酬为 20 万元，每出版 2 万套另付稿费 10 万元。该经济学家应该怎样进行筹划？

［解析］　一般来说，一个人在一个比较短的时间内不可能写完这套书，因而可能的情况是，找来几个水平相当的专家共同撰写。

方案一：找来 9 个专家，连同自己合计 10 人，每人写一本书。同时假定出版社一次性出版 8 万套，总共支付稿酬 60 万元，则该专家将获得 6 万元的稿酬。

$$人均应纳税额=60\,000\times(1-20\%)\times20\%\times(1-30\%)=6\,720(元)$$

实际收益为人均 53 280 元。

方案二：为了少缴税款，该专家进行了一定的筹划，决定每本书都由这 10 人挂名出版，则每本书人均 6 000 元。计算结果如下：

$$人均应纳税额=6\,000\times(1-20\%)\times20\%\times(1-30\%)\times10=6\,720(元)$$

即实际人均收益不变。

方案三：在前两种方案的基础上，与出版社协商决定分两次出版，每次支付 30 万元，则每次的计税金额变为 3 000 元（即每次人均每本 3 000 元）。

$$人均应纳税额=(3\,000-800)\times20\%\times(1-30\%)\times10\times2=6\,160(元)$$

即人均减少税额560元，总共减少5 600元。

这种筹划方法就是在作品市场看好时，与出版社协商后采取分批印刷的办法，以减少每次收入量，节省税款。

4. 增加前期写作费用筹划法

根据税法的规定，个人取得的稿酬所得只能在一定限额内扣除费用。众所周知，应纳税额的计算是用应纳税所得额乘以税率而得，税率是固定不变的，应纳税所得额越大，应纳税额就越大。如果能在现有扣除标准下再多扣除一定的费用，或想办法将应纳税所得额减少，就可以减少应纳税额。

一般的做法就是与出版社协商，让其提供尽可能多的设备服务，这样就将费用转移给了出版社，自己基本上不用负担费用，使得自己的稿酬所得相当于享受到两次费用抵扣，从而减少了应纳税额。可以考虑由出版社负担的费用有以下几种：资料费、稿纸、绘画工具、作图工具、书写工具、其他材料、交通费、住宿费、实验费、实践费等。有些行业甚至可以要求提供办公室以及电脑等办公设备。

现在对收入明晰化的呼声普遍较高，而且由于出版社提供条件容易造成不必要的浪费，出版社可以考虑采用限额报销制，这个问题其实就解决了。

[案例8—46]

稿酬所得增加前期写作费用筹划法

某经济学家欲创作一本关于中国经济发展状况与趋势的专业书籍，需要到广东某地区进行实地考察研究。由于该经济学家的学术水平很高，预计这本书的销路很好。出版社与该经济学家达成协议：全部稿费20万元，预计到广东考察费用支出5万元。如果该经济学家自己负担费用，则应纳税额为22 400元[=200 000×(1-20%)×20%×(1-30%)]，实际收入为127 600元（=200 000-22 400-50 000)。如果改由出版社支付费用，限额为50 000元，则实际支付给该经济学家的稿费为15万元，应纳税额为16 800元[=150 000×(1-20%)×20%×(1-30%)]，该经济学家的实际收入为133 200元[=150 000-16 800]，第二种方法使得税后收益增加了5 600元（=133 200-127 600)。

8.5 土地增值税的税收筹划

8.5.1 利用房地产转移方式进行筹划

土地增值税是对有偿转让国有土地使用权及地上建筑物和其他附着物产权，取得增值收入的单位和个人征收的一种税。从这个定义可以看出，征收土地增值税必须满足三个判定标准：仅对转让国有土地使用权及地上建筑物和附着物的行为征税；仅对产权发生转让的行为征税；仅对转让房地产并取得收入的行为征税。

【知识要点提醒】

国有土地使用权的出让不属于土地增值税的征税范围。

房地产所有人可以通过避免符合以上三个判定标准来规避缴纳土地增值税。例如，房地产所有人通过境内非营利的社会团体、国家机关将房屋产权、土地使用权赠与教育、民政和其他社会福利、公益事业，虽然发生了权属的变更，但是房地产所有人并没有因为权属发生转让而取得任何收入，因而不属于土地增值税的征税范围。再如，房地产所有人将房产、土地使用权租赁给承租人使用，由承租人向出租人支付租金等，但由于产权没有发生转让，因而不属于土地增值税的征税范围，无须缴纳土地增值税。

8.5.2 通过控制增值额进行筹划

由于土地增值税是以增值额为基础的超率累进税率，因此土地增值税筹划最关键的一点就是合理合法地控制、降低增值额。增值额是纳税人转让房地产所取得的收入减去规定扣除项目金额后的余额，所以控制增值额筹划包括收入筹划法和成本费用筹划法。

收入筹划法主要是指收入分散筹划，即将可以分开单独处理的部分从整个房地产中分离（比如房屋里面的各种设施），从而使得转让收入变少，降低纳税人的土地增值额。成本费用筹划法就是最大限度地扩大成本费用列支比例，比如房地产开发企业如能提供金融机构证明并能按转让房地产项目计算分摊的，可以将在房地产开发工程中发生的借款利息支出据实扣除。当然，这种筹划应有一定的限度，无节制任意扩大的后果是导致税务机关的纳税调整，最终得不偿失。

［案例 8—47］

通过控制增值额进行筹划（1）

某企业准备出售其拥有的一幢房屋以及土地使用权。因为房屋已经使用过一段时间，里面的各种设备均已安装齐全，估计市场价值为 800 万元，其中各种设备的价格约为 100 万元。如果该企业与购买者签订合同时不注意区分这些，而是将全部金额以房地产转让价格的形式在合同中体现，则增值额无疑会增加 100 万元。而土地增值税适用的是四级超率累进税率，增值额越大，其适用的税率越高；相应地，应纳税额也会增大。

如果该企业与购买者签订房地产转让合同时采取变通方法，将收入分散，便可以节省不少税款，具体做法是在合同中仅注明 700 万元的房地产转让价格，同时签订一份附属办公设备购销合同，问题便迎刃而解。这样一来，将收入分散，不仅可以使增值额变小从而节省应缴土地增值税税额，而且由于购销合同适用 0.03%的印花税税率，比产权转移书据适用的 0.05%税率要低，还可以节省不少印花税，一举两得。

［案例 8—48］

通过控制增值额进行筹划（2）

甲房地产开发公司开发的金山小区已于 2016 年 10 月完工，但尚未对房屋进行装修，可扣除项目总金额为 6 200 万元（包括加计扣除的 20%）。该公司不能按转让房地产项目计算分摊利息支出，也不能提供金融机构证明，当地政府规定的房地产开发费用的计算扣除比例为 10%。暂不考虑其他相关税费，销售方案有如下两种：

方案一：直接销售未装修的房屋，每平方米售价为 3 200 元，不含税销售收入总额为 9 600 万元，则：

$$增值额=9\,600-6\,200=3\,400(万元)$$
$$增值率=3\,400\div 6\,200=54.84\%$$
$$应纳土地增值税=3\,400\times 40\%-6\,200\times 5\%=1\,050(万元)$$

方案二：对房屋进行装修后再销售，预计装修费用为 1 200 万元，装修后每平方米售价为 3 600 元，销售收入总额为 10 800 万元，其他条件不变。

根据《国家税务总局关于房地产开发企业土地增值税清算管理有关问题的通知》（国税发［2006］187 号）的规定，房地产开发企业销售已装修的房屋，其装修费用可以计入房地产开发成本，因此有：

$$增值额=10\,800-6\,200-1\,200\times(1+10\%+20\%)=10\,800-7\,760=3\,040(万元)$$
$$增值率=3\,040\div 7\,760=39.18\%$$
$$应纳土地增值税=3\,040\times 30\%-0=912(万元)$$

方案二与方案一相比，可以少缴土地增值税 138 万元（=1 050－912）。

8.5.3 利用税收优惠进行筹划

现行税法规定，纳税人建造普通标准住宅（不包括高级公寓、别墅、度假村等）出售，增值额未超过扣除项目金额 20%的，免予征收土地增值税。如果纳税人既建造普通标准住宅，又搞其他房地产开发，应当分别核算增值额；未分别核算增值额或者不能准确核算增值额的，其建造的普通标准住宅不能享受免税优惠。纳税人可以充分利用这一税收优惠政策进行筹划，在确保能够分开核算的情况下，将普通标准住宅的增值额控制在扣除项目金额的 20%以内，从而免缴土地增值税，获得税收利益。

[案例 8—49]

利用税收优惠进行筹划

某房地产开发企业 2016 年 6 月的商品房销售收入为 15 000 万元。其中，普通住宅的销售额为 10 000 万元，豪华住宅的销售额为 5 000 万元。税法规定的可扣除项目金额为 11 500万元，其中，普通住宅的可扣除项目金额为 8 500 万元，豪华住宅的可扣除项目金额为 3 000 万元。（以上销售收入均为不含增值税收入。）

（1）不分开核算（当地允许不分开核算）。

增值额与扣除项目金额的比例为：

$$\frac{15\,000-11\,500}{11\,500}\times 100\%=30.43\%$$

因此适用30%的税率，该企业应缴纳土地增值税：

$$(15\ 000-11\ 500)\times 30\%-0=1\ 050(\text{万元})$$

(2) 分开核算。

普通住宅：

增值额与扣除项目金额的比例为：

$$\frac{10\ 000-8\ 500}{8\ 500}\times 100\%=17.65\%<20\%$$

因此，根据税法规定可以免缴土地增值税。

豪华住宅：

增值额与扣除项目金额的比例为：

$$\frac{5\ 000-3\ 000}{3\ 000}\times 100\%=66.67\%$$

因此适用40%的税率，应缴纳土地增值税：

$$(5\ 000-3\ 000)\times 40\%-3\ 000\times 5\%=650(\text{万元})$$

在分开核算的情况下，两者一共缴纳土地增值税为650万元，因此分开核算比不分开核算少支出税金400万元（=1 050-650）。

[本章小结]

本章按照税种的划分，分别阐述了增值税税收筹划、消费税税收筹划、企业所得税税收筹划、个人所得税税收筹划和土地增值税税收筹划等内容。根据税制的不同要素，从纳税人身份选择、计税依据确定、税率适用、优惠政策利用等方面分析了各个税种的筹划原理和方法。

关键术语

无差别平衡点增值率	组成计税价格	融资租赁	居民企业
非居民企业	子公司	分公司	收入均衡化
境外所得抵免	土地增值税超额累进税率		

思考题

1. 简述增值税一般纳税人与小规模纳税人身份选择税收筹划的基本原理。
2. 简述消费税纳税人的筹划方法。
3. 子公司和分公司在税收筹划方面有何区别？
4. 工资、薪金所得是个人所得税的最主要征税项目，其税收筹划方法有哪些？
5. 对于土地增值税可以从哪几个方面进行筹划？

图书在版编目（CIP）数据

纳税会计与税收筹划/梁俊娇主编. —2 版. —北京：中国人民大学出版社，2016.9
经济管理类课程教材·税收系列
ISBN 978-7-300-23293-5

Ⅰ.①纳… Ⅱ.①梁… Ⅲ.①税收会计-高等学校-教材 ②税收筹划-高等学校-教材 Ⅳ.①F810.42

中国版本图书馆 CIP 数据核字（2016）第 195344 号

经济管理类课程教材·税收系列
纳税会计与税收筹划（第二版）
梁俊娇　主编
Nashui Kuaiji yu Shuishou Chouhua

出版发行	中国人民大学出版社		
社　　址	北京中关村大街 31 号	邮政编码	100080
电　　话	010－62511242（总编室）		010－62511770（质管部）
	010－82501766（邮购部）		010－62514148（门市部）
	010－62515195（发行公司）		010－62515275（盗版举报）
网　　址	http://www.crup.com.cn		
	http://www.ttrnet.com（人大教研网）		
经　　销	新华书店		
印　　刷	北京溢漾印刷有限公司	版　　次	2015 年 7 月第 1 版
规　　格	185 mm×260 mm　16 开本		2016 年 9 月第 2 版
印　　张	16.75	印　　次	2017 年 12 月第 2 次印刷
字　　数	388 000	定　　价	36.00 元